新时代妇联干部教育培训参考教材

依法保障和维护妇女权益的理论与实践

李明舜　党日红　著

中国妇女出版社

图书在版编目（CIP）数据

依法保障和维护妇女权益的理论与实践 / 李明舜，党日红著．-- 北京 ：中国妇女出版社，2021.12
新时代妇联干部教育培训参考教材
ISBN 978-7-5127-1964-4

Ⅰ．①依…　Ⅱ．①李…　②党…　Ⅲ．①妇女权益保障法－中国－干部培训－教材　Ⅳ．① D922.74

中国版本图书馆 CIP 数据核字 (2021) 第 028996 号

依法保障和维护妇女权益的理论与实践

作　　者：李明舜　党日红　著
项目统筹：廖晶晶　万立正
责任编辑：祝晓璠
封面设计：吴晓莉　李　甦
责任印制：王卫东　李志国
出版发行：中国妇女出版社
地　　址：北京市东城区史家胡同甲 24 号　　　邮政编码：100010
电　　话：（010）65133160（发行部）　　　65133161（邮购）
网　　址：www.womenbooks.cn
法律顾问：北京市道可特律师事务所
经　　销：各地新华书店
印　　刷：北京中科印刷有限公司
开　　本：170×240　1/16
印　　张：20.25
字　　数：320 千字
版　　次：2021 年 12 月第 1 版
印　　次：2021 年 12 月第 1 次
书　　号：ISBN 978-7-5127-1964-4
定　　价：68.00 元

前　言

PREFACE

妇联干部是党的干部队伍的重要组成部分。党的十八大以来，以习近平同志为核心的党中央高度重视妇联干部队伍建设。2015年，《中共中央关于加强和改进党的群团工作的意见》指出，“各级党委要重视抓群团干部培养，全面加强群团干部队伍建设。将群团干部培训纳入干部教育培训总体规划，分级负责、分系统落实”。2018年11月2日，习近平总书记在同全国妇联新一届领导班子成员集体谈话时强调：“要加强妇联干部队伍建设，努力培养高素质妇联干部队伍。”

在以习近平同志为核心的党中央坚强领导下，全国妇联大力加强妇联系统干部教育培训工作，实现了全国妇联机关干部、省级妇联领导班子成员、地市妇联主席培训全覆盖，并积极开展对县乡村妇联负责人和工作骨干的示范培训。党的十八大以来，全国妇联本级共举办妇联系统干部培训班228期，培训近1.8万人次，为各级妇联干部充能提素提供了有力支持。

进入新时代，妇联系统干部教育培训工作面临着新的形势。我国社会主要矛盾发生深刻变化，广大妇女对美好生活的向往更加强烈，期待妇联组织提供更多更好的服务，也由此对广大妇联干部的理论素养、知识水平和专业化能力提出了新的更高要求。自2015年中央群团改革以来，紧紧围绕保持和增强政治性、先进性、群众性，各级妇联持续推进“会改联”，积极推动“区域化”，不断壮大基层妇联组织工作力量，770余万优秀女性作为执委加入基层妇联工作队伍。面对新的形势，加强对广大妇联干部和新任基层妇联执委的教育培训迫在眉睫，也因此，编写一套紧跟新时代要求的妇联干部教育培训教材，成为当前加强妇联干部队伍建设的一项重要任务。

为落实《2018—2022年全国干部教育培训规划》关于加强课程教材建设的要求，贯彻中国妇女十二大提出的着力培养忠诚干净担当、高素质专业化妇联干部任务部署，组织开展“基层妇联领头雁培训计划”，满足各级妇联组织和广大妇联干部的迫切需求，全国妇联决定推出“新时代妇联干部教育培训参考教材”，并于2018年12月正式启动此项工作。

这套教材坚持以习近平新时代中国特色社会主义思想为指导，认真贯彻落实习近平总书记关于妇女儿童和妇联工作的重要论述，紧紧围绕党和国家工作大局，密切联系妇联工作实际，内容涵盖妇联各个领域的主体工作，既包括作为妇联干部必备的理论知识，也包括开展实际工作必须掌握的操作性技能，以满足不同层级妇联干部的需求。

这套教材可作为各级妇联开展干部教育培训的专用教材，也可为各级妇联干部的业务学习提供参考资料。希望各级妇联本着理论与实践相结合的马克思主义学风，学以致用、用以促学，充分发挥教材的学习和教育功能，激发广大妇联干部的学习热情，不断筑牢理想信念，提升专业能力，拓宽眼界视野，增强群众工作本领，把妇联组织建设得更加充满活力，更加坚强有力，做好引领、服务、联系妇女的各项工作，奋力开创新时代妇女事业发展的新局面。

编者的话

《依法保障和维护妇女权益的理论与实践》一书作为新时代妇联干部教育培训系列参考教材之一，主要是从提升女性干部马克思主义妇女理论、贯彻落实男女平等基本国策、依法保障和维护妇女权益的能力和水平的角度编写的。

党和国家一贯重视妇女权益的保障和维护。中国共产党从诞生之日起，就在马克思主义妇女观的指导下，把实现妇女解放和男女平等作为自己的奋斗目标之一。中国共产党的100年，是高擎男女平等旗帜，彻底改变中国妇女命运，在党和人民事业中妇女真正顶起半边天的100年。中国特色社会主义进入新时代，党的十八大、十九大报告都特别强调要“坚持男女平等基本国策，保障妇女儿童合法权益”。这充分体现了以习近平同志为核心的党中央高度重视、关心关怀妇女事业和妇联工作，在新时代中国特色社会主义伟大事业中同步推进妇女事业发展，把坚持男女平等基本国策，保障妇女儿童合法权益作为党和国家的一项重要任务。妇联组织作为党和政府联系妇女群众的桥梁和纽带，在新时代担负着代表和维护妇女权益、促进男女平等和妇女全面发展的基本职能。因此，提升女性干部特别是妇联干部马克思主义妇女理论、贯彻落实男女平等基本国策、依法保障和维护妇女权益的能力和水平，具有十分重要的意义。

本书聚焦于保障和维护妇女权益的根本遵循，从学理角度系统梳理和阐释了习近平法治思想、习近平总书记关于妇女和妇女工作的重要论述与关于注重家庭家教家风建设的重要论述对做好新时代保障和维护妇女权益工作的重要指导作用，以及新时代坚持和发展马克思主义妇女观的新要求。同时围绕我国妇女权益保障法、民法典婚姻家庭编、反家庭暴力法、刑法等法律中有关保障和维护妇女权益的重要法律制度，并结合这些法律实施中的实际问题进行了系统的研究和分析，对如何运用这些法律武器保障和维护妇女权益以及如何建立和完善、保障和维护妇女权益工作机制提出了建议。

本书由中华女子学院（全国妇联干部培训学院）党委书记李明舜教授和中国劳动关系学院教授党日红博士共同创作。本书在编写过程中得到了国务院妇儿工委办、全国妇联、中华女子学院、中国妇女出版社等单位多位领导、专家、学者的支持与帮助，在此表示深深的谢意。

目　录

CONTENTS

第一章　保障和维护妇女权益的根本遵循

第一节　学习贯彻习近平总书记关于妇女和妇女工作的重要论述 …………002

一、关于妇女事业和妇女工作 …………003

二、关于妇联工作开展和改革 …………010

第二节　学习贯彻习近平总书记关于注重家庭家教家风建设的重要论述 …………016

一、关于注重家庭 …………017

二、关于注重家教 …………023

三、关于注重家风 …………037

第三节　学习贯彻习近平法治思想 …………042

一、落实男女平等的宪法要求 …………044

二、尊重和保障妇女人权 …………045

三、构建包容和谐的法治文化环境 …………049

四、妇联组织要以习近平法治思想作为依法维护妇女权益的根本遵循 …… 051

第四节 坚持和发展马克思主义妇女观 …… 054

一、马克思主义妇女观的核心内容 …… 054

二、马克思主义妇女观与社会性别理论的关系 …… 056

三、积极推进马克思主义妇女理论中国化时代化 …… 058

第二章 保障和维护妇女权益法律制度概述

第一节 改革开放前保障和维护妇女权益的法律制度 …… 062

一、中华人民共和国成立前妇女地位状况 …… 062

二、中华人民共和国的成立使妇女的法律地位发生了历史性改变 …… 063

第二节 改革开放以来保障和维护妇女权益的法律制度 …… 067

一、保障妇女权益的国家立法与地方立法形成了良性互动 …… 069

二、我国保障妇女权益的立法顺应并推动了国际社会保障妇女人权的历史潮流 …… 071

第三节 新时代保障和维护妇女权益的法律制度 …… 075

一、妇女人身权利方面 …… 076

二、妇女土地权益方面 …… 077

三、妇女劳动权益方面 …… 077

四、妇女民事权利方面 …… 077

五、性别平等方面 …… 078

六、方向与目标方面 078

第三章　妇女权益保障法对妇女权益的保障和维护

第一节　妇女权益保障法的制定与 2005 年修改 082

一、妇女权益保障法产生的历史背景 082

二、2005年妇女权益保障法的修改 084

第二节　妇女权益保障法的主要内容 085

一、妇女权益保障法的立法目的 085

二、妇女权益保障法的基本原则 086

三、保障妇女的合法权益是全社会的共同责任 088

四、重点规定了保障妇女享有的各项平等权益 088

五、救济途径和法律责任 089

第三节　妇女权益保障法的作用 091

一、妇女权益保障法系统确认和保护妇女利益 091

二、妇女权益保障法为构建妇女利益实现机制奠定了法律基础 092

第四节　妇女权益保障法的进一步修改与完善 099

一、强化落实男女平等基本国策的制度保障 099

二、体现促进妇女全面发展的时代要求 100

三、坚持问题导向、目标导向、结果导向相统一 100

四、突出保障妇女人权的国家责任 101

五、提升妇女权益保障措施的可诉性 101

第四章　婚姻家庭立法对妇女权益的保障和维护

第一节　我国婚姻家庭立法理念的社会性别分析 …… 104
一、1950年婚姻法的社会性别分析 …… 104
二、1980年婚姻法的社会性别分析 …… 108
三、2001年婚姻法修正案的社会性别分析 …… 111

第二节　我国民法典婚姻家庭编对妇女权益的保护 …… 118
一、加强婚姻家庭的国家保护，体现了对宪法要求的具体落实 …… 118
二、加强无过错方的补偿保护，体现了对公平正义价值取向的秉持坚守 …… 121
三、加强特定群体的特殊保护，体现了对男女平等、儿童优先等先进理念的全面贯彻 …… 122
四、加强公序良俗的法律保护，体现了对社会主义核心价值观的大力弘扬 …… 124

第三节　我国婚姻登记制度对妇女权益的保障与维护 …… 125
一、我国婚姻登记制度具有与时俱进的特征 …… 125
二、我国婚姻登记制度贯穿了为民服务的理念 …… 126
三、我国婚姻登记制度遏制了结婚、离婚中的不法行为 … 127

第五章　反家庭暴力法对妇女权益的保障和维护

第一节　国家立法干预家庭暴力的必要性 …… 130
一、家庭暴力的本质属性，决定了国家公权力必须予以介入 …… 130

二、家庭暴力的普遍性和严重性使之成为突出的社会问题，必须由国家公权力进行必要的干预 130
三、国家尊重和保障人权的责任使现代国家公权力干预家庭暴力成为必然 132

第二节 我国反家庭暴力法立法的过程与特点 135
一、我国反家庭暴力法的立法进程 135
二、我国反家庭暴力立法的特点 138
三、反家庭暴力法出台的重要意义 146

第三节 我国反家庭暴力法的主要内容 149
一、我国反家庭暴力法的立法目的 149
二、我国反家庭暴力法的基本原则 150
三、对家庭暴力的界定 157
四、反家庭暴力法规定的主要措施 159

第四节 反家庭暴力法的实施 170
一、反家庭暴力法的实施效果 170
二、反家庭暴力法实施中的典型案例 172
三、反家庭暴力法实施中存在的问题 177

第五节 新时代干预家庭暴力措施的完善 180
一、树立“三共”“三治”理念，强化公权力适度干预家庭暴力的意识 180
二、落实“三共”“三治”要求，完善和充实公权力干预家庭暴力的制度机制 187

第六章　劳动法对妇女权益的保障和维护

第一节　女性平等就业权的制度保障 …… 198

第二节　女职工劳动保护的制度保障 …… 202

一、《女职工劳动保护特别规定》的新增内容 …… 202

二、《女职工劳动保护特别规定》的正确实施 …… 205

三、各级人民政府应当严格依法制裁违反“特别规定”的行为 …… 211

四、对新时代女职工劳动保护立法的新期待 …… 211

第三节　建立健全预防和制止职场性骚扰的法律机制 …… 214

一、现有法律资源在防治职场性骚扰方面的浪费与不足 … 214

二、制定专门的法律法规，完善遏制职场性骚扰的法律规范 …… 218

第七章　刑法对妇女权益的保障和维护

第一节　我国刑法是保护妇女合法权益的重要法律武器 …… 226

第二节　刑法对妇女正当防卫权的保护 …… 230

一、妇女正当防卫权的概念 …… 230

二、妇女行使正当防卫权的条件 …… 232

三、防卫过当的法律责任 …… 237

第三节　刑法对女性犯罪主体适用刑罚的特殊规定 …… 238

一、对审判时怀孕的妇女不适用死刑 …… 238

二、对被判处无期徒刑、有期徒刑或者拘役的怀孕或正在哺乳自己婴儿的妇女，可以暂予监外执行 240

第四节 专以妇女为侵害对象的犯罪 242

一、强奸罪 242

二、拐卖妇女、儿童罪 248

三、收买被拐卖的妇女、儿童罪 254

四、聚众阻碍解救被收买的妇女、儿童罪 258

五、不解救被拐卖、绑架妇女、儿童罪 263

六、阻碍解救被拐卖、绑架妇女、儿童罪 264

七、引诱幼女卖淫罪 266

第五节 主要以妇女为侵害对象的犯罪 267

一、强制猥亵、侮辱罪 267

二、非法进行节育手术罪 267

三、组织卖淫罪 268

四、协助组织卖淫罪 268

五、强迫卖淫罪 269

六、引诱、容留、介绍卖淫罪 270

七、传播性病罪 271

八、聚众淫乱罪、引诱未成年人聚众淫乱罪 271

九、暴力干涉婚姻自由罪 271

十、重婚罪 272

十一、破坏军婚罪 272

十二、虐待罪 272

十三、遗弃罪 273

十四、拐骗儿童罪 273

第八章　保障和维护妇女权益的工作机制

第一节　保障和维护妇女权益的机制 276
一、对妇女权益保障与维护的理解 276
二、保障与维护妇女权益机制的构建 277

第二节　保障妇女权益国家机制 280
一、我国形成了以政府为主要责任主体的保障妇女权益国家机制 280
二、保障妇女权益的政府责任 283
三、妇女发展纲要与妇女权益保障 286

第三节　性别平等评估机制 291
一、性别平等评估机制的理念 291
二、性别平等评估机制是具有中国特色的社会性别主流化 293
三、性别平等评估的标准 294

第四节　妇联组织的维权机制 299
一、妇联组织的法定职责 299
二、妇联组织维护妇女权益的工作机制 303

第一章

保障和维护妇女权益的根本遵循

第一节　学习贯彻习近平总书记关于妇女和妇女工作的重要论述

中国共产党是为人民谋幸福、为民族谋复兴、为人类进步事业而奋斗的党，也是始终把实现妇女解放和发展、实现男女平等写在自己奋斗旗帜上的党。

党的十八大以来，习近平总书记从民族复兴的战略高度，从巩固和扩大党执政的阶级基础和妇女群众基础的政治高度，将促进男女平等和妇女全面发展放在中国特色社会主义事业发展全局中擘画，对做好妇女工作、深化妇联改革、促进妇女全面发展作出了一系列重要论述。习近平总书记强调要毫不动摇坚持党对妇女工作的领导，坚持中国特色社会主义妇女发展道路，牢牢把握实现中华民族伟大复兴的中国梦这一当代中国妇女运动的时代主题；强调妇女是人类文明的开创者、社会进步的推动者，要注重发挥妇女在社会生活和家庭生活中的独特作用，发挥妇女在弘扬中华民族家庭美德、树立良好家风方面的独特作用，推动妇女走在时代前列，做伟大事业的建设者、做文明风尚的倡导者、做敢于追梦的奋斗者；强调要推动妇女和经济社会同步发展，实现妇女平等依法行使民主权利、平等参与经济社会发展、平等享有改革发展成果；强调保障妇女权益必须上升为国家意志，坚持男女平等基本国策；强调要保持和增强妇联组织的政治性、先进性、群众性，把妇联改革进行到底；强调要加强全球妇女事业合作，创造有利于妇女发展的国际环境，让每个妇女和儿童都沐浴在幸福安宁的阳光里。①

这些重要论述高屋建瓴、视野宏大、思想深邃、内涵丰富，科学回答

① 全国妇联党组：《中国共产党指引百年中国妇女事业阔步前进》，发布时间：2021—07—01 21:18:01，来源：全国妇联女性之声。

了新时代妇女发展的一系列具有战略性、全局性、方向性的重大问题，提出了一系列带有根本性、方向性、引领性的新思想、新论断、新要求，深化了我们党关于妇女事业发展的规律性认识，是对马克思主义妇女观的丰富和发展，是习近平新时代中国特色社会主义思想的重要组成部分，为新时代妇女工作的新实践指明了前进方向、提供了根本遵循。

一、关于妇女事业和妇女工作

（一）关于妇女事业的地位作用

关于妇女事业的地位，习近平总书记强调指出，妇女事业始终是党和人民事业的重要组成部分，做好党的妇女工作关系到团结凝聚占我国人口半数的广大妇女，关系到为党和人民事业发展提供强大力量，关系到巩固党执政的阶级基础和群众基础。[①]“追求男女平等的事业是伟大的。纵观历史，没有妇女解放和进步，就没有人类解放和进步。为实现男女平等的崇高理想，人类走过了不平坦、不平凡的历程。从 200 多年前世界第一份妇女权利宣言诞生，到‘三八’国际劳动妇女节的设立，到联合国成立妇女地位委员会，到通过《消除对妇女一切形式歧视公约》，妇女事业发展的每一步都推动了人类文明进步。”[②]“党的十八大以来，党中央从党和国家事业发展全局出发，高度重视和积极推进妇女工作。”[③]

习近平总书记的重要论述，让我们清晰地认识到：第一，我们要从人类解放和进步的角度认识妇女事业的重要性，增强做好妇女工作的使命感、责任感和光荣感；第二，妇女工作是党的工作，特别是党的群众工作的重要组成部分，我们要从三个“关系到”的高度认识妇女工作的重要性，要从党和国家事业发展全局出发，高度重视和积极推进妇女工作；第三，不要把妇女工作等同于妇联工作，要防止妇女工作妇联化。

---

① 习近平：2013 年 10 月 31 日在同全国妇联新一届领导班子成员集体谈话时的讲话。

② 习近平：2015 年 9 月 27 日在全球妇女峰会上的讲话。

③ 习近平：2018 年 11 月 2 日在同全国妇联新一届领导班子成员集体谈话时的讲话。

妇女工作作为党和政府以及社会各界为解决妇女问题特别是性别歧视问题，实现男女平等和妇女全面发展所进行的各项工作，其责任主体和工作范围是十分广泛的，我们不能把党的妇女工作窄化为妇联工作。妇联作为全国各族各界妇女为争取进一步解放与发展而联合起来的群团组织，是中国共产党领导下的人民团体，是党和政府联系妇女群众的桥梁和纽带，是国家政权的重要社会支柱。妇联组织在新时代担负着团结引导各族各界妇女听党话、跟党走的政治责任，必须以围绕中心、服务大局为工作主线，以联系和服务妇女为根本任务，以代表和维护妇女权益、促进男女平等和妇女全面发展为基本职能。妇联组织的政治责任、工作主线、根本任务和基本职能，决定了妇联组织在党的妇女工作以及妇女工作组织体系中占有十分重要的地位，发挥着极其重要的作用，但我们在认识上决不能把妇女工作简单地等同于妇联工作，更不能把妇女工作妇联化。

（二）关于中国妇女运动的根本保证和本质特征

坚持中国共产党领导是中国特色社会主义最本质的特征，也是新时代中国妇女运动最本质的特征。坚持党的领导，是做好党的妇女工作的根本保证。要牢固树立“四个意识”，坚定“四个自信”，自觉维护党中央权威和集中统一领导，始终在思想上、政治上、行动上同党中央保持高度一致。要引导妇女深入学习贯彻新时代中国特色社会主义思想和党的十九大精神，开展理想信念教育，增进对党的基本理论、基本路线、基本方略的政治认同、思想认同、情感认同，坚定听党话、跟党走的信念信心。要把思想政治引领贯穿于妇联开展的各种活动，引导妇女增强中国特色社会主义道路自信、理论自信、制度自信、文化自信，自觉为中国特色社会主义共同理想而奋斗。要多做统一思想、凝聚人心、化解矛盾、增进感情的工作，引导妇女坚定不移朝着正确方向和理想目标持续奋进。[①]新时代的中国妇女运动必须始终毫不动摇坚持党的领导，牢固树立政治意识、大局意

① 习近平：2018 年 11 月 2 日在同全国妇联新一届领导班子成员集体谈话时的讲话。

识、核心意识、看齐意识，自觉用习近平新时代中国特色社会主义思想武装头脑，坚决维护习近平总书记党中央的核心、全党的核心地位，坚决维护以习近平同志为核心的党中央权威和集中统一领导，在政治立场、政治方向、政治原则、政治道路上同以习近平同志为核心的党中央保持高度一致，始终沿着党指引的方向奋勇前进。

（三）关于中国妇女运动的方向道路

坚定不移走中国特色社会主义妇女发展道路是新时代中国妇女运动的根本路径。我们党经过革命、建设、改革各个历史时期，领导我国妇女运动取得了历史性成就，开辟了中国特色社会主义妇女发展道路。中国特色社会主义妇女发展道路是中国特色社会主义道路的重要组成部分，是符合中国国情、促进妇女全面发展的正确道路。新时代中国妇女运动必须从我国发展新的历史方位出发，深刻认识和把握妇女发展的阶段性特征，坚定中国特色社会主义道路自信、理论自信、制度自信、文化自信，为实现男女平等和妇女全面发展打下更为坚实的基础，使中国特色社会主义妇女发展道路越走越宽广。

（四）关于中国妇女运动的时代主题

实现中华民族伟大复兴是新时代中国妇女运动的时代主题。中国妇女运动不同于西方国家的妇女运动，它始终是中国革命、建设和改革的一部分，妇女的前途命运始终与国家、民族的前途命运紧密联系在一起。实现中华民族伟大复兴，是党和国家工作大局，也是当代中国妇女运动的时代主题。只有把握好这一时代主题，才能把握住当代中国妇女运动的前进方向。[①]我们必须牢牢把握这一时代主题，把促进男女平等和妇女全面发展的历程同国家发展进步的历程更加紧密地融合在一起，使我国妇女事业具有更丰富的时代内涵，使亿万妇女肩负起更重要的责任担当，引导广大妇女把自身的追求奋斗融汇到实现中国梦中去，同全国人民一道，形成百川

① 习近平：2013 年 10 月 31 日在同全国妇联新一届领导班子成员集体谈话时的讲话。

归海的正能量，用奋斗镌刻下永不磨灭的巾帼印迹。

（五）关于中国妇女运动的目标

促进男女平等和妇女全面发展是中国妇女运动的目标。在 2015 年全球妇女峰会开幕式上的重要讲话中，习近平主席就促进男女平等和妇女全面发展提出四点主张：推动妇女和经济社会同步发展、积极保障妇女权益、努力构建和谐包容的社会文化、创造有利于妇女发展的国际环境。“四点主张”相辅相成，构成推动妇女事业前进的四大支点，体现了当前任务与长远目标的结合，为妇女事业发展提供了理论支撑、行动指南。2020 年 10 月 1 日，习近平主席在联合国大会纪念北京世界妇女大会 25 周年高级别会议上的讲话又强调“推动妇女走在时代前列。在 21 世纪的今天，开创美好生活离不开妇女事业全面进步，也需要广大妇女贡献更大智慧和力量。要坚持在发展中保障妇女权益，靠发展改善妇女民生，实现妇女事业和经济社会同步发展。我们要扫清障碍、营造环境，最大程度调动广大妇女积极性、主动性、创造性，增强她们的获得感、幸福感、安全感。我们要充分发挥政府作用，广泛调动社会力量，支持和帮助妇女享有出彩的人生”。[①] 习近平主席的重要讲话为推进全球妇女事业发展贡献了中国智慧和主张，必将把全球性别平等事业推上一个新的台阶，在国际妇女发展史上留下深刻印记。[②]

促进妇女全面发展，推动妇女走在时代前列，关键是要克服和解决阻碍妇女全面发展的现实问题。对此，习近平总书记指出：“环顾世界，各国各地区妇女发展水平仍然不平衡，男女权利、机会、资源分配仍然不平等，社会对妇女潜能、才干、贡献的认识仍然不充分。现在全球 8 亿贫困人口中，一半以上是妇女。每当战乱和疫病来袭，妇女往往首当其冲。面对恐怖和暴力肆虐，妇女也深受其害。时至今日，针对妇女的各种形式歧视依然存在，虐待甚至摧残妇女的事情时有发生。事实表明，实现男女平

① 习近平：在联合国大会纪念北京世界妇女大会 25 周年高级别会议上的讲话。

② 沈跃跃：学习贯彻习近平在全球妇女峰会上的讲话精神。

等，还需要我们付出巨大努力。我们要不懈努力，为妇女事业发展开辟广阔道路。”[①] 这清晰地表明，新时代妇女全面发展要重点解决妇女发展中的短板：不平衡的问题，即城乡之间、区域之间、不同群体之间的妇女发展还不平衡；不平等的问题，即男女权利、机会、资源分配仍然不平等；不充分的问题，即社会对妇女潜能、才干、贡献的认识仍然不充分；相对贫困的问题，目前的中国已经历史性地解决了绝对贫困问题，但解决一些妇女的相对贫困状态仍是一项重要的任务；安全的问题，即妇女往往成为违法犯罪等各种侵权行为首当其冲的受害者，我们要努力消除一切形式针对妇女的暴力和其他违法犯罪行为；免受歧视的问题，即针对妇女的各种形式歧视严重损害着妇女的尊严，我们要消除对妇女的歧视和偏见，促使社会更加包容和更有活力。上述妇女发展短板的彻底解决，才可能真正实现男女之间的地位平等、人格与尊严平等、权利和机会平等、责任和义务平等和结果与利益上的平等。

（六）关于坚持男女平等基本国策

让性别平等落到实处、建设一个妇女免于被歧视的世界，这是新时代落实男女平等基本国策的新要求。习近平主席 2020 年 10 月 1 日在联合国大会纪念北京世界妇女大会 25 周年高级别会议上的讲话中指出：“让性别平等落到实处。这次疫情既带来了前所未有的挑战，也提供了深刻反思、重塑未来的机遇。世界的发展需要进入更加平等、包容、可持续的轨道，妇女事业是衡量的重要标尺。保障妇女权益必须上升为国家意志。要以疫后恢复为契机，为妇女参政提供新机遇，提高妇女参与国家和经济文化社会事务管理水平。我们要消除针对妇女的偏见、歧视、暴力，让性别平等真正成为全社会共同遵循的行为规范和价值标准。”[②]“建设一个妇女免于被歧视的世界，打造一个包容发展的社会，还有很长的路要走，还需要付出更大努力。让我们继续携手努力，加快实现性别平等、促进全球妇女事业

① 习近平：2015 年 9 月 27 日在全球妇女峰会上的讲话。

② 习近平：在联合国大会纪念北京世界妇女大会 25 周年高级别会议上的讲话。

发展。”①

男女平等与妇女全面发展是衡量社会文明进步的重要尺度，是人类实现可持续发展的重要目标。把男女平等作为促进社会发展的一项基本国策，把促进妇女全面发展作为国家经济社会发展规划的重要内容，是中国共产党的独特创造，是具有鲜明中国特色的制度安排。党和政府一贯高度重视妇女发展，综合运用法律、政策、行政、教育、舆论等手段推动男女平等基本国策落实。特别是党的十八大以来，以习近平同志为核心的党中央对坚持男女平等基本国策提出了新的更高要求。习近平总书记深刻指出：“要坚持男女平等基本国策，在出台法律、制定政策、编制规划、部署工作时充分考虑两性的现实差异和妇女的特殊利益。”② 在推进国家治理体系和治理能力现代化的进程中，坚持和完善促进男女平等、妇女全面发展的制度机制，就是要把社会主义制度体现在男女两性社会关系方面的优越性上，以制度化方式加以固化和表现，并使之转化为行之有效的机制措施，发挥更大的作用；就是要通过完善相关的制度机制，把习近平总书记关于男女平等和妇女发展的重要论述加以贯彻落实；就是要坚持“以人民为中心”的理念，为建设平等、和谐、文明的性别关系，实现包括广大妇女在内的人的自由而全面地发展提供有效的制度保障；就是要切实做到在立法决策中充分体现性别意识，在改善民生中高度关注妇女需求，在社会管理中积极回应妇女关切，使男女平等真正体现到经济社会发展各领域、社会生活各方面；就是要把男女平等的价值理念体现在法律法规政策的制定和实施中，贯彻到依法治国、依法执政、依法行政的具体实践中。

（七）关于新发展阶段妇女事业的高质量发展

推动妇女走在时代前列、发挥两个独特作用是新发展阶段妇女事业的高质量发展的关键，也是新时代妇联组织工作的重要着力点。关于推动妇女走在时代前列，习近平总书记强调：“推动妇女走在时代前列。在 21 世

① 习近平：在联合国大会纪念北京世界妇女大会 25 周年高级别会议上的讲话。

② 习近平：2013 年 10 月 31 日在同全国妇联新一届领导班子成员集体谈话时的讲话。

纪的今天，开创美好生活离不开妇女事业全面进步，也需要广大妇女贡献更大智慧和力量。要坚持在发展中保障妇女权益，靠发展改善妇女民生，实现妇女事业和经济社会同步发展。我们要扫清障碍、营造环境，最大程度调动广大妇女积极性、主动性、创造性，增强她们的获得感、幸福感、安全感。我们要充分发挥政府作用，广泛调动社会力量，支持和帮助妇女享有出彩的人生。”[①] 关于发挥两个独特作用，习近平总书记要求：“要发挥妇女在各个方面的积极作用，同时注重发挥妇女在社会生活和家庭生活中的独特作用，发挥妇女在弘扬中华民族家庭美德、树立良好家风方面的独特作用。”[②] 妇女是物质文明和精神文明的创造者，是推动社会发展进步、促进家庭文明和谐的重要力量。习近平总书记强调指出，做好家庭工作，发挥妇女在社会生活和家庭生活中的独特作用，是妇联组织服务大局、服务妇女的重要着力点。[③]

发挥妇女在社会生活和家庭生活中的独特作用，就是要从女性自身的生理特征、群体特质、现实特点、特定身份等方面阐释女性群体的独特性，并在尊重这些性别差异的基础上，发挥其优势和特长。例如，妇女独特的生理特征使其在人的再生产过程中发挥着极为特殊的重要作用，母亲和子女之间的天然联系，彼此存在的特殊、不可替代的纽带关系，加之女性气质中温柔善良、善于沟通、提倡爱与关怀等特征，使得子女更喜欢与母亲亲近，从而有利于母亲在教育子女过程中起到更为重要的作用；又如，妇女在家庭生活中承担起了主要角色，是家庭生活主要的参与者和责任人，她们承担了大量的家务劳动，为家庭成员的健康和家庭发展作出了巨大的贡献；再如，由于这种长期的劳动分工模式和从夫居的家庭模式，使妇女具有同理心较强、考虑周到、做事认真、善于沟通等特征，这些优良品质在家庭和邻里关系建设中发挥着巨大的优势；还如，女性在传播和沟通信息过程中视角敏锐，话语方式独特，礼貌且温和，表达和传播观

① 习近平：2020 年 10 月 1 日在联合国大会纪念北京世界妇女大会 25 周年高级别会议上的讲话。

② 习近平：2018 年 11 月 2 日在同全国妇联新一届领导班子成员集体谈话时的讲话。

③ 习近平：2018 年 11 月 2 日在同全国妇联新一届领导班子成员集体谈话时的讲话。

点具有间接性，女性这些独特的传播特征，更有利于开展各项精神文明的传播和推广工作，推动社会主义核心价值观在家庭生活和社会工作范围内广泛传播。深刻认识和充分发挥女性的独特优势，积极引导妇女既在改革发展稳定第一线建功立业，又在家庭建设、家庭教育、家风传承中尽心尽责，使其切实发挥好在社会生活和家庭生活中的独特作用。

二、关于妇联工作开展和改革

（一）关于妇联组织的政治责任

妇联组织在新时代担负着团结引导各族各界妇女听党话、跟党走的政治责任。作为中国共产党领导下的妇女群众组织，加强思想政治引领，团结带领妇女群众听党话、跟党走，是妇联组织的政治责任和政治任务。2018 年，习近平总书记在同全国妇联新一届领导班子成员集体谈话时指出，要把思想政治引领贯穿于妇联开展的各种活动，引导妇女增强中国特色社会主义道路自信、理论自信、制度自信、文化自信，自觉为中国特色社会主义共同理想而奋斗。“发挥桥梁纽带作用，当好得力助手，这是妇联组织的政治定位。”① 关于如何做好思想政治引领，习近平总书记要求：“要努力在教育引导群众上下功夫，当好党的路线方针政策的宣传员，把党的路线方针政策转化为妇女群众服务的自觉行动。要努力在团结联系妇女群众上下功夫，当好党与群众的联络员，及时把妇女群众的呼声与要求真实地反映给党委、政府。要努力在帮助和服务妇女群众上下功夫，当好妇女群众的服务员，通过为妇女群众实实在在地做好事、办实事，把党和政府的关怀送到妇女群众的心坎上。”②

新时代的各级妇联组织要主动肩负起引领广大妇女与新时代同行、为新目标奋斗、在新征程建功、做新时代新女性的新使命，在新时代中国特

---

① 习近平：2018 年 11 月 2 日在同全国妇联新一届领导班子成员集体谈话时的讲话。

② 习近平：2003 年 6 月 17 日在浙江全省第十一次妇女代表大会上的祝词，选自《干在实处 走在前列》，中共中央党校出版社 2006 年版。

色社会主义的伟大实践中，凝聚起同心共筑中国梦的巾帼力量。要找准工作切入点和结合点，在进行伟大斗争、建设伟大工程、推进伟大事业、实现伟大梦想的实践中，激扬巾帼之志、奉献巾帼之力、彰显巾帼之美、唱响巾帼之歌。

（二）关于妇联工作和妇联组织的根本要求

始终保持和增强政治性、先进性、群众性是妇联工作和妇联组织的根本要求。建立包括妇联组织在内的群团组织做群众工作，是我们党的一大创举，也是我们党的一大优势。必须着眼于为党的群众工作增强力量、保持党同人民群众的血肉联系，把保持和增强政治性、先进性、群众性作为根本要求，体现到妇联工作各方面，贯穿于妇联改革全过程，使妇联组织成为推进国家治理体系和治理能力现代化的重要力量，成为党开展妇女工作最可靠、最有力的助手。关于保持和增强政治性、先进性、群众性，习近平总书记强调，工会、共青团、妇联等群团组织一定要坚持解放思想、改革创新、锐意进取、扎实苦干，切实保持和增强党的群团工作和群团组织的政治性、先进性、群众性，组织动员广大人民群众更加紧密地团结在党的周围，把广大人民群众对美好生活的追求汇聚成强大动力，共同谱写实现“两个一百年”奋斗目标、实现中华民族伟大复兴中国梦的新篇章。①

增强政治性，就是要更好担负起引导妇女听党话、跟党走的政治责任，为党夯实执政的妇女群众基础。要用科学理论武装妇女，用共同目标凝聚妇女，用榜样力量激励妇女。关于保持和增强政治性的重要性，习近平总书记指出：“切实保持和增强党的群团工作的政治性。政治性是群团组织的灵魂，是第一位的。离开了政治性，群团组织就容易产生脱离党的领导的倾向，就会庸俗化，就会成为一般社会组织，甚至会走向邪路。保持和增强党的群团工作的政治性这个问题，必须引起我们高度关注。”②

增强先进性，就是要始终坚持围绕中心、服务大局的工作主线，为

① 习近平：2015 年 7 月 6 日在中央党的群团工作会议上的讲话。

② 习近平：2015 年 7 月 6 日在中央党的群团工作会议上的讲话。

党和国家的事业贡献巾帼力量。关于保持和增强先进性，习近平总书记强调："要切实保持和增强群团组织的先进性。我们的工会、共青团、妇联等群团组织是党直接领导的群众组织，承担着组织动员广大人民群众为完成党的中心任务而共同奋斗的重大责任，必须把保持和增强先进性作为重要着力点。要牢牢把握为实现中华民族伟大复兴中国梦而奋斗的时代主题，紧紧围绕党和国家工作大局，组织动员广大人民群众走在时代前列，在改革发展稳定第一线建功立业。要以先进引领后进，以文明进步代替蒙昧落后，以真善美抑制假恶丑，教育引导广大人民群众不断提高思想觉悟和道德水平，坚定走中国特色社会主义道路，自觉践行社会主义核心价值观，真正成为党执政的坚实依靠力量、强大支持力量、深厚社会基础。"①

关于保持和增强群众性，习近平总书记要求："要切实保持和增强群团组织的群众性。群众性是群团组织的根本特点。群团组织开展工作和活动要以群众为中心，让群众当主角，而不能让群众当配角、当观众。要更多关注、关心、关爱普通群众，进万家门、访万家情、结万家亲，经常同群众进行面对面、手拉手、心贴心的零距离接触，增进对群众的真挚感情。要大力健全组织特别是基层组织，加快新领域新阶层组织建设。群团组织和群团干部特别是领导机关干部要深入基层、深入群众，争当全心全意为人民服务宗旨的忠实践行者、党的群众路线的坚定执行者、党的群众工作的行家里手。"② 因此，妇联组织增强群众性，就是认真履行依法维权和服务妇女的重要职能，让维权和服务在源头更有力度，让维权和服务在基层更见实效，让维权和服务在妇女身边更加温暖，为党凝聚妇女人心。

（三）关于妇联组织的职能定位和工作的生命线

引领、服务、联系是妇联组织的职能定位和工作的生命线。妇联组织是各族各界妇女为争取进一步解放与发展而联合起来的群团组织，是中国共产党领导下的人民团体，是党和政府联系妇女群众的桥梁和纽带，是国

① 习近平：2015 年 7 月 6 日在中央党的群团工作会议上的讲话。

② 习近平：2015 年 7 月 6 日在中央党的群团工作会议上的讲话。

家政权的重要社会支柱。妇联组织在新时代担负着团结引导各族各界妇女听党话、跟党走的政治责任，以围绕中心、服务大局为工作主线，以联系和服务妇女为根本任务，以代表和维护妇女权益、促进男女平等和妇女全面发展为基本职能。习近平总书记强调指出，发挥桥梁纽带作用，当好得力助手，这是妇联组织的政治定位。妇联承担着代表和维护妇女权益、促进男女平等和妇女全面发展的重要任务，这是妇联组织的基本职能。这些职能定位，概括起来就是引领、服务、联系。[①] 这是习近平总书记站在全局高度，着眼新形势新任务新要求，对妇联组织职能的全新定位和深刻阐释，为新时代妇联工作指明了方向、厘清了思路、划出了重点。我们要深刻把握"引领、服务、联系"的内涵和要求，切实把服务大局同服务妇女结合起来，在团结带领妇女建功新时代中促进妇女全面发展，在为妇女排忧解难中为党凝聚人心。

在引领方面，各级妇联组织要主动肩负起引领广大妇女与新时代同行、为新目标奋斗、在新征程建功、做新时代新女性的新使命，在新时代中国特色社会主义的伟大实践中，凝聚起同心共筑中国梦的巾帼力量。要始终高举旗帜，进一步加强思想引领，引导广大妇女持续深入学习贯彻习近平新时代中国特色社会主义思想；要自觉坚持党的领导，进一步加强政治引领，引导妇女增强"四个意识"、坚定"四个自信"、做到"两个维护"；要大力弘扬社会主义核心价值观，进一步加强价值引领。

在服务方面，倾听呼声、反映妇女心愿是服务，抚慰愁苦、解决燃眉之急是服务，牵线搭桥、提供发展机会是服务，分享快乐、共创美好生活也是服务，要一起做、形成合力，使妇女工作常做常新、充满活力。[②] 必须贯彻落实以人民为中心的发展思想，把广大妇女对美好生活的向往作为奋斗目标，同妇女群众建立更广泛、更密切的联系，为妇女群众提供更多更好的服务，让发展成果更多、更公平地惠及广大妇女，不断增进妇女的获得感、幸福感、安全感，要以更紧密的联系和更有效的

① 习近平：2018 年 11 月 2 日在同全国妇联新一届领导班子成员集体谈话时的讲话。

② 习近平：2013 年 10 月 31 日在同全国妇联新一届领导班子成员集体谈话时的讲话。

服务为党凝聚妇女人心。

在联系方面，妇联组织要切实按照习近平总书记要求的，深入基层、深入群众要注意拓宽工作渠道、创新工作手段。现在，群众很多都是自由就业、灵活就业，很多在流动之中，并不都在单位和家里待着，用老办法去联系他们往往联系不上。因此，联系群众要在走家串户、蹲点调研中建立面对面的联系，要联合其他女性社会组织同各层面妇女建立广泛联系，也要借助现代信息手段建立联系。网站、网页、博客、QQ、微博、微信等手段都应该用，只要能联系群众，就要“八仙过海，各显神通”。

（四）关于妇联组织的改革

去“四化”、抓基层，把妇联组织建设得更加充满活力、更加坚强有力，是妇联组织改革的重点。习近平总书记强调指出，当前，广大干部群众反映比较突出的问题，主要是一些群团组织不同程度存在“机关化、行政化、贵族化、娱乐化”现象。[①]各级妇联组织干部特别是领导干部，要坚持走出机关、走向基层，沉下身子，拓宽工作渠道，创新工作手段，用自己的眼睛看最真实的情况，用自己的耳朵听最真实的声音，帮助广大妇女排忧解难，通过实实在在的服务把党和政府的关怀、妇联“娘家人”的温暖送到广大妇女心中，使妇女工作常做常新，充满活力。[②]做好新形势下妇联工作，一定要把工作重心放在基层。基层是改革发展稳定的第一线，是各种矛盾和问题的聚集地。任何一项群众性工作，脱离了基层，脱离了群众，口号再多，规划再多，也会成为无源之水、无本之木，都是做不好的。妇联工作就是做妇女工作，只有深入妇女特别是基层妇女才能做好。[③]妇联组织要将改革进行到底，坚持问题导向，克服机关化、行政化、贵族化、娱乐化现象，树立大抓基层的鲜明导向，把妇联组织建设得更加充满活力、更加坚强有力。

---

① 习近平：2015 年 7 月 6 日在中央党的群团工作会议上的讲话。

② 习近平：2013 年 10 月 31 日在同全国妇联新一届领导班子成员集体谈话时的讲话。

③ 习近平：2013 年 10 月 31 日在同全国妇联新一届领导班子成员集体谈话时的讲话。

（五）关于妇联组织的队伍建设

培养高素质、专业化的妇联干部队伍，增强做群众工作的本领，是妇联组织的队伍建设的重点。习近平总书记要求，要加强妇联干部队伍建设，努力培养高素质妇联干部队伍。要把作风建设摆在更加重要的位置，大兴调查研究之风，畅通联系妇女的渠道。各级党委要加大重视、关心、支持、保障力度，重视培养妇女干部，重视妇联干部队伍建设，为妇女事业健康发展、为妇联组织开展工作创造良好条件。[①] 要加大培养选拔女干部和发展女党员工作的力度，积极为优秀妇女人才脱颖而出创造条件。要加强妇联干部的队伍建设，按照德才兼备原则和干部“四化”方针，配齐配强各级妇联领导班子，切实推进妇联干部的交流，把妇联建成培养输送女干部的重要基地。[②]

习近平总书记的重要论述高屋建瓴、视野宏大、思想深邃、内涵丰富，科学回答了新时代妇女发展和妇联工作的一系列具有战略性、全局性、方向性的重大问题，充分彰显了习近平总书记人民至上的执政理念和造福妇女儿童家庭的领袖情怀，闪耀着真理的光辉、凝聚着时代的精华，是马克思主义妇女理论中国化的最新成果，是党领导的妇女事业实践经验的理论总结，是新时代妇女事业发展的行动指南和根本遵循，指引着中国特色社会主义妇女发展道路越走越宽广，也为全球妇女事业发展贡献了中国智慧、中国方案。当前，中国妇女发展最重要的任务，就是要把习近平新时代中国特色社会主义思想特别是关于妇女发展和妇联工作的重要论述变为中国妇女发展和妇联工作的生动实践。

---

① 习近平：2018 年 11 月 2 日在同全国妇联新一届领导班子成员集体谈话时的讲话。

② 习近平：2003 年 6 月 17 日在浙江全省第十一次妇女代表大会上的祝词，选自《干在实处 走在前列》，中共中央党校出版社 2006 年版。

第二节　学习贯彻习近平总书记关于注重家庭家教家风建设的重要论述

党的十八大以来，以习近平同志为核心的党中央高度重视家庭文明建设，积极回应人民群众对家庭建设的新期盼新需求，推动社会主义核心价值观在家庭落地生根，推动形成社会主义家庭文明新风尚。习近平同志围绕注重家庭、注重家教、注重家风建设发表的一系列重要论述，立意高远、内涵丰富、思想深刻，对于动员社会各界广泛参与家庭文明建设，努力使千千万万个家庭成为国家发展、民族进步、社会和谐的重要基点，把实现个人梦、家庭梦融入国家梦、民族梦之中，汇聚起全面建设社会主义现代化国家、实现中华民族伟大复兴中国梦的磅礴力量，具有十分重要的意义。①

我们要加强习近平总书记关于注重家庭家教家风建设重要论述的学习宣传，让新时代家庭观成为亿万家庭日用而不觉的道德规范和行为准则。同时要强化制度保障，把新时代家庭观的要求体现到法律法规、制度规范和行为准则中，体现到各项经济社会发展和社会管理政策中，彰显公共政策价值导向。②

新时代家庭观，是习近平总书记运用辩证唯物主义和历史唯物主义的世界观、方法论，对家庭的功能、地位、发展趋势以及家庭建设的内容、途径、价值取向等基本问题作出的科学分析和概括。新时代家庭观是社会主义核心价值观在家庭领域的体现和要求；其根本任务是人的全面发展，立德树人，培养担当民族复兴大任的时代新人；其核心内容是习近平总书

① 中共中央党史和文献研究室编：《习近平关于注重家庭家教家风建设论述摘编》，中央文献出版社 2021 年版，第 1 页。

② 参见中宣部、中央文明办、中央纪委机关、中组部、国家监委、教育部、全国妇联印发的《关于进一步加强家庭家教家风建设的实施意见》。

记关于家庭的重要论述。

习近平总书记关于注重家庭家教家风建设的重要论述，主要集中在以下几个方面。

一、关于注重家庭

关于注重家庭，习近平总书记从家庭的地位作用、家庭的功能、家庭与社会、家庭与国家和家庭建设等方面进行了精辟阐述。

（一）关于家庭的地位作用

习近平总书记高度重视家庭的地位和作用，指出“无论过去、现在还是将来，绝大多数人都生活在家庭之中。我们要重视家庭文明建设，努力使千千万万个家庭成为国家发展、民族进步、社会和谐的重要基点，成为人们梦想启航的地方”。①

中华民族从五千年的历史中走来，形成了独特的社会结构与文化传统，呈现出一种家国同构的模式：家是国的基础，国是家的扩大，家更是“天下”这个共同体的基础。《礼记 · 大学》中就申明：“古之欲明明德于天下者，先治其国；欲治其国者，先齐其家；欲齐其家者，先修其身；欲修其身者，先正其心；欲正其心者，先诚其意；欲诚其意者，先致其知，致知在格物。”《孟子 · 离娄上》进一步阐释：“人有恒言，皆曰天下国家。天下之本在国，国之本在家，家之本在身。”到了东汉，荀悦在《申鉴 · 政体》中明确提出：“天下之本在家。”正是在这样的文化传承和社会结构中，逐步形成了修身、齐家、治国、平天下的伦理追求。齐家，治理家园的意思，这看起来是一人一家之事，实际上却是关系到治国、平天下的大事。“家齐而后国治”，想要拥有治国的才干，要先掌握治家的才能；想要达成治国的理想，要先完成治家的使命。这是社会稳定的根本，是能力进阶的

① 中共中央党史和文献研究室编：《习近平关于注重家庭家教家风建设论述摘编》，中央文献出版社 2021 年版，第 3 页。

顺序。因此，在不断推进国家治理体系和治理能力现代化的过程中，必须高度重视家庭的基础性地位和作用。

（二）关于家庭的功能

婚姻家庭自产生之时起，就在人类生活和社会发展过程中发挥着不可替代的重要职能，并以顽强的生命力绵延存续至今。具体而言，婚姻家庭对社会承担着人口再生产、组织经济生活和教育的职能；对个人则承担着满足性爱和精神慰藉职能的功能。从而使个体获得经济上的保障与安全感，获得性的满足、情感的归属与寄托；使子女得到教育与社会化；使社会得以发展，种族得以繁衍。

1. 婚姻家庭具有实现人口再生产的职能

人类和其他生物一样都有生有死，只有个体的生殖行为才能使人种繁衍、种族继替、人类社会继续存在和发展。而这种人类自身的再生产，自个体婚制形成以来，在微观上主要是通过婚姻家庭的生育行为实现的。虽然当今世界性、生育与婚姻不断分离，但社会中绝大多数人仍然是在婚姻内生殖养育的。

2. 婚姻家庭具有组织经济生活的职能

婚姻家庭自产生之时便在社会经济生活中起着重要的作用。在古代社会，家庭是组织生产和消费的基本单位。近现代以来，家庭组织生产的职能虽然逐步削弱，但家庭作为家庭成员长久共同生活的实体，为人们创造就业，带来收入，是生产的重要单元，同时作为消费单元，家庭对可持续发展产生直接影响。

3. 婚姻家庭具有教育职能

家庭是社会融合和行为的首要媒介，是保护和传输文化价值观、打造文化特征的重要工具。家庭是孩子的首任教育者，家庭对每一代人的价值观和态度都产生着重要影响。家庭是非正式教育的场所，却是家庭成员寻求正式教育的出发点。教育过程始于家庭，又在更广大的社会得到延续。

4. 婚姻家庭具有性爱职能

性是人类的一个基本的生理需求，满足这一基本的生理需求是人类的本能。婚姻家庭既有确认、维护性爱的保障功能，使人的性需求在婚内得到普遍的满足，又有限制、排斥婚外性爱的否定功能，使性爱控制在一定范围内，有利于避免性失控引起的社会混乱。

5. 婚姻家庭具有精神慰藉职能

精神需求主要表现为幸福心理的追求、满足和痛苦心理的摆脱。而且随着社会的发展、经济的发达，婚姻家庭的慰藉功能具有日益重要的价值。

2016 年 12 月 12 日，习近平总书记在会见第一届全国文明家庭代表时强调："无论时代如何变化，无论经济社会如何发展，对一个社会来说，家庭的生活依托都不可替代，家庭的社会功能都不可替代，家庭的文明作用都不可替代。"[①] 这正是对家庭重要功能的科学论述。

婚姻家庭所承担的功能不可替代，却不是一成不变的，婚姻家庭的形态也不是一成不变的。数千年以来，人类在生理学和生物学方面的自然特征并无明显变化，而其婚姻家庭形态和婚姻家庭制度则因时空和社会背景的不同而呈现出不同的样态和特点。即使一夫一妻制本身，不同的时代也有不同的表现形式。

在世界多极化、经济全球化、社会信息化、文化多样化深入发展的当今社会，人们对婚姻家庭的认识必然发生变化，婚姻家庭也必然呈现新的特点。目前，无论是中国还是国际社会，婚姻家庭都呈现出家庭生育少子化、家庭结构核心化、家庭规模小型化、家庭关系离散化、家庭价值多元化、家庭类型多样化、家庭成员平等化等特点。

（三）关于家庭与社会

关于家庭与社会，习近平总书记指出："家庭是社会的细胞。家庭和睦则社会安定，家庭幸福则社会祥和，家庭文明则社会文明。"[②] 家庭对于

---

① 中共中央党史和文献研究室编：《习近平关于注重家庭家教家风建设论述摘编》，中央文献出版社 2021 年版，第 3 页。

② 中共中央党史和文献研究室编：《习近平关于注重家庭家教家风建设论述摘编》，中央文献出版社 2021 年版，第 4 页。

社会的意义和作用极其重要，家庭既是社会的起点和细胞，又是社会组织和社会系统的基层单位，是推进国家治理能力现代化、构建现代社会治理体系的重要基石，必须充分认识家庭治理在社会治理中的基础性和重要性。家庭的健康发展是整个社会肌体健康有序运行的微观基础。一是作为社会规范、道德教育、文化传承、情感满足的基本载体，家庭对社会成员的健康成长具有直接、持久、潜移默化的影响；二是作为社会保护的重要机制，家庭在养老、疾病、社会扶助等方面具有不可替代的优势，与社会化保障机制一起，构成社会成员经济社会生活的重要安全屏障；三是作为社会安定团结、稳定发展的有力保障，家庭将个人联结成一个整体，提高了社会的整合程度，增进了社会的和睦稳定，促进了国家的安定与文明。

（四）关于家国关系

习近平总书记在会见第一届全国文明家庭代表时强调，我们要认识到，千家万户都好，国家才能好，民族才能好。国家富强，民族复兴，人民幸福，最终要体现在千千万万个家庭都幸福美满上，体现在亿万人民生活不断改善上。[①] 在 2019 年春节团拜会上，习近平总书记又强调："在家尽孝、为国尽忠是中华民族的优良传统。没有国家繁荣发展，就没有家庭幸福美满。同样，没有千千万万家庭幸福美满，就没有国家繁荣发展。我们要在全社会大力弘扬家国情怀，培育和践行社会主义核心价值观，弘扬爱国主义、集体主义、社会主义精神，提倡爱家爱国相统一，让每个人、每个家庭都为中华民族大家庭作出贡献。"[②]

中国古代政治的根本特征是家国高度一体化的伦理政治，即以伦理秩序为政治本体所建构而成的家国同构的政治管理结构，即家是国的缩影，国是家的放大。我国早在西周时期就把家国紧密地结合在一起。汉代

① 中共中央党史和文献研究室编：《习近平关于注重家庭家教家风建设论述摘编》，中央文献出版社 2021 年版，第 4 页。

② https://baijiahao.baidu.com/s?id=1624449474871652068&wfr=spider&for=pc，2019 年 2 月 3 日 20：09。

以后，中华民族逐渐形成了追求统一、反对分裂的“大一统”意识，形成了家国一体、忠孝合一的“国家—家庭—个人”价值观体系。《礼记》言：“忠臣以事其君，孝子以事其亲，其本一也。”为国尽忠的责任奉献与在家尽孝的道德实践在价值实现上是一致的。家国一体要求人们既要爱家又要爱国，每个人都要把自己放在家国统一的环境之下思考问题，诚如林则徐所言：“苟利国家生死以，岂因祸福避趋之。”千百年来，以国家民族大义为重的人才是深明大义的人，他们才是中华民族的脊梁。故而，齐家治国情怀还表现为把家庭、个人利益和国家、民族利益结合的同时，又将国家、民族的利益置于最高地位，在国家、民族的利益与家庭、个人的利益发生冲突的时候，要取国家、民族的大义而舍家庭、个人的利益。

（五）关于家庭建设

习近平总书记高度重视家庭建设，强调：“要注重家庭、注重家教、注重家风，认真研究家庭领域出现的新情况新问题，把推进家庭工作作为一项长期任务抓实抓好。”① “不论时代发生多大变化，不论生活格局发生多大变化，我们都要重视家庭建设，注重家庭、注重家教、注重家风，紧密结合培育和弘扬社会主义核心价值观，发扬光大中华民族传统家庭美德，促进家庭和睦，促进亲人相亲相爱，促进下一代健康成长，促进老年人老有所养，使千千万万个家庭成为国家发展、民族进步、社会和谐的重要基点。”②

习近平总书记之所以反复强调要注重家庭建设，就是因为在实现稳定与繁荣的社会方面，家庭、经济和政府之间是一种共生关系。运转良好的市场和国家需要家庭来生产劳动力，购买商品和服务，缴纳税款，培养有生产力的社会成员。而家庭的贡献并不是无限的，如果让企业和公共部门无限地从中汲取养分，可能会给家庭及其成员带来可怕的后果。因此，我们必须重视建设家庭、支持家庭。

① 习近平：2018 年 11 月 2 日在同全国妇联新一届领导班子成员集体谈话时的讲话。

② 习近平：在 2015 年春节团拜会上的讲话。http://politics.people.com.cn/n/2015/0217/c70731—26580958.html，人民网，2015 年 2 月 17 日 20:21。

重视家庭建设，应当注重家庭建设的全面性。家庭建设的内涵十分丰富，从不同的角度来看就有不同的内容。家庭建设从建设主体角度看有内部关系建设，也有外部支持系统建设。从建设的手段看有法治的手段，也有道德的手段。从建设的内容来看就更多，《三亚宣言》[①]指明了家庭与人权、家庭与贫困、家庭与教育、家庭与性别平等、家庭与健康、家庭与环境、家庭与社会融合和保护、家庭与信息和传播技术、家庭与发展伙伴关系等九个方面内容。所以家庭建设是一个非常庞大、庞杂的系统。

重视家庭建设，还应当落实我国法律对婚姻家庭的保护。我国宪法第四十九条第一款规定，婚姻、家庭、母亲和儿童受国家的保护。这一规定表明，国家对婚姻家庭予以保护。这样，宪法关于国家保护婚姻家庭的规定要求我国的婚姻家庭的立法、司法都必须遵守并加以贯彻。是否有利于婚姻家庭的保护，是我国婚姻家庭立法、司法必须首要考虑的因素，所有的婚姻家庭立法和司法，都必须以保护婚姻家庭作为最高标准，在立法过程中，一系列制度的设立，都必须以维护和保障婚姻家庭的幸福美满以及婚姻家庭的和谐、稳定、安全为出发点和落脚点。

落实我国法律对婚姻家庭的保护，要正确处理婚姻安全与交易安全之间的关系，最大程度降低婚姻当事人的婚姻风险。婚姻家庭是社会的细胞，不是隔绝于社会的封闭体。这就必然会产生婚姻家庭内部发生的财产关系和与第三人发生的外部财产关系。在特定的情形下，婚姻安全与交易安全会产生冲突。这就要求我们在处理夫妻财产问题，特别是夫妻债务问题时，必须平衡交易安全与婚姻安全这两种价值目标之间的冲突。交易安全固然重要，婚姻安全却也不容小觑，维护交易安全和婚姻安全、降低婚姻风险对于保护婚姻、维护家庭稳定、社会和谐具有重要意义。为此，民法典婚姻家庭编第一千零六十四条对有关夫妻共同债务作出了明确规定：“夫妻双方共同签名或者夫妻一方事后追认等共同意思表示所负的债务，以及夫妻一方在婚姻关系存续期间以个人名义为家庭

---

① 2004年12月6日，世界家庭峰会在海南省三亚市举行，来自48个国家和地区的300余位代表参会，就“家庭与可持续发展”主题及“家庭与消费贫困”等10个专题论坛进行研讨；12月8日，发表《三亚宣言》。

日常生活需要所负的债务，属于夫妻共同债务。夫妻一方在婚姻关系存续期间以个人名义超出家庭日常生活需要所负的债务，不属于夫妻共同债务；但是，债权人能够证明该债务用于夫妻共同生活、共同生产经营或者基于夫妻双方共同意思表示的除外。”

落实我国法律对婚姻家庭的保护，要求司法中处理离婚纠纷要立足挽救危机婚姻。在离婚纠纷案件中，危机婚姻不断向死亡婚姻转化，许多家庭面临解体，未成年人、妇女、老人的合法权益常遭到无可奈何的损害。为最大程度挽救婚姻，防止草率离婚、冲动离婚，民法典婚姻家庭编第一千零七十七条对离婚冷静期作出了明确规定：“自婚姻登记机关收到离婚登记申请之日起三十日内，任何一方不愿意离婚的，可以向婚姻登记机关撤回离婚登记申请。前款规定期限届满后三十日内，双方应当亲自到婚姻登记机关申请发给离婚证；未申请的，视为撤回离婚登记申请。”

落实我国法律对婚姻家庭的保护，要正确处理家庭制度与家庭视角之间的关系，避免因家庭政策之间发生矛盾而损害家庭成员利益。家庭建设是社会建设的重要组成部分。家庭建设既需要婚姻家庭法律制度的完善，也需要关注相关法律政策制定中的家庭视角，防止出现家庭政策之间的矛盾。这就要求我们在关注家庭本身的同时，必须具有家庭视角，将家庭视角纳入社会立法、社会政策和社会服务的政策依据。2014 年在珠海召开的世界家庭峰会上通过了《珠海宣言》，其中明确建议，将与家庭相关的议题以主流议题方式纳入 2015 年后发展议程，并在经济、社会和环境政策和其他层面纳入行动计划。

二、关于注重家教

关于注重家教，习近平总书记的重要论述涉及家庭教育的本质、家庭教育的核心、家庭教育的地位作用、家庭教育的方法、家庭教育存在的问题等诸多方面。

（一）关于家庭教育的本质

家庭教育的本质或者说最重要的是品德教育，是如何做人的教育。习近平总书记强调指出，家庭教育涉及很多方面，但最重要的是品德教育，是如何做人的教育。也就是古人说的“爱子，教之以义方”，“爱之不以道，适所以害之也”。[①]我国自古以来就重视品德教育，司马光在《资治通鉴》中就对德的重要性做过精辟论述：“才德全尽谓之圣人，德胜才谓之君子，才胜德谓之小人。”因此，“作为父母和家长，应该把美好的道德观念从小就传递给孩子，引导他们有做人的气节和骨气，帮助他们形成美好心灵，促使他们健康成长，长大后成为对国家和人民有用的人”。[②]而作为子女则要“从小做起，就是要从自己做起、从身边做起、从小事做起，一点一滴积累，养成好思想、好品德”。[③]正因为如此，2021 年 10 月 23 日通过并将自 2022 年 1 月 1 日起施行的《中华人民共和国家庭教育促进法》，将道德品质教育放在了第一位，第一条就明确规定：“本法所称家庭教育，是指父母或者其他监护人为促进未成年人全面健康成长，对其实施的道德品质、身体素质、生活技能、文化修养、行为习惯等方面的培育、引导和影响。”第二条进一步明确：“家庭教育以立德树人为根本任务，培育和践行社会主义核心价值观，弘扬中华民族优秀传统文化、革命文化、社会主义先进文化，促进未成年人健康成长。”同时在第十四条、第十六条规定了未成年人的父母或者其他监护人具体实施品德教育的要求。

（二）关于家庭教育的核心

家庭是一个伦理实体，因此家庭教育的核心就是家庭美德的培育。家庭美德作为人们在家庭生活中调整家庭成员间关系、处理家庭问题时所遵循的高尚的道德规范，是调节家庭成员之间，即调节夫妻、父母同子女、

---

① 中共中央党史和文献研究室编：《习近平关于注重家庭家教家风建设论述摘编》，中央文献出版社 2021 年版，第 18 页。

② 习近平：2016 年 12 月 12 日在会见第一届全国文明家庭代表时的讲话。

③ 习近平：2014 年 5 月 30 日在北京市海淀区民族小学主持召开座谈会时的讲话。

兄弟姐妹、长辈与晚辈，调节家庭与国家、社会、集体之间的行为准则。习近平总书记强调弘扬的家庭美德主要包括以下几方面。

1. 社会主义核心价值观

习近平总书记高度重视在婚姻家庭领域培育和践行社会主义核心价值观，明确要求："以培育社会主义核心价值观为主要内容，继续积极探索，广泛深入地开展家庭文明建设活动，以好的家风，支撑起好的社会风气。"①"要坚持以社会主义核心价值观为统领，树立新时代的家庭观，引导妇女既要爱小家，也要爱国家，带领家庭成员共同升华爱国爱家的家国情怀，建设相亲相爱的家庭关系，弘扬向上向善的家庭美德，体现共建共享的家庭追求，在促进家庭和睦、亲人相爱、下一代健康成长、老年人老有所养等方面发挥优势，担起责任。"②"我们要积极培育和践行社会主义核心价值观，弘扬中华民族传统美德，把爱国和爱家统一起来，把实现个人梦、家庭梦，融入国家梦、民族梦之中，用我们4亿多家庭、13亿多人民的智慧和力量，汇集起夺取新时代中国特色社会主义伟大胜利、实现中华民族伟大复兴中国梦的磅礴力量。"③家庭教育促进法以法治的形式对家庭领域培育和践行社会主义核心价值观提出了明确要求："家庭教育以立德树人为根本任务，培育和践行社会主义核心价值观，弘扬中华民族优秀传统文化、革命文化、社会主义先进文化，促进未成年人健康成长。"

2. 爱国爱家的家国情怀

习近平总书记2016年12月12日在会见第一届全国文明家庭代表时强调，中国人历来讲求精忠报国，革命战争年代，母亲教儿打东洋、妻子送郎上战场，社会主义建设时期，先大家后小家、为大家舍小家，都体现着向上的家庭追求，体现着高尚的家国情怀。习近平总书记2018年11月2日在同全国妇联新一届领导班子成员集体谈话时重申，要注重家庭、注重家教、注重家风，认真研究家庭领域出现的新情况、新问题，把推进家

---

① 习近平：2014年11月30日对《关于认真贯彻落实习近平总书记重要讲话 发挥妇女独特作用 培树良好家风工作情况的报告》的批示。

② 习近平：2018年11月2日在同全国妇联新一届领导班子成员集体谈话时的讲话。

③ 习近平：2018年2月14日在春节团拜会上的讲话。

庭工作作为一项长期任务抓实抓好。要坚持以社会主义核心价值观为统领，引导妇女既要爱小家，也要爱国家，带领家庭成员共同升华爱国爱家的家国情怀、建设相亲相爱的家庭关系、弘扬向上向善的家庭美德、体现共建共享的家庭追求，在促进家庭和睦、亲人相爱、下一代健康成长、老年人老有所养等方面发挥优势、担起责任。要引导妇女带动家庭成员，发扬尊老爱幼、男女平等、夫妻和睦、勤俭持家、邻里团结等中华民族传统美德，抵制歪风邪气，弘扬清风正气，以好的家风支撑起好的社会风气。习近平总书记上述重要讲话，指明了新时代中国家庭建设的政治方向，即爱国爱家的家国情怀。古人讲："知责任者，大丈夫之始也；行责任者，大丈夫之终也。"责任和担当，乃是家国情怀的精髓所在。古人把家国情怀作为一种非常高尚的情操，所以有曹植的"捐躯赴国难，视死忽如归"，文天祥的"臣心一片磁针石，不指南方不肯休"，陆游的"王师北定中原日，家祭无忘告乃翁"。具有家国情怀的人，一定知道自己的责任，对家庭的责任，对国家的责任。家国情怀注重爱家与爱国的一体性，强调国家、民族利益高于家庭利益和个人利益。我们新时代的家庭建设一定要按照爱国爱家这个正确的政治方向去建设。为此，家庭教育法第十六条第一款第一项明确要求，教育未成年人爱党、爱国、爱人民、爱集体、爱社会主义，树立维护国家统一的观念，铸牢中华民族共同体意识，培养家国情怀。

3. 向上向善、崇德向善

习近平总书记高度重视弘扬家庭美德，在党的十九大报告中强调，要深入实施公民道德建设工程，推进社会公德、职业道德、家庭美德、个人品德建设，激励人们向上向善、孝老爱亲，忠于祖国、忠于人民。

习近平总书记对家庭美德的强调，不仅列举了包括尊老爱幼、夫妻和睦、母慈子孝、兄友弟恭、耕读传家、勤俭持家、知书达礼、遵纪守法、家和万事兴、男女平等、邻里团结等家庭美德的具体表现，而且将向上向善归纳为家庭美德的核心。向上向善，指明了弘扬家庭美德的价值追求。正是铭记在中国人心灵中的向上向善的追求，成为支撑中华民族生生不息、薪火相传的重要精神力量，成为家庭文明建设的宝贵精神财富。向上，体现了人往高处走的积极心态和奋发进取的精神意志。向善，则体现了人之为人的人性光辉，我们只有不断向善，才能摒弃兽性，成为纯粹和高尚的人。我们追求向上向善，就必须遏制贪念。“贪”字近乎“贫”，“婪”字近乎“焚”。贪了就一贫如洗，贪婪了就会玩火自焚。我们追求向上向善，就是要倡导忠诚、责任、亲情、学习、公益的理念，推动人们在为家庭谋幸福、为他人送温暖、为社会作贡献的过程中提高精神境界，培育文明风尚。

家庭建设中要弘扬家庭美德。因为家庭是伦理实体，需要道德来调整。在全面推进依法治国的背景下，如何处理法治和德治的关系就显得极其重要。首先必须克服两种错误的认识：一种是片面强调“法治”，希望婚姻家庭法律制度无微不至，希望婚姻家庭法律制度能够解决所有问题，列出所有答案。另一种观点则片面强调“德治”，“法不入家门”，认为婚姻家庭是私人领域，是与法律无涉的特区，应由道德来调整，反对法律介入其中，认为法律介入婚姻家庭领域是“法律道德主义”，而法律道德主义是“残酷与虚伪”的，强烈主张“把道德的东西还给道德”。

实际上，家庭领域中的法治保障与道德规范必须有机结合，缺一不可。习近平总书记在首都各界纪念现行宪法施行30周年大会上讲话指出，法律是成文的道德，道德是内心的法律。法律和道德都具有规范社会行为、调节社会关系、维护社会秩序的作用，在国家治理中都有其地位和功能。法安天下，德润人心。法律有效实施有赖于道德支持，道德践行也离不开法律约束。法治和德治不可分离、不可偏废，国家治理需要法律和道德协同发力。婚姻家庭的伦理属性，决定了婚姻家庭制度的完善必须坚持依法治国与以德治国的有机结合。婚姻家庭领域的法律制度必须反映社会主义道德的要求，为弘扬社会主义的伦理道德提供制度上的保障。社会主义核心价值观、情与理应寓于法律规范中，形成操作性比较强、可执行、可裁判的规则。

处理好法律与道德的关系，其核心就是要处理好法理与民意的关系。我们“必须坚持一手抓法治、一手抓德治，大力弘扬社会主义核心价值观，弘扬中华传统美德，培育社会公德、职业道德、家庭美德、个人品德，既重视发挥法律的规范作用，又重视发挥道德的教化作用，以法治体现道德理念，强化法律对道德建设的促进作用，以道德滋养法治精神，强化道德对法治文化的支撑作用，实现法律和道德相辅相成、法治和德治相得益彰”。为此，家庭教育法第十六条第一款第二项明确要求，教育未成年人崇德向善、尊老爱幼、热爱家庭、勤俭节约、团结互助、诚信友爱、遵纪守法，培养其良好社会公德、家庭美德、个人品德意识和法治意识。

4．家庭责任

关于家庭责任，习近平总书记强调，“要加强家庭建设，教育引导人们自觉承担家庭责任”①，“要积极传播中华民族传统美德，传递尊老爱幼、男女平等、夫妻和睦、勤俭持家、邻里团结的观念，倡导忠诚、责任、亲情、学习、公益的理念，推动人们在为家庭谋幸福、为他人送温暖、为社会作贡献的过程中提高精神境界，培育文明风尚”。②“要弘扬中华民族传统美德，勤劳致富，勤俭持家。要发扬中华民族孝亲敬老的传统美德，引导人们自觉承担家庭责任，树立良好家风，强化家庭成员赡养、扶养老年人的责任意识。促进家庭老少和顺。一个健康向上的民族，就应该鼓励劳动、鼓励就业、鼓励靠自己的努力养活家庭，服务社会，贡献国家。”③习近平总书记的这些重要论述，强调了家庭责任的重要性。落实家庭责任，要强调家庭成员对家庭、对家人的义务感、责任感，反对极端的利己主义。极端的利己主义，用一句话来说，就是在家里只要有财产、有权力和利益，就极力争夺，而面对债务、责任和负担，则极力推托。这种极端自私思想，是家庭冲突、纠纷的根源。

关于家庭责任的承担，民法典、反家庭暴力法和家庭教育促进法都作了具体而明确的规定。民法典就夫妻之间、父母子女之间、祖孙之间以及兄弟姐妹之间的法定权利义务作了全面、系统的规定。反家庭暴力法从预防和

① 习近平：2015 年 2 月 28 日在会见第四届全国文明城市、文明村镇、文明单位和未成年人思想道德建设工作先进代表时的讲话。

② 习近平：2016 年 12 月 12 日在会见第一届全国文明家庭代表时的讲话。

③ 习近平：2017 年 6 月 23 日在深度贫困地区脱贫攻坚座谈会上的讲话。

制止家庭暴力方面作了规定。家庭教育促进法则从未成年人的父母或者其他监护人及其他家庭成员对未成年人的教育责任方面作了具体而明确的规定。

5. 知书达礼、遵纪守法

知书达礼意指有教养、通事理。知书达礼是中华民族的传统美德，千百年来受儒家经典的熏陶，中国成为一个有道德、有高尚情操的礼仪之邦。遵纪守法则是遵守纪律和法度，这是每个公民应尽的义务，也是建设中国特色社会主义法治社会的基石。知书达礼、遵纪守法既是家庭成员文明修身的要求，也是任何一个公民应有的文明状态和应尽的义务。对此，习近平总书记强调："尊老爱幼、妻贤夫安，母慈子孝、兄友弟恭，耕读传家、勤俭持家，知书达礼、遵纪守法，家和万事兴等中华民族传统家庭美德，铭记在中国人的心灵中，融入中国人的血脉中，是支撑中华民族生生不息、薪火相传的重要精神力量，是家庭文明建设的宝贵精神财富。"① 知书达礼与遵纪守法，虽然具体要求和侧重各有不同，但核心内容都是要求家庭成员讲礼仪、懂规矩、守秩序。在推进全面依法治国的今天，全民守法已成为全面依法治国、建设法治社会的基础工程和长期任务，是实现全面依法治国、形成法治社会的基础和支撑。因此，家庭成员在修身方面要努力做到知书达礼、遵纪守法，有关家国书常读，违法乱纪事莫为，在家庭文明建设中作出贡献。关于遵纪守法教育的要求，家庭教育促进法第二十三条规定："未成年人的父母或者其他监护人不得因性别、身体状况、智力等歧视未成年人，不得实施家庭暴力，不得胁迫、引诱、教唆、纵容、利用未成年人从事违反法律法规和社会公德的活动。"

6. 耕读传家、勤俭持家、家和万事兴

关于持家方面的家庭美德，习近平总书记反复强调要耕读传家、勤俭持家、家和万事兴。习近平总书记 2017 年 6 月 23 日在深度贫困地区脱贫攻坚座谈会上强调："要弘扬中华民族传统美德，勤劳致富，勤俭持家。"耕读传家、勤俭持家、家和万事兴是中华民族持家方面的传统美德。耕读传家指的是既学做人，又学谋生。耕田可以事稼穑，丰五谷，养家糊口，

---

① 习近平：2016 年 12 月 12 日在会见第一届全国文明家庭代表时的讲话。

以立性命，这是广大人民生存的根本。而耕作之余，读圣贤之书，明处事之理，则是人类从野蛮通往教化之路，通过读书可以知诗书，达礼义，修身养性，以立高德。耕读传家承载着书香人家的教育理念，是我国传统文化中人民群众得以安身立业的思想基础。勤俭持家也是中国传统家庭伦理思想的精粹，曾国藩持家之道的内容核心就是勤俭持家、尚勤戒惰、崇俭戒奢。而家和万事兴，则意为家庭和睦就能兴旺。《礼记》中说："父子笃，兄弟睦，夫妻和，家之肥也。"这告诉我们，只有父子互相信任，兄弟同心同德，夫妻恩爱和美，一家人和睦共处，家业才能兴旺发达。家和万事兴所追求的就是人人和善、婚姻和美、家庭和睦、社会和谐。因此，关于持家方面的家庭美德，任何时候我们都要谨记勤俭是治家之本，和顺是齐家之本，谨慎是保家之本，诗书是起家之本，忠孝是传家之本。关于勤俭、勤劳的提倡，家庭教育促进法第十六条第一款的第二项、第六项作出了规定，要求教育未成年人勤俭节约，要帮助未成年人树立正确的劳动观念，参加力所能及的劳动，提高生活自理能力和独立生活能力，养成吃苦耐劳的优秀品格和热爱劳动的良好习惯。

7. 男女平等、夫妻和睦

婚姻是家庭的基础，夫妻关系是家庭关系的核心，特别是在日益增多的核心家庭里，如何处理好夫妻关系更为关键。在我国的婚姻家庭制度中，夫妻在家庭中具有平等的地位。夫妻平等是男女平等这一基本国策在婚姻家庭领域的体现和要求；夫妻和睦则是男女两性要和谐发展的社会趋势在夫妻关系中的反映。

关于夫妻之间要男女平等、夫妻和睦问题，习近平总书记强调："要引领妇女带动家庭成员，发扬尊老爱幼、男女平等、夫妻和睦、勤俭持家、邻里团结等中华民族传统美德，抵制歪风邪气，弘扬清风正气，以好的家风支撑起好的社会风气。"① "要积极传播中华民族传统美德，传递尊老爱

① 中共中央党史和文献研究室编：《习近平关于注重家庭家教家风建设论述摘编》，中央文献出版社 2021 年版，第 25—26 页。

幼、男女平等、夫妻和睦、勤俭持家、邻里团结的观念。”①“我们要消除针对妇女的偏见、歧视、暴力，让性别平等真正成为全社会共同遵循的行为规范和价值标准。”②“男性也不能当甩手掌柜，要同妻子分担养老育幼等家庭责任，共担家务劳动。”③

追求男女平等的愿望是美好的，但落实男女平等的婚姻家庭制度保障却是复杂的。由于婚姻家庭立法涉及私人自治与国家干预的合理界定、法律制度与伦理道德的相互支持、内部关系与支持系统的不同建构、婚姻安全与交易安全的权衡取舍、家庭制度与家庭视角的彼此呼应、人身关系与财产关系的主次定位、个人权利与家庭责任的和谐平衡等诸多问题和矛盾，而在解决这些问题和矛盾的过程中始终坚守男女平等的基本理念和立法初心会面临诸多困难，需要排除影响夫妻平等实现的各种障碍。特别是要排除男性中心文化对实现夫妻实质平等的不利影响。长期以来，男性中心文化是主流的社会文化，这种文化渗透到社会的各个领域，影响着人们的行为规范和社会制度。男性中心文化是歧视女性的文化，它在社会地位方面坚定奉行男尊女卑，社会权利方面一贯主张男主女从，社会分工方面特别强调男外女内，社会见解方面始终认为男高女低，社会形象方面竭力塑造男强女弱。这种歧视女性的文化是当前实现夫妻平等特别是夫妻实质平等的最大文化障碍。因此，要实现真正的男女平等，就必须解构传统的男性中心文化，建构以男女平等为核心价值取向的先进性别文化。同时要排除现实婚姻家庭生活中妇女弱势地位所带来的不利影响。

8. 兄友弟恭、母慈子孝、尊老爱幼、孝亲敬老

关于家庭成员之间的家庭美德，习近平总书记强调要兄友弟恭、母慈子孝、尊老爱幼、孝亲敬老。强调“要积极传播中华民族传统美德，传

---

① 中共中央党史和文献研究室编：《习近平关于注重家庭家教家风建设论述摘编》，中央文献出版社 2021 年版，第 19 页。

② 习近平：2020 年 10 月 1 日在联合国大会纪念北京世界妇女大会 25 周年高级别会议上的讲话。

③ 中共中央党史和文献研究室编：《习近平关于注重家庭家教家风建设论述摘编》，中央文献出版社 2021 年版，第 71 页。

递尊老爱幼、男女平等、夫妻和睦、勤俭持家、邻里团结的观念，倡导忠诚、责任、亲情、学习、公益的理念，推动人们在为家庭谋幸福、为他人送温暖、为社会作贡献的过程中提高精神境界、培育文明风尚”。[①]

家庭是以婚姻、血缘和共同经济为纽带而形成的亲属团体，也是家庭成员共同起居、共同生活的基本单位，家庭成员在感情、生活和工作等方面互相关心、互相帮助、互敬互爱，是中华民族的传统美德，也是对个人、对家庭、对社会所承担的不可替代的重要职能。

兄友弟恭，语出西汉司马迁的《史记·五帝本纪》：“使布立教于四方，父义母慈，兄友弟恭，子孝，内平外成。”意为哥哥对弟弟友爱，弟弟对哥哥恭敬，形容兄弟间互爱互敬。在现代社会，兄弟姐妹之间作为血缘最密切的同辈旁系血亲，彼此之间有着特殊的法律关系，不仅彼此互为第二顺序继承人，而且在特定条件下，兄、姐与弟、妹之间产生附条件的扶养义务。因此，兄弟姐妹之间就应该互爱互敬、互相帮助。

母慈子孝，意为母亲慈祥爱子，子女孝顺父母。父母子女是最近的直系血亲，是家庭关系的核心。从法律上讲，父母有保护、抚养、教育未成年子女的责任和义务，成年子女有赡养父母的责任和义务。从道德的角度看，母慈子孝所要求的父母子女之间应该符合更高的伦理道德标准，要求父母在保护、抚养、教育未成年子女的过程中，不仅要满足未成年子女成长所必需的物质生活条件，而且要予以慈爱呵护；子女对待父母不仅要尽赡养扶助的义务，而且要服侍父母以孝顺。母慈子孝是古往今来人们所推崇的幸福和睦家庭的象征。

尊老爱幼、孝亲敬老的核心就是敬老爱幼。敬老是指家庭中的晚辈成员对长辈成员应当予以尊敬，使其安度晚年；爱幼是指家庭中的长辈成员对晚辈成员应当予以爱护，使其健康成长。敬老爱幼和保护儿童、老人合法权益原则的基本精神是完全一致的，但两者的角度不尽相同，保护儿童、老人的合法权益，侧重于对未成年和老年家庭成员人身和财产权

---

① 中共中央党史和文献研究室编：《习近平关于注重家庭家教家风建设论述摘编》，中央文献出版社 2021 年版，第 19 页。

益的保护；敬老爱幼则从弘扬婚姻家庭伦理道德的高度，对如何处理婚姻家庭中的代际关系提出了更高的要求。习近平总书记在 2019 年春节团拜会上的重要讲话中指出："古人讲，'夫孝，德之本也'。自古以来，中国人就提倡孝老爱亲，倡导老吾老以及人之老、幼吾幼以及人之幼。我国已经进入老龄化社会。让老年人老有所养、老有所依、老有所乐、老有所安，关系社会和谐稳定。我们要在全社会大力提倡尊敬老人、关爱老人、赡养老人，大力发展老龄事业，让所有老年人都能有一个幸福美满的晚年。""孝"是中国伦理思想的核心内容，是传统道德规范和家风的基础，还是可操作的具体规定。"孝"讲究"三养"，即能养、色养、显养。能养：尽孝道必须关心年老父母的健康，让双亲吃饱穿暖，及时医治父母的疾病（"父母，唯其疾之忧"）；色养：不单要满足父母的物质需要，父母晚年精神上的愉悦极其重要："孝子之有深爱者必有和气，有和气者必有愉色，有愉色者必有婉容"（《礼记 · 祭义》）；显养：在外要堂堂正正做人，忠君报国，积极进取，要让双亲为儿女自豪、骄傲。

当前，相较于父母对子女的宠爱有加，老年人的生活似乎缺少了应有的温暖。在这个已经步入老龄化的时代，老年人的问题应引起高度关注，我们在关心下一代的同时，也要呼吁"关心上一代"。

（三）关于家庭教育的地位作用

教育是国家发展的基石，事关人民福祉、民族兴旺和国家未来。家庭教育涉及千家万户，关乎群众切身利益。家庭教育问题，是习近平总书记念兹在兹的牵挂，他在各种不同的场合反复强调要"注重家教"。习近平总书记在 2016 年 12 月 12 日会见第一届全国文明家庭代表时强调："家庭是人生的第一个课堂，父母是孩子的第一任老师。孩子们从牙牙学语起就开始接受家教，有什么样的家教，就有什么样的人。"① "广大家庭都要重言传、重身教，教知识、育品德，身体力行、耳濡目染，帮助孩子扣好人生

① 中共中央党史和文献研究室编：《习近平关于注重家庭家教家风建设论述摘编》，中央文献出版社 2021 年版，第 18 页。

的第一粒扣子，迈好人生的第一个台阶。要在家庭中培育和践行社会主义核心价值观，引导家庭成员特别是下一代热爱党、热爱祖国、热爱人民、热爱中华民族。要积极传播中华民族传统美德，传递尊老爱幼、男女平等、夫妻和睦、勤俭持家、邻里团结的观念，倡导忠诚、责任、亲情、学习、公益的理念，推动人们在为家庭谋幸福、为他人送温暖、为社会作贡献的过程中提高精神境界、培育文明风尚。”①

家庭是每个人生活的第一个环境，家庭教育是每个人接受的时间最早、内容最广泛、影响最大的教育，是学校教育和社会教育的基础。因此，我们必须把家庭教育工作作为一项重大而紧迫的战略任务，以对国家和民族负责、对历史负责的态度，高度重视家庭教育工作。2004 年，在我国三亚召开的世界家庭峰会上通过的《三亚宣言》中明确指出：“教育是一项基本人权，是实现可持续发展的关键所在。学习始于诞生之时，始于家庭。”“家庭是非正式教育的场所，是家庭成员寻求正式教育的出发点。应该支持家庭发挥在这方面的作用。”为此，家庭教育促进法第十四条第一款强调：“父母或者其他监护人应当树立家庭是第一个课堂、家长是第一任老师的责任意识，承担对未成年人实施家庭教育的主体责任，用正确思想、方法和行为教育未成年人养成良好思想、品行和习惯。”

（四）关于家庭教育的方法

关于家庭教育的方法，习近平总书记十分重视言传身教，在 2016 年 12 月 12 日会见第一届全国文明家庭代表时指出：“广大家庭都要重言传、重身教，教知识、育品德，身体力行、耳濡目染，帮助孩子扣好人生的第一粒扣子，迈好人生的第一个台阶。”② 2014 年 5 月 30 日，习近平总书记在北京市海淀区民族小学主持召开座谈会时也强调：“家庭是孩子的第一个课堂，父母是孩子的第一个老师。家长要时时处处给孩子做榜样，用正确

① 中共中央党史和文献研究室编：《习近平关于注重家庭家教家风建设论述摘编》，中央文献出版社 2021 年版，第 19 页。

② 中共中央党史和文献研究室编：《习近平关于注重家庭家教家风建设论述摘编》，中央文献出版社 2021 年版，第 19 页。

行动，正确思想，正确方法，教育引导孩子。要善于从点滴小事中教会孩子欣赏真善美，远离假丑恶。要注意观察孩子的思想动态和行为变化，随时做好教育引导工作。”①

家庭教育的方法对家庭教育的效果有着直接的、重要的影响。刚刚颁布的家庭教育促进法对此也予以高度重视。在第十八条明确要求未成年人的父母或者其他监护人应当树立正确的家庭教育理念，自觉学习家庭教育知识，在孕期和未成年人进入婴幼儿照护服务机构、幼儿园、中小学校等重要时段进行有针对性的学习，掌握科学的家庭教育方法，提高家庭教育的能力。在第十七条明确要求未成年人的父母或者其他监护人实施家庭教育，应当关注未成年人的生理、心理、智力发展状况，尊重其参与相关家庭事务和发表意见的权利，合理运用以下方式方法：亲自养育，加强亲子陪伴；共同参与，发挥父母双方的作用；相机而教，寓教于日常生活之中；潜移默化，言传与身教相结合；严慈相济，关心爱护与严格要求并重；尊重差异，根据年龄和个性特点进行科学引导；平等交流，予以尊重、理解和鼓励；相互促进，父母与子女共同成长；其他有益于未成年人全面发展、健康成长的方式方法。

（五）关于家庭教育存在的问题

注重家庭教育，要着力解决目前家庭教育领域存在的各类突出问题。对此，习近平总书记指出：“社会是大课堂，生活是教科书。现在，校外活动场所不足，教育载体缺乏，有效活动少，家庭教育、学校教育、社会教育之间出现‘断档’‘脱节’现象，没有形成育人全链条。要健全社会教育资源有效开发配置的政策体系。加大图书馆、博物馆、科技馆、纪念馆、运动场、少年宫、儿童活动中心等公益设施的建设力度，免费向学生开放。”②

① 中共中央党史和文献研究室编：《习近平关于注重家庭家教家风建设论述摘编》，中央文献出版社 2021 年版，第 17—18 页。

② 中共中央党史和文献研究室编：《习近平关于注重家庭家教家风建设论述摘编》，中央文献出版社 2021 年版，第 70 页。

解决家庭教育、学校教育、社会教育之间出现“断档”“脱节”问题，关键是要树立整体教育理念，强化家庭教育、学校教育、社会教育之间相互联系，使之同向同行，融为整体。教育起始于家庭，学校教育是主体，社会教育是终身教育，任何人全面成长不可能凭借单一的某一个方面的教育，而是家庭教育、学校教育、社会教育相互合作、相互促进。因此，家庭教育立法必须立足于整体教育观，构建家庭、学校、社会“三位一体”的教育体系；打破家庭、学校、社会教育三分的概念，实现家庭、学校、社会教育“三位一体”的整体教育格局。

此外，下列问题也需要引起关注和解决：家庭教育领域存在着不全面、不均衡的问题；有些地方政府更多关注未成年人是否有学上的问题，而重视家庭教育不够，家庭教育尚未占据应有地位，缺乏从国家战略高度认识家庭教育；社会关注的更多是青少年、未成年人的教育，而对其他家庭成员的家庭教育关注不够，忽视了家长的自身成长，家庭教育被窄化；家庭教育还没有纳入基本公共服务体系；家庭教育与学校教育、社会教育缺乏有机结合，同时存在家庭教育学校化或变为学校教育的附庸，现在的家庭教育主要是为学校服务的，监督完成学校的任务；现代的家庭教育理论研究不够；主管机构不明确、人员专业性不足、市场缺乏准入机制等问题，家庭教育服务领域乱象丛生，只有“游击队”，没有“正规军”；家庭教育理念落后，缺乏教育的大视野，方向上出现了偏差，育才教育替代了育人教育，过分注重书本、技能教育，过早把竞争引入了家庭教育，对孩子的家庭教育更多集中在智力投入，而关注教育未成年人学会生活、学会做人不够；居家处事的作用没被重视；家长对孩子存在过度保护、过度溺爱，过度的关注保护演化成为管制；社区在支持家庭教育方面的作用发挥不够，家庭教育缺乏有效的社会支持系统；家庭教育书本化现象需要克服；家庭教育缺乏法治教育的内容，忽视了法治意识的培养；流动儿童的家庭教育碎片化；家庭教育责任的出让问题，很多父母把自己教育子女的责任交给老师；等等。解决上述问题，核心是要解决人民日益增长的美好生活需要和不平衡不充分的发展之间的矛盾，同时从不同角度解决尽享家庭之利的期待与家庭现实能力之间的矛盾，对家庭功能的期待与家庭缺乏支持之间的矛盾、家长望子成龙和望女成凤的期待与子女天性及行为能力之间的矛盾，家庭教育的起始性、基础性、终身性与被重视程度之间的矛盾。

三、关于注重家风

“家风”又称门风，指的是家庭或家族世代相传的风尚、生活作风，即一个家庭当中的风气。家风作为一个家庭、家族代代相传沿袭下来的体现家庭、家族成员精神风貌、道德品质、审美格调和整体气质的家庭、家族文化风格，它是家庭成员集体认同的，是每个家庭成员成长的精神支撑和价值引导。优良的家风所形成的向上向善的道德氛围，不仅对家庭成员所起的影响是“浸润式”的，使其终身受益，而且有助于推动形成良好的社会风气。

习近平总书记高度重视家风建设，不仅反复强调了家风的重要性，而且从优良家风与社会风气、优良家风与干部作风、优良家风与家庭幸福等方面进行了精辟阐述。

（一）关于优良家风与社会风气

家风与党风、政风、民风、干部作风，乃至整个社会风气之间都密切联系、相互影响。家风正则民风淳，民风淳则社稷安。历史反复证明了国风之本在家风，只有深植家庭的风尚，才能广泛传播于社会。

习近平总书记对于家风和社会风气的关系有过很多精辟论述，“希望大家注重家风。家风是社会风气的重要组成部分”[①]。“广大家庭都要弘扬优良家风，以千千万万家庭的好家风支撑起全社会的好风气。特别是各级领导干部要带头抓好家风”。[②]“好的家风引领人向上向善，不良的家风却会

① 中共中央党史和文献研究室编:《习近平关于注重家庭家教家风建设论述摘编》，中央文献出版社 2021 年版，第 24 页。

② 中共中央党史和文献研究室编:《习近平关于注重家庭家教家风建设论述摘编》，中央文献出版社 2021 年版，第 24 页。

败坏社会风气，贻害无穷。从近年查处的案件看，出问题的干部普遍家风不正、家教不严。要引领妇女带动家庭成员，发扬尊老爱幼、男女平等、夫妻和睦、勤俭持家、邻里团结等中华民族传统美德，抵制歪风邪气，弘扬清风正气，以好的家风支撑起好的社会风气”。[①]

家庭和睦，社会才能安定；家教良好，未来才有希望；家风纯正，社会风气才会纯净。所以，良好的家庭家教家风是支撑我们这个民族生生不息、薪火相传、发展进步的重要力量。学习贯彻习近平总书记的重要论述，就是要真正做到以好家风涵养好作风，以好家风促进党风政风、带动社风民风、净化优化政治生态和社会环境，使良好的家风不仅成为保持家庭幸福、恩泽后世的源头活水，而且成为弘扬社会正气的基础性力量，成为国家兴盛的文化保障。为此，家庭教育促进法不仅在第一条将“引导全社会注重家庭、家教、家风”作为重要的立法目的，而且在第四条第三款要求“国家工作人员应当带头树立良好家风，履行家庭教育责任”。在第十五条要求“未成年人的父母或者其他监护人及其他家庭成员应当注重家庭建设，培育积极健康的家庭文化，树立和传承优良家风，弘扬中华民族家庭美德，共同构建文明、和睦的家庭关系，为未成年人健康成长营造良好的家庭环境”。在第三十五条强调了“妇女联合会发挥妇女在弘扬中华民族家庭美德、树立良好家风等方面的独特作用，宣传普及家庭教育知识，通过家庭教育指导机构、社区家长学校、文明家庭建设等多种渠道组织开展家庭教育实践活动，提供家庭教育指导服务”。在第三十七条规定了“国家机关、企业事业单位、群团组织、社会组织应当将家风建设纳入单位文化建设，支持职工参加相关的家庭教育服务活动。文明城市、文明村镇、文明单位、文明社区、文明校园和文明家庭等创建活动，应当将家庭教育情况作为重要内容”。

---

① 中共中央党史和文献研究室编:《习近平关于注重家庭家教家风建设论述摘编》，中央文献出版社 2021 年版，第 25—26 页。

（二）关于优良家风与干部作风

习近平总书记非常重视领导干部的家风建设，多次强调领导干部要带头做家风建设的表率：“领导干部的家风，不仅关系自己的家庭，而且关系党风政风。各级领导干部特别是高级干部要继承和弘扬中华优秀传统文化，继承和弘扬革命前辈的红色家风，向焦裕禄、谷文昌、杨善洲等同志学习，做家风建设的表率，把修身、齐家落到实处。各级领导干部要保持高尚道德情操和健康生活情趣，严格要求亲属子女，过好亲情关，教育他们树立遵纪守法、艰苦朴素、自食其力的良好观念，明白见利忘义、贪赃枉法都是不道德的事情，要为全社会做表率。”[①]“党员领导干部要把对党忠诚纳入家庭家教家风建设，引导亲属子女坚决听党话、跟党走。”[②]

领导干部带头做家风建设的表率，既要明大德、守公德，又要严私德。习近平总书记强调：“领导干部特别是高级干部，要明大德，守公德，严私德，做廉洁自律、廉洁用权、廉洁齐家的模范。”[③]“政德是整个社会道德建设的风向标。立政德，就要明大德、守公德、严私德。”[④]“严私德，就是要严格约束自己的操守和行为。所有党员、干部都要戒贪止欲、克己奉公。切实把人民赋予的权力用于造福人民，要把家风建设摆在重要位置，廉洁修身，廉洁齐家，防止‘枕边风’成为贪腐的导火索，防止子女打着自己的旗号非法牟利，防止身边人把自己拉下水。”[⑤]

领导干部带头做家风建设的表率，既要严于律己，又要管好身边人。习近平总书记强调：“中央政治局的同志必须修身律己，慎终如始，时刻自重自省自警自励，做到慎独慎初慎微慎友。要像珍惜生命一样，珍惜自己

---

① 习近平：2016 年 12 月 12 日在会见第一届全国文明家庭代表时的讲话。

② 习近平：2019 年 7 月 9 日在中央和国家机关党的建设工作会议上的讲话。

③ 中共中央党史和文献研究室编：《习近平关于注重家庭家教家风建设论述摘编》，中央文献出版社 2021 年版，第 38 页。

④ 习近平：2018 年 3 月 10 日参加重庆代表团审议时的讲话。

⑤ 中共中央党史和文献研究室编：《习近平关于注重家庭家教家风建设论述摘编》，中央文献出版社 2021 年版，第 38 页。

的节操，做一个一尘不染的人，要带头廉洁治家，带头反对特权。”[①]“在培育良好家风方面，老一辈革命家为我们做出了榜样。每一位领导干部都要把家风建设摆在重要位置，廉洁修身、廉洁齐家，在管好自己的同时，严格要求配偶、子女和身边工作人员。”[②]“各级领导干部特别是高级干部要严格遵守党风廉政建设各项规定，既要严于律己，努力做到守得住清贫、耐得住寂寞、抵得住诱惑、经得起考验，又要加强对亲属和身边工作人员的教育和约束，决不允许以权谋私，决不允许搞特权。从严治官，就是从高级领导干部抓起，务求取得实实在在的成效。”[③]“我们不仅要管好自己，而且要管好配偶、子女和身边工作人员，绝不谋私利，绝不搞特权，以实际行动给全军做出表率。”[④]

领导干部带头做家风建设的表率，就是要保持高尚道德情操和健康生活情趣。“各级领导干部要保持高尚道德情操和健康生活情趣，严格要求亲属子女，过好亲情关，教育他们树立遵纪守法、艰苦朴素、自食其力的良好观念，明白见利忘义、贪赃枉法都是不道德的事情，要为全社会做表率。”[⑤]“做领导工作本来就是‘苦差事’，很多时候要‘5+2’、‘白加黑’，想舒舒服服的就不要当领导干部。即便有了一点空闲时间，陪伴家人、尽享亲情，清茶一杯、手捧一卷，操持雅好、神游物外，强身健体、锤炼意志，这样的安排才有品位。领导干部自觉追求健康的工作方式和生活方式，久久为功，庸俗的东西就近不了身。宁静以致远，淡泊以明志。”[⑥]

---

① 习近平：2020 年 12 月 24 日至 25 日在中共中央政治局民主生活会上的讲话。

② 中共中央党史和文献研究室编：《习近平关于注重家庭家教家风建设论述摘编》，中央文献出版社 2021 年版，第 34 页。

③ 中共中央党史和文献研究室编：《习近平关于注重家庭家教家风建设论述摘编》，中央文献出版社 2021 年版，第 47 页。

④ 中共中央党史和文献研究室编：《习近平关于注重家庭家教家风建设论述摘编》，中央文献出版社 2021 年版，第 45 页。

⑤ 中共中央党史和文献研究室编：《习近平关于注重家庭家教家风建设论述摘编》，中央文献出版社 2021 年版，第 55 页。

⑥ 中共中央党史和文献研究室编：《习近平关于注重家庭家教家风建设论述摘编》，中央文献出版社 2021 年版，第 33 页。

习近平总书记的上述重要讲话，精辟阐述了领导干部的家风建设，不仅关系自己的家庭，而且关系党风政风。领导干部必须以身作则，严于律己，在继承和弘扬革命前辈的红色家风方面发挥带头作用，带头廉洁治家，带头反对特权。

（三）关于优良家风与家庭幸福

家风与家庭的兴衰祸福有着直接和密切的关系。家风好，就能家道兴盛、和顺美满；家风差，难免殃及子孙、贻害社会，正所谓“积善之家，必有余庆；积不善之家，必有余殃”。习近平总书记极其深刻地指出：“最近，我反复强调家风问题。大家仔细看一看‘家’和‘冢’这两个字，它们很像，区别就在于那个‘点’摆在什么位置。这就像家庭建设一样，对于家属子女要求高一点才能成为幸福之家，低一点就可能葬送一个好家庭。”[①] 我们要牢记习近平总书记的谆谆教导，以积善之家风，筑牢幸福的家庭根基。

---

① 中共中央党史和文献研究室编：《习近平关于注重家庭家教家风建设论述摘编》，中央文献出版社 2021 年版，第 35 页。

第三节　学习贯彻习近平法治思想

法治兴则国家兴，法治强则国家强。依法治国，是坚持和发展中国特色社会主义的本质要求和重要保障，是实现国家治理体系和治理能力现代化的必然要求，事关我们党执政兴国，事关人民幸福安康，事关党和国家长治久安。从党的十五大提出依法治国是党领导人民治理国家的基本方略，到党的十八大把法治确定为治国理政的基本方式，再到党的十九大进一步把坚持全面依法治国上升为新时代坚持和发展中国特色社会主义的基本方略之一，法治的地位被提升到前所未有的新高度，全面依法治国踏上了新征程。

新时代全面依法治国基本方略的内涵十分丰富，明确了全面推进依法治国的总目标是建设中国特色社会主义法治体系，建设社会主义法治国家。强调了必须坚持中国共产党的领导、坚持人民主体地位、坚持法律面前人人平等、坚持依法治国和以德治国相结合、坚持从中国实际出发五项原则。包含了坚持走中国特色社会主义法治道路、建设中国特色社会主义法治体系，完善以宪法为核心的中国特色社会主义法律体系、加强宪法实施，深入推进依法行政、加快建设法治政府，保证公正司法、提高司法公信力，增强全民法治观念、推进法治社会建设，加强法治工作队伍建设，加强和改进党对全面推进依法治国的领导七个方面重要内容。“突出了五个方面的考虑。一是贯彻党的十八大和十八届三中全会精神，贯彻党的十八大以来党中央工作部署，体现全面深化改革、全面依法治国、全面建成小康社会这‘三个全面’的逻辑联系。二是围绕中国特色社会主义事业总体布局，体现推进各领域改革发展对提高法治水平的要求，而不是就法治论法治。三是反映目前法治工作基本格局，从立法、执法、司法、守法四个方面作出工作部署。四是坚持改革方向、问题导向，适应推进国家治理体系和治理能力现代化要求，直面法治建设领域突出问题，回应人民群众期待，力争提出对依法治国具有重要意义的改革举措。五是立足我国国情，从实际出发，坚持走中国特色社会主义法治道路，既与时俱进、体现时代精神，又不照抄照搬别国模式。”[①]

党的十八大以来，习近平总书记从坚持和发展中国特色社会主义全局和战略高度定位法治、布局法治、厉行法治，创造性提出全面依法治国的一系列新理念新思想新战略，形成了习近平法治思想。习近平法治思想是顺应实现中华民族伟大复兴时代要求应运而生的重大理论创新成果，是马克思主义法治理论同中国实际相结合的最新成果，是习近平新时代中国特色社会主义思想的重要组成部分，是全面依法治国的根本遵循和行动指南。习近平法治思想高屋建瓴、博大精深、内涵丰富、思想深刻，中央全面依法治国工作会议上将其集中凝练为“十一个坚持”：坚持党对全面依法治国的领导，是中国特色社会主义法治的本质特征和内在要求，是社会主义法治之魂；坚持以人民为中心，是全面推进依法治国的力量源泉和根本目的；坚持中国特色社会主义法治道路，是全面推进依法治国的发展道路和正确方向；坚持依宪治国、依宪执政，是全面推进依法治国的工作重点；坚持在法治轨道上推进国家治理体系和治理能力现代化，是实现良法善治的必由之路；坚持建设中国特色社会主义法治体系，是全面推进依法治国的发展目标和总抓手；坚持依法治国、依法执政、依法行政共同推进，法治国家、法治政府、法治社会一体建设，是全面推进依法治国的战略布局；坚持全面推进科学立法、严格执法、公正司法、全民守法，是新时代法治建设的“十六字”方针；坚持统筹推进国内法治和涉外法治，是建设法治强国的必然要求；坚持建设德才兼备的高素质法治工作队伍，是全面推进依法治国的组织保障；坚持抓住领导干部这个“关键少数”，是全面推进依法治国的关键问题。

法治是国家治理体系和治理能力现代化的重要依托，也是保障妇女权益、促进男女平等的重要依托。要持续推动我国妇女事业健康发展，就必须全面推进依法治国，从法治上为解决妇女发展面临的一系列重大问题提

① 习近平：关于《中共中央关于全面推进依法治国若干重大问题的决定》的说明。

供制度化方案。对此，习近平总书记强调指出："我们要把保障妇女权益系统纳入法律法规，上升为国家意志，内化为社会行为规范。"①

在全面推进依法治国的背景下保障和维护妇女权益，必须以习近平法治思想为指导。我们要学深悟透习近平法治思想，深刻领会其精神实质和实践要求，在依法保障和维护妇女权益过程中加以全面贯彻落实。习近平法治思想博大精深、内涵丰富，此处仅就如何落实男女平等的宪法要求、尊重和保障妇女人权、构建包容和谐的法治文化环境以及妇联组织如何以习近平法治思想为指导履行依法维权职能谈几点认识。

一、落实男女平等的宪法要求

习近平总书记高度重视宪法作为根本大法在治国理政中的重要地位和作用，特别强调"全面贯彻实施宪法，是建设社会主义法治国家的首要任务和基础性工作。宪法是国家的根本法，是治国安邦的总章程，具有最高的法律地位、法律权威、法律效力，具有根本性、全局性、稳定性、长期性。全国各族人民、一切国家机关和武装力量、各政党和各社会团体、各企业事业组织，都必须以宪法为根本的活动准则，并且负有维护宪法尊严、保证宪法实施的职责。任何组织或者个人，都不得有超越宪法和法律的特权。一切违反宪法和法律的行为，都必须予以追究"。②"宪法的生命在于实施，宪法的权威也在于实施。我们要坚持不懈抓好宪法实施工作，把全面贯彻实施宪法提高到一个新水平"。③

平等是社会主义法律的基本属性。我国宪法作为国家根本大法，始终坚持男女平等原则。1954 年宪法作为我国第一部宪法，明确规定了妇女在政治、经济、文化、社会和家庭生活各方面享有同男子平等的权利。之后，我国又先后制定了 1975 年宪法、1978 年宪法和现行的 1982 年宪法，这几部宪法虽然因其制定的历史背景和政治环境不同而在很多内容上有所

① 习近平：2015 年 9 月 27 日在全球妇女峰会上的讲话。

② 习近平：2012 年 12 月 4 日在首都各界纪念现行宪法公布施行三十周年大会上的讲话。

③ 习近平：2012 年 12 月 4 日在首都各界纪念现行宪法公布施行三十周年大会上的讲话。

不同，但在坚持男女平等方面却是一以贯之。我国现行的1982年宪法第四十八条规定："中华人民共和国妇女在政治的、经济的、文化的、社会的和家庭的生活等各方面享有同男子平等的权利。国家保护妇女的权利和利益，实行男女同工同酬，培养和选拔妇女干部。"2004年，宪法修改时又将"国家尊重和保障人权"写入宪法修正案，奠定了妇女人权保障基石。70多年来，我国逐步形成并完善了以宪法为基础，以妇女权益保障法为主体，包括100多部单行法律法规在内的保障妇女权益的法律体系。① 当然，在实现建设中国特色社会主义法治体系，建设社会主义法治国家的总目标过程中，如何形成完备的妇女权益保障法律规范体系、高效的妇女权益保障法治实施体系、严密的妇女权益保障法治监督体系和有力的妇女权益保障法治保障体系仍有艰巨的任务需要完成。

二、尊重和保障妇女人权

关于保障妇女权益，习近平总书记强调："积极保障妇女权益，妇女权益是基本人权，我们要把保障妇女权益系统纳入法律法规，上升为国家意志，内化为社会行为规范。要增强妇女参与政治经济活动能力，提高妇女参与决策管理水平，使妇女成为政界、商界、学界的领军人物，我们要保障妇女基本医疗卫生服务，特别是要关注农村妇女、残疾妇女、流动妇女、中老年妇女、少数族裔妇女的健康需求。我们要采取措施确保所有女童上得起学和安全上学，发展面向妇女的职业教育和终身教育，帮助她们适应社会和就业市场变化。"②

尊重和保障妇女人权是完善保障妇女权益法律体系的核心理念。人权，作为人享有或应该享有的基本权利，就其主体而言，本不应有性别的区分。然而，历史上妇女的权利却长期被排斥于人权之外，妇女的人权遭受了极端的漠视和侵害。享有充分的人权，实现法律上和事实上的男女平

---

① 中华人民共和国国务院新闻办公室《平等 发展 共享：中华人民共和国70年妇女事业的发展与进步》（2019年9月）。

② 习近平：2015年9月27日在全球妇女峰会上的讲话。

等，是广大妇女和人类长期以来追求的崇高目标。但就当今的世界来看，现代社会不仅未能使妇女实现享有充分人权这一理想，而且也未能使妇女平等地与男子分享现实的权利和利益，男女不平等的现象依然在各个国家、各个领域不同程度地存在。这种情况的存在，不仅严重地阻碍着妇女的全面发展，而且严重地阻碍着社会的和谐与进步，因此，要求保障妇女人权、促进男女平等已成为当今世界不可阻挡的潮流，妇女的权利就是人权，已经成为国际社会的共识。越来越多的人认识到，妇女首先是人，然后才是女人，妇女应当享有与男子一样的人权。国家和社会应当尊重和保障妇女的人权，并将其作为所有人权和基本自由的一个不可剥夺、不可缺少、不可分割的部分。唯有把尊重和保障妇女人权作为完善保障妇女权益法律体系的核心理念并贯穿始终，才能体现新时代妇女权益保障的先进性和时代性，才是我国保障妇女权益法律体系代表和引领妇女人权保障的发展方向。

尊重和保障妇女人权要在法治建设中尊重妇女的主体地位。对此，习近平总书记强调："法治建设要为了人民、依靠人民、造福人民、保护人民。必须牢牢把握社会公平正义这一法治价值追求，努力让人民群众在每一项法律制度、每一个执法决定、每一宗司法案件中都感受到公平正义。要把体现人民利益、反映人民愿望、维护人民权益、增进人民福祉落实到依法治国全过程，保证人民在党的领导下通过各种途径和形式管理国家事务，管理经济和文化事业，管理社会事务。"①

尊重和保障妇女人权要在法治建设中提高立法质量，以良法保障妇女权益。"立善法于天下，则天下治；立善法于一国，则一国治。"我们党在反思古今中外各种法治模式的基础上，提出"法律是治国之重器，良法是善治之前提"，要求我们切实推进科学立法、民主立法、依法立法，不断提高立法质量。而保障妇女权益的高质量立法标准，就是全面贯彻和体现习近平总书记要求的"在出台法律、制定政策、编制规划、部署工作时充

① 习近平：2018 年 8 月 24 日在中央全面依法治国委员会第一次会议上的讲话。

分考虑两性的现实差异和妇女的特殊利益”。[①]

随着我们党团结带领全国人民全面建成小康社会，我国妇女人权的实现也达到了一个新水平。根据国务院新闻办公室 2021 年 9 月 29 日发布的《〈国家人权行动计划（2016—2020 年）〉实施情况评估报告》显示，《国家人权行动计划（2016—2020 年）》中涉及妇女的七项指标全面实现。

其中，妇女政治权利方面，第十三届全国人大女代表占代表总数的 24.9%，比上届提高 1.5 个百分点。第十三届全国政协女委员占委员总数的 20.4%，比上届提高 2.6 个百分点。配有正职女干部的市、县级政府领导班子比例稳中有升。2019 年，省、市、县级政府领导班子正职中女干部比例分别为 9.7%、7.5% 和 9.2%，其中省级比例与 2018 年持平，市、县级比例分别提高 1.4 个和 2.3 个百分点。2019 年，省、市级政府工作部门领导班子配有女干部的比例分别为 51.2% 和 53.4%，比 2018 年提高 0.6 个和 1.4 个百分点。2019 年，村委会主任中女性比例为 11.9%，比 2015 年提高 0.4 个百分点；居委会成员中女性比例为 50.9%，比 2015 年提高 1.7 个百分点。

妇女劳动权利方面，2019 年全国女性就业人员占全社会就业人员的比例为 43.2%，比 2015 年上升 0.3 个百分点。城镇单位女性从业人员达到 6684.2 万人，比 2015 年增加 157 万人。执行《女职工劳动保护特别规定》的企业占比为 69.6%，比 2018 年提高 1.2 个百分点，有待进一步加强。

妇女的健康权利方面，普及国家免费孕前优生健康检查项目，2020 年为 867 万名计划怀孕夫妇提供免费检查，目标人群覆盖率平均达 96.4%；孕产妇住院分娩率达 99.9%；孕产妇系统管理率为 92.7%。孕产妇死亡率从 2015 年的 20.1/10 万下降到 2020 年的 16.9/10 万。农村妇女宫颈癌、乳腺癌检查已覆盖全国所有贫困县。妇女常见病筛查率有了大幅提升，2020 年达 86.6%，比 2015 年提高 25 个百分点。

妇女的婚姻家庭权利方面，全国 31 个省（自治区、直辖市）的计划生育条例及相关文件中对男性职工带薪陪护分娩妻子的假期（陪产

---

① 习近平：2013 年 10 月 31 日在同全国妇联新一届领导班子成员集体谈话时的讲话。

假）作出了规定。发布了《关于促进3岁以下婴幼儿照护服务发展的指导意见》，对有照护困难的家庭或婴幼儿提供必要的照护服务。民法典明确夫妻债务共债共签，杜绝夫妻一方“被负债”，完善家务劳动补偿和离婚经济帮助制度。出台了《关于适用〈中华人民共和国民法典〉婚姻家庭编的解释（一)》，指导正确审理婚姻家庭纠纷案件，依法保障妇女财产权益。

贯彻落实反家庭暴力法方面，发布落实反家庭暴力法的司法解释、法规、政策文件60余件，建立了侵害未成年人案件强制报告制度。截至2019年，全国法院累计发出人身安全保护令5749份；公安机关参与调处化解家庭矛盾纠纷825万余起，有效预防制止家庭暴力行为617万余起。印发了《关于加强反家庭暴力经常性工作的意见》，各级妇联开展反家庭暴力普法宣传活动27万余次，参与活动的妇女群众近5000万人次。

落实《中国反对拐卖人口行动计划（2013—2020年)》方面，建立了公安部牵头、32个部委参加的反拐部际联席会议制度。先后与缅甸、越南、老挝等国签署加强打击拐卖犯罪合作政府协定，建立了8个“打拐执法合作联络官办公室”。出台并实施《关于审理拐卖妇女儿童犯罪案件具体应用法律若干问题的解释》。2016—2020年，全国各级法院审结拐卖妇女、儿童罪3245件，收买被拐卖的妇女、儿童罪452件。

预防和制止针对妇女的性骚扰方面，民法典明确将性骚扰纳入规制范围，规定违背他人意愿，以言语、文字、图像、肢体行为等方式对他人实施性骚扰的，受害人有权依法请求行为人承担民事责任。制定了《促进工作场所性别平等指导手册》《消除工作场所性骚扰指导手册》，用人单位建立健全性别平等相关制度机制得到进一步推进。①

① 国务院新闻办公室：《〈国家人权行动计划（2016—2020年)〉实施情况评估报告》（2021年9月29日)。

三、构建包容和谐的法治文化环境

法律的权威源自人民的内心拥护和真诚信仰。人民权益要靠法律保障，法律权威要靠人民维护。全面落实保障妇女权益的法律规定，必须弘扬社会主义法治精神，建设社会主义法治文化。习近平总书记历来高度重视文化因素对法律实施的影响，早在2006年就强调，法治精神是法治的灵魂。人们没有法治精神、社会没有法治风尚，法治只能是无本之木、无根之花、无源之水。古人所说“国皆有法，而无使法必行之法”，讲的就是这个道理。其实，使法必行之法就是法治精神。从客观上说，法治也并不体现于普通民众对法律条文有多么深透的了解，而在于努力把法治精神、法治意识、法治观念熔铸到人们的头脑之中，体现于人们的日常行为之中。这包括培养人们的理性精神、诚信守法的精神、尊重法律权威的精神、权利与义务对称的精神、依法维权和依法解决纠纷的习惯等。正如卢梭所说，“规章只不过是穹隆顶上的拱梁，而唯有慢慢诞生的风尚才最后构成那个穹隆顶上的不可动摇的拱心石”。法律当中“最重要的一种”就是这种风尚，它既不是铭刻在大理石上，也不是铭刻在铜表上，而是铭刻在公民们的内心里。[①] 后来进一步强调，发挥好道德的教化作用，必须以道德滋养法治精神，强化道德对法治文化的支撑作用。再多再好的法律，必须转化为人们内心自觉才能真正为人们所遵行。“不知耻者，无所不为。”没有道德滋养，法治文化就缺乏源头活水，法律实施就缺乏坚实社会基础。在推进依法治国过程中，必须大力弘扬社会主义核心价值观，弘扬中华传统美德，培育社会公德、职业道德、家庭美德、个人品德，提高全民族思想道德水平，为依法治国创造良好人文环境。[②] 习近平总书记2015年9月27日在全球妇女峰会上的讲话中更是特别强调：“努力构建和谐包容的社会文化。男女共有一个世界，消除对妇女的歧视和偏见，将使社会更加包容和更有活力。我们要努力消除一切形式针对妇女的暴力，包

---

① 习近平：《弘扬法治精神，形成法治风尚》（2006年5月17日），选自《之江新语》，浙江人民出版社2007年版。

② 习近平：2014年10月23日在十八届四中全会第二次全体会议上的讲话。

括家庭暴力。我们要以男女平等为核心，打破有碍妇女发展的落后观念和陈规旧俗。”[①]

弘扬社会主义的先进性别文化是构建包容和谐的法治文化环境的重要内容，只有弘扬社会主义的先进性别文化，才能为保障妇女权益和男女平等的实现提供精神支撑和道德确认。众所周知，文化是人类最本质的属性，是我们认识人类文明包括法律的基础。任何法律都是建立在一定文化基础上的，脱离特定的历史文化背景，就不可能真正理解法律。从这种意义上说，法律的生命深藏于文化之中，文化为法的产生和发展提供了场景和条件，法律的运行也必须有文化的支持。

保障妇女权益、促进男女平等的法律制度都是以先进性别文化为基础的。所谓先进性别文化，指的是与社会发展相适应，有利于性别平等、公正、和谐发展的文化。当代中国先进性别文化就是有中国特色的社会主义先进性别文化。它包括两层含义：其一，是符合中国国情而又充分吸收世界优秀的性别文化成果，反映、体现和代表性别文化发展及其规律的根本要求和总体趋势；其二，是促进和推动人类社会文明进步，体现社会主义时代精神的面向现代化、面向世界、面向未来的性别文化。它的核心内涵是男女平等，理论依据是马克思主义妇女观。先进的性别文化提倡男女两性相互尊重、良性互动、和谐相处的性别关系。保障妇女权益、促进男女平等的法律制度与先进性别文化之间在目标、核心价值方面是完全一致的。

从法律上的男女平等到事实上的男女平等，最大的障碍就是现实生活中依然盛行男性中心文化，它不仅是女性自我束缚、自我迫害的利器，也是男权中心社会轻视女性、漠视女性权益的思想工具。因此，要彻底实现男女平等，全面平等地保障妇女人权，破除男尊女卑思想，创造有利于妇女解放、男女平等的思想文化氛围是极其重要的。

我们必须充分认识到先进性别文化对男女平等的实现和社会发展具有强大的助推作用，充分认识到建设和倡导平等、和谐、文明的先进性别文化的

① 习近平：2015 年 9 月 27 日在全球妇女峰会上的讲话。

重要意义，使社会主流的性别文化成为促进性别平等的助力而不是阻力，否则，在一个男女不平等、女性形象被商品化、女性被性符号化、女性的身体价值观被扭曲、两性关系被庸俗化的文化氛围里，保障妇女权益、促进男女平等的制度就会被淹没、失效，从而绝难落到实处。特别在司法实践中，对于涉及妇女权益的案件，社会的道德判断往往可以比法律判断获得更多关注，这就要求司法机关必须跳出单纯的法律规定，以更开阔的视野审视妇女权益问题，必须站在符合社会主义先进性别文化的道德制高点上考虑法律责任的适用，作出完全符合男女平等法律要求的裁判，使其法律效果和社会效果完美地结合起来。如果背离了符合社会主义先进性别文化的道德制高点，司法机关对法律责任的适用，不论是民事责任、行政责任的适用还是刑事责任的适用，都将背离保障妇女权益、促进男女平等法律制度的立法初衷。因此，妇女权益案件法律责任的适用必须站在道德制高点上，把一个案件的处理，提升到对社会的舆论和价值取向予以正确引导的高度。

在贯彻落实男女平等基本国策过程中，一个长期的重要任务就是树立马克思主义妇女观，倡导平等和谐的先进性别文化，彻底消除贬低女性人格尊严和社会价值、侵犯妇女平等权利、限制妇女平等机会的不平等的性别文化阻力。

四、妇联组织要以习近平法治思想作为依法维护妇女权益的根本遵循

习近平总书记从夯实党的群众基础、巩固党的执政基础的战略高度，从坚持以人民为中心的发展思想，保障妇女儿童利益、促进家庭幸福安康、维护社会和谐稳定的全局高度，就做好依法维护妇女儿童权益工作作出了一系列重要论述，深刻阐明了做好维权工作特别是妇女儿童维权工作的重要意义、政治方向、基本原则和方法路径，对妇联组织和干部履职尽责提出了更高要求，是习近平法治思想在妇女儿童工作领域的具体体现。[①]

① 黄晓薇：2021 年 10 月 20 日，在全国妇联党组理论学习中心组集中学习研讨时的讲话。中国妇女网 http://www.women.org.cn/art/2021/10/21/art_18_167356.html。

妇联组织要深刻把握习近平法治思想的重大意义和科学内涵，坚持党的领导，贯彻以人民为中心的发展思想，履行好引领服务联系职能，引导广大妇女坚定不移走中国特色社会主义法治道路，紧紧依靠法治力量维护妇女儿童权益、增进妇女儿童福祉、促进妇女儿童发展，切实把习近平法治思想贯彻落实到妇联工作各方面全过程，以实际行动践行“两个维护”。

妇联组织要牢记习近平总书记提出的“妇联要承担好代表和维护妇女权益、促进男女平等和妇女全面发展的重要任务”。① 立足自身职能，以习近平法治思想为根本遵循，强化责任担当，承担好在依法维护妇女权益过程中认真履行党中央交给妇联组织的政治使命，切实担负起法律赋予的重要职责。

妇联组织要强化源头维权，认真落实习近平总书记提出的“保障妇女权益必须上升为国家意志”。②“我们要把保障妇女权益系统纳入法律法规，上升为国家意志，内化为社会行为规范”。③

并在此过程中“要坚持男女平等基本国策，在出台法律、制定政策、编制规划、部署工作时充分考虑两性的现实差异和妇女的特殊利益”。④ 在建设中国特色社会主义法治体系中，进一步推动完善保障妇女儿童权益的法律制度。

妇联组织要强化维权服务，积极推动“各级党委和政府要充分认识发展妇女事业、做好妇女工作的重大意义，加大重视、关心、支持力度。要抓好妇女发展纲要实施，改善发展环境，解决发展中的突出问题，依法维护妇女权益，严厉打击侵害妇女权益的违法犯罪行为”。⑤“坚持男女平等基本国策，保障妇女儿童合法权益。完善社会救助、社会福利、慈善

---

① 习近平：2018 年 11 月 2 日在同全国妇联新一届领导班子成员集体谈话时的讲话。

② 习近平：2020 年 10 月 1 日在联合国大会纪念北京世界妇女大会 25 周年高级别会议上的讲话。

③ 习近平：2015 年 9 月 27 日在全球妇女峰会上的讲话。

④ 习近平：2013 年 10 月 31 日在同全国妇联新一届领导班子成员集体谈话时的讲话。

⑤ 习近平：2013 年 10 月 31 日在同全国妇联新一届领导班子成员集体谈话时的讲话。

事业、优抚安置等制度，健全农村留守儿童和妇女、老年人关爱服务体系”。[①]“各级党委和政府要充分认识发展妇女事业、做好妇女工作的重大意义，加大重视、关心、支持力度，严厉打击侵害妇女权益的违法犯罪行为，依法维护妇女权益”。[②]紧紧依靠党委和政府，在强机制、强功能、强实效上持续用力，推动建立健全党政主导的维权服务机制，抓实维权五项工作机制，促进重难点问题解决。

妇联组织要强化社会监督，加强与司法机关的合作，推进公正高效权威的社会主义司法制度建设，最大程度维护妇女儿童合法权益，使妇女儿童在每一个司法案件中都感受到公平正义。

妇联组织要强化法治宣传，引导妇女儿童尊法学法守法用法，将家庭家教家风建设作为参与社会主义法治国家建设、推进国家治理体系和治理能力现代化的工作重点，为法治中国建设添砖加瓦。

妇联组织要加强自身建设，将法治教育作为干部培训的必修课，引导妇联干部不断提高运用法治思维和法治方式维护权益、促进发展、化解矛盾、应对风险的能力和水平。要坚持依法办事，自觉在法治轨道上开展工作，注重运用法律手段解决问题，优化妇联工作运行机制，提升妇联工作效能。要发挥“联”字优势，注重吸纳更多法律方面的人才和力量，加强与法治工作部门合作，努力为妇女儿童和家庭提供更多更好的法治服务。[③]

---

① 习近平：2017 年 10 月 18 日在中国共产党第十九次全国代表大会上的报告。

② 习近平：2021 年 3 月 6 日在看望参加全国政协十三届四次会议的医药卫生界教育界委员时的讲话。

③ 黄晓薇：2021 年 10 月 20 日，在全国妇联党组理论学习中心组集中学习研讨时的讲话。中国妇女网 http://www.women.org.cn/art/2021/10/21/art_18_167356.html。

第四节　坚持和发展马克思主义妇女观

一、马克思主义妇女观的核心内容

妇女观作为人们对妇女总体的根本看法和态度，与当时人们的认识水平和妇女地位的客观存在密切相关。在不同的历史阶段，由于妇女的社会作用和社会地位不同，人们对妇女的认识也就不尽相同，进而就有不同的妇女观。

马克思主义妇女观，是运用辩证唯物主义和历史唯物主义的世界观、方法论，对妇女社会地位的演变、妇女的社会作用、妇女的社会权利和妇女争取解放的途径等基本问题作出的科学分析和概括。马克思主义妇女观是马克思、恩格斯批判地继承空想社会主义对妇女问题的研究成果，并在无产阶级运动实践中产生和不断发展完善的，其形成标志是1844年恩格斯出版的《家庭、私有制和国家的起源》。这部著作不仅是马克思主义对妇女解放问题分析得最系统、最全面、最集中的代表著作，同时也完整地体现了马克思主义妇女观的精华。

马克思主义妇女观的基本观点主要是：妇女被压迫是人类历史发展到一定阶段的社会现象。妇女受压迫和男女不平等，不是自古就有的，也不会永远存在下去，它只是特定历史阶段的产物。在远古时代，人类两性曾是平等的。只是当人类社会产生了私有制和阶级对立的时候，妇女才被剥夺了财产所有权，被排斥于社会劳动之外，沦为家庭的奴隶和男子的附属物。这种现象是一定历史条件下的产物，随着社会的进步，它必将被新的历史条件下的男女平等所代替，人类社会一定会进入男女平等时代。

妇女作为人类社会的重要组成部分，其解放的程度是衡量普遍解放的天然尺度。在以私有制为基础的社会里，妇女处于被压迫地位，其实质是阶级压迫的一种特殊表现形式。这种状况不仅由社会经济制度所决定，受社会政治制度所保护，而且通过社会意识渗入人们的思想观念之中。因此，妇女解放必须伴随全体被剥削、被压迫人民的社会解放而得到实现。没有人类的全面彻底解放，就不可能有妇女的解放。反之，没有妇女的完全解放，也不可能有人类的全面彻底解放。

参加社会劳动是妇女解放的一个重要先决条件。平等从来不是无条件凭空产生的。人们在社会上和家庭中的地位，归根到底是由人们在社会生产中的地位决定的。只要妇女仍然被排除于社会的生产劳动之外而只限于从事家庭的私人劳动，那么妇女的解放、妇女同男子的平等都是不可能的。妇女要想与男子有平等的社会地位，就必须有同等的社会价值，发挥同样的社会作用。在家务劳动的社会价值不被承认甚至被贬低的社会环境下，妇女要想与男子有平等的社会价值，就必须平等地参加社会劳动、创造社会价值、发挥社会作用。妇女如果没有同男性一样进行社会价值的创造，男女平等就只能是空谈。

妇女的解放是一个长期的历史过程，它不仅为生产关系所制约，也为生产力所制约，不仅受物质生产水平的影响，也受精神文明程度的影响。推翻人压迫人的社会制度，建立人民当家作主的国家政权，为实现妇女解放，实现男女平等提供了根本的保证。但由法律上的男女平等达到事实上的男女平等，任务仍然十分艰巨，既不会一夜之间从天而降，也不可能只通过解决一两个问题就能全面实现。

在人类历史的发展进程中，妇女在创造人类文明、推动社会发展中具有伟大的作用。妇女与男子同是人类历史前进的推动者，同是社会物质文明和精神文明的创造者，应该具有同等的人格和尊严、同等的权利和地位。在人类自身生产中，妇女更具有特殊的价值，作出了特殊的贡献。尊重妇女、保护妇女，是社会进步的一个重要标志，是文明社会应有的法律规范和道德风尚。①

---

① 参见江泽民：《全党全社会都要树立马克思主义妇女观》，载 1990 年 3 月 8 日《人民日报》第一版。

对马克思主义妇女观的深刻理解，要建立在全面系统学习马克思主义的基础上，特别是要深入学习马克思主义的平等观、人权观和家庭观。从本质上说，妇女问题归根到底是一个平等问题。无论是保障妇女权益，还是消除对妇女的歧视，归根到底还是要实现男女平等。同时，妇女问题也是一个人权问题，妇女的权利就是人权，这已经是国际共识。妇女解放的终极目标就是实现妇女作为人的全面而自由的发展。家庭问题也是认识、理解和解决妇女问题绕不开的话题，西方的女权主义者无论其流派如何，都把家庭问题和妇女的解放紧密地联系在一起。马克思主义妇女观也认为妇女的解放和家庭问题的解决密不可分。

二、马克思主义妇女观与社会性别理论的关系

（一）社会性别理论

社会性别理论（Gender Theory）发端于20世纪60年代的美国。该理论始发于女权主义运动的实践中，后续成为对这一运动起重要指导作用的核心观念体系。

社会性别理论把两性关系作为最基本的社会关系，认为它是社会关系的本质反映。该理论从分析两性关系入手，发现社会关系和社会制度的根源和本质，从而将社会性别理论变成强有力的政治经济和社会文化的分析工具。社会性别理论的基本观点是，性别差异包括自然差异和社会差异。性别差异更应该从社会和文化的背景去理解，生理上的性别差异是天生的、自然的，同时也是稳定的，而社会性别差异则与社会的文化背景有着非常密切的关联，它随着社会关系和文化的变化而变化。不同的时代、不同的社会条件、不同的文化传统和风俗习惯，甚至不同的地域都会造成不同的社会性别差异。人们成长的过程也是社会性别观念形成的过程。人在社会化的过程中，接受不同的性别文化就会形成不同的社会性别观念。在不同的社会性别观念中，男人和女人在社会和家庭中的角色是不同的，而且这种差异经过一代一代的持续认同而固化，成为社会公众的共同期待，

这就是社会性别角色定型。以男性为中心的传统社会性别观念，对男女两性都有着极为确定和固化的认知，这种认知对男女两性的社会分工、社会角色和社会责任进行了不同的分配，并且将这种社会角色的分配不断合理化、正常化，这成为束缚男女两性发展的枷锁。因此，要实现真正的男女平等，就必须解构传统的男性中心文化，建构以男女平等为核心价值取向的先进性别文化。

（二）马克思主义妇女观与社会性别理论的联系与区别

马克思主义妇女观与社会性别理论诞生于不同的时代和历史背景，彼此有各自不同的立场和分析的侧重点。在过去相当长的一段时间里，马克思主义妇女观的宣传、研究被弱化，也有个别人对马克思主义妇女观的指导地位产生了质疑，并对马克思主义妇女观与社会性别理论的关系存在着模糊的认识。因此，正确认识马克思主义妇女观与社会性别理论的关系十分必要。

马克思主义妇女观与社会性别理论之间既有联系又有区别。从联系的角度看，两者的出发点和目的都是在探寻如何实现妇女解放和男女平等，因而两者有着共同的愿景和追求。从区别的角度看，两者对下列问题有些不同的看法：关于性别歧视的本质，马克思主义妇女观认为，对妇女歧视的本质是阶级压迫在男女两性社会关系上的反映，而社会性别理论则认为，对妇女的歧视是男女之间权力主体与权力客体之间的关系，是一种权力控制关系；关于歧视产生的原因，马克思主义妇女观认为，男女不平等是一种特定历史条件下的产物，其产生原因是私有制的存在，是由当时的经济社会条件决定的，而社会性别理论则认为，对妇女的歧视是由男性中心文化决定的，是由社会文化决定的；关于分析工具和方法，马克思主义妇女观运用的是阶级分析的方法，而社会性别理论运用的是社会性别分析方法。由此不难看出，马克思主义妇女观与社会性别理论既不是截然对立的，也不是完全相同的，不能以社会性别理论替代马克思主义妇女观。

马克思主义妇女观是中国妇女解放和发展的指导思想，社会性别理论为分析和解决我国妇女问题提供了新的视角和方法；马克思主义妇女观是中国妇女运动和发展的指导思想，体现着妇女解放和发展的中国特色，社会性别理论是西方女权运动的理论基础，是当今国际社会认识妇女问题的基本共识；社会性别理论是西方妇女运动多年艰辛探索的结晶，也是国际妇女运动的理论成果，我们应该在马克思主义妇女观的指导下，使社会性别理论为中国妇女发展服务。

三、积极推进马克思主义妇女理论中国化时代化

以马克思主义理论武装起来的中国共产党，始终把中国妇女运动作为中国革命、建设和改革的一部分，义无反顾肩负起实现妇女解放和发展、实现男女平等的历史责任，带领中国妇女投身民族独立、人民解放和国家富强、人民幸福的历程，推动中国妇女事业不断开辟光明的未来。中国妇女运动的面貌由此焕然一新。[①] 百年来，中国共产党的妇女理论建设，从传播马克思主义妇女理论到推进马克思主义妇女理论中国化，再到创立中国的马克思主义妇女理论，不断实现历史性飞跃，为马克思主义理论宝库增添了新的色彩。[②]

2021 年，习近平总书记在“七一”重要讲话中明确提出“坚持把马克思主义基本原理同中国具体实际相结合、同中华优秀传统文化相结合”，这一重要思想为新时代继续推进马克思主义中国化指明了方向。马克思主义中国化是一个不断探索、不断实践、全面推进的过程。作为马克思主义中国化的重要组成部分，马克思主义妇女理论中国化是马克思主义中国化在妇女运动领域的生动实践和在妇女理论领域的具体呈现，其进程始终而且必然与马克思主义中国化的进程同步同向同行。在这一进程中，中国的马克思主义妇女理论不仅以马克思主义基本原理作为思想基础与不同时代特征和时代精神结合，而且得到了中国几千年来优秀中华传统文化的滋养，从而形成了中国化的马克思主义妇女理论，即毛泽东妇女解放思想、

---

① 全国妇联党组：中国共产党指引百年中国妇女事业阔步前进。

② 魏国英：中国共产党对中国化马克思主义妇女理论的构建。《中华女子学院学报》2021 年第五期，第 3 页。

中国特色社会主义妇女理论和习近平关于妇女儿童和妇联工作的重要论述等成果。在革命、建设、改革各个历史时期，在中国化马克思主义及其妇女理论指引下，我国妇女运动和妇女事业取得了历史性成就，开辟了中国特色社会主义妇女发展道路。

新时代坚持中国特色社会主义妇女发展道路并在全面建设社会主义现代化国家的新征程上取得更大成就，就必须坚持以马克思主义妇女理论为指导，同时必须继续推进马克思主义妇女理论中国化时代化。

当前，推进马克思主义妇女理论中国化时代化有两项极为重要的工作亟待开展。

一是要积极开展马克思主义妇女理论学科化建设，以此推进对习近平总书记有关妇女和妇女工作重要论述的体系化建构、学理性阐释和学术性表达。党的十八大以来，以习近平同志为核心的党中央高度重视妇女事业和妇女工作，习近平总书记多次发表重要讲话，作出重要指示，就妇女事业和妇女工作提出了一系列带有根本性、方向性、引领性的新思想、新论断、新要求。习近平总书记的重要论述是新发展阶段中国妇女事业发展的根本遵循，是马克思主义妇女理论中国化的最新成果，是新时代的马克思主义妇女理论，21 世纪的马克思主义妇女理论。马克思主义妇女理论的这种时代召唤，迫切需要对习近平总书记有关妇女和妇女工作重要论述进行体系化建构、学理性阐释和学术性表达，加强和完善马克思主义理论学科体系建设。因此，在马克思主义理论一级学科下增设一个二级学科“马克思主义妇女理论”，以此更有力地推动构建中国化马克思主义妇女理论体系、学科体系、话语体系，从而进一步深化对中国特色社会主义妇女发展道路内涵、基本特征和发展规律的认识，为促进妇女全面发展、推动男女平等提供理论支持，使当前正在进行着的具有中国特色、中国风格和中国气派的马克思主义妇女理论和实践更加适应中国社会主义现代化建设需要。

二是要以马克思主义妇女观为武器，同错误的女权言论作斗争，防止不良性别文化对我国传统文化和家庭观念的消解。马克思主义妇女观、家庭观正确揭示了妇女解放和家庭发展的正确道路和趋势，具有科学性、先进性和人民性。当前，一些涉及妇女、家庭问题方面的错误思潮和言论，如以个人主义为思想基础的，倡导个性化、多元化、对立化的性别观点以及有关去婚姻化、去家庭化的言论，都严重背离和违反了马克思主义的妇女观、家庭观，消解着我们的优秀传统文化，消解着我们正确的家庭观念，消解着社会主义核心价值体系。对此，我们必须高度警觉、警惕，发挥马克思主义妇女理论的指导作用，发扬斗争精神，敢于斗争、善于斗争，并在斗争中发展马克思主义妇女理论，推进马克思主义妇女理论中国化，不断丰富其时代内涵。

第二章

保障和维护妇女权益法律制度概述

第一节　改革开放前保障和维护妇女权益的法律制度

我国保障与维护妇女权益的法律制度的发展，大致可以分为三个阶段，第一阶段为中华人民共和国成立到改革开放以前，第二阶段为改革开放以来到党的十八大召开前，第三阶段为党的十八大以后到现在。70多年来，我国逐步形成并完善了以宪法为基础，以妇女权益保障法为主体，包括单行法律法规在内的保障妇女权益的法律体系。

一、中华人民共和国成立前妇女地位状况

妇女是人类的一部分，是人类繁衍延续不可缺少的组成部分，因而无论是什么性质的法律，都不可避免地要涉及妇女问题。由于社会制度不同，不同的统治者对妇女的态度不同，因而有关妇女问题的规定也各不相同。从整体上看，有关妇女问题的法律基本上经历了从漠视妇女权利到部分承认妇女权利到男女权利平等这样一个过程。

众所周知，在以男尊女卑、男女完全不平等为重要特征的封建社会，妇女的权利遭受了极端的漠视和侵害，长期被排斥于法律之外。妇女政治上无权，完全被排斥在社会政治生活之外；经济上依附，没有财产所有权和继承权，没有独立的经济来源；社会上无地位，被要求“在家从父、出嫁从夫、夫死从子”，没有独立的人格和身份，被剥夺了接受文化教育和参加社会活动的权利；婚姻上不自主，必须听从“父母之命，媒妁之言”，而且要从一而终；身心上受摧残，受到一夫多妻制的压迫和娼妓制度的迫害。即使到了民国时期，由于资产阶级革命的历史局限性，中华民国的建立并没有使妇女获得应有的解放，男女不平等现象依然是当时社会的主流，有关歧视妇女的规定仍充斥在各种法律之中。

中国共产党自成立之日起，就以无产阶级政党的面貌出现，通过各种

纲领、主张、宣言，鲜明地宣扬了救国救民和争取人权的立场与主张。为中国人民谋幸福，为中华民族谋复兴，是中国共产党人的初心和使命，也是中国共产党人权思想之本。早在新民主主义革命时期，中国共产党就将妇女解放、保障妇女权益作为重要任务。“1921 年党的一大通过的中国共产党第一个纲领明确，‘不分性别、国籍，均可接收为党员’；1922 年党的二大通过中国历史上首个以政党名义提出的《关于妇女运动的决议》，号召为所有被压迫的妇女利益而奋斗；三大、四大和六大都根据形势制定了妇女运动方针。党中央成立妇女部、妇女运动委员会等妇女工作机构，积极指导开展妇女运动实践。在根据地、中央苏区、解放区颁布实施一系列保障妇女权益的法律政策，帮助妇女摆脱封建婚姻束缚，保障妇女平等分配田地，想尽一切办法促进妇女参政。”① “保护妇女合法权益。中共中央制定有关妇女解放和改革婚姻家庭问题的政策纲领，各边区政府特别是中央工农民主政府先后制定适用于全苏区的婚姻法和婚姻条例，废除封建包办买卖婚姻，禁止蓄婢纳妾，确立一夫一妻的婚姻制度，实行婚姻自由，婚后所得财产为夫妻共同财产，第一次使广大妇女在人身上、经济上获得了解放，提高了广大妇女的社会地位，激发了妇女参与革命和生产的积极性。”②

二、中华人民共和国的成立使妇女的法律地位发生了历史性改变

1949 年新中国成立，标志着人民权利新的时代到来，标志着近代以来中国人民遭受剥削、压迫和奴役历史的终结，也标志着一个共产党领导的东方社会主义大国人权实践新的开始。中华人民共和国成立后，为了确保妇女在社会上和家庭中免受歧视，不仅完全否定和彻底废除了旧中国遗留的那些歧视、压迫、残害广大妇女的法律和司法制度，而且还及时颁布

① 全国妇联党组：《中国共产党指引百年中国妇女事业阔步前进》。

② 国务院新闻办公室：《中国共产党尊重和保障人权的伟大实践》（2021 年 6 月）。

了体现男女平等、保护妇女权益的新法律，以法律的形式对妇女的权益加以确认和保护。我国的妇女立法使中国妇女的法律地位发生了历史性的改变。在此需要特别关注的是：

——起临时宪法作用的《共同纲领》，宣告了我国妇女享有与男子平等的权利。1949 年 9 月 29 日，中国人民政治协商会议第一届全体会议通过的起临时宪法作用的《中国人民政治协商会议共同纲领》，不仅在第六条明确规定“中华人民共和国废除束缚妇女的封建制度。妇女在政治的、经济的、文化教育的、社会的生活各方面，均有与男子平等的权利，实行男女婚姻自由”，而且在第四十八条进一步要求“提倡国民体育。推广卫生医药事业，并注意保护母亲、婴儿和儿童的健康”。这些规定宣告了男女法律地位的平等，开创了中国妇女解放的新时代。

——婚姻法的颁布，彻底废除了歧视、压迫女性的封建婚姻家庭制度。1950 年 4 月 13 日，中央人民政府委员会第七次会议通过的《中华人民共和国婚姻法》，以其“废除包办强迫、男尊女卑、漠视子女权利的封建主义婚姻制度；实行男女婚姻自由，一夫一妻、男女权利平等、保护妇女和子女利益的新民主主义婚姻制度”的基本精神，在我国首次以法律的形式确认了男女权利平等和保护妇女权利的基本原则，从而使广大妇女成为实施婚姻法的最大受益者。

在结婚方面，不仅强调了“结婚须男女双方本人完全自愿，不许任何一方对他方加以强迫或任何第三者加以干涉”。而且明确了“禁止重婚、纳妾，禁止童养媳，禁止干涉寡妇婚姻自由，禁止任何人藉婚姻关系问题索取财物”。在夫妻间的权利和义务方面，明确夫妻为共同生活的伴侣，在家庭中地位平等。夫妻有互爱互敬、互相帮助、互相扶养、和睦团结、劳动生产、抚育子女，为家庭幸福和新社会建设而共同奋斗的义务。夫妻双方均有选择职业、参加工作和参加社会活动的自由。夫妻双方对于家庭财产有平等的所有权与处理权。夫妻有各用自己姓名的权利。夫妻有互相继承遗产的权利。在父母子女关系方面，要求“父母对于子女有抚养教育的义务，子女对于父母有赡养扶助的义务，双方均不得虐待或遗弃”。在离婚方面，不仅赋予了妇女平等的离婚自由，而且规定“女方怀孕期间，男方不得提出离婚；男方要求离婚，须于女方分娩一年后，始得提出，但女方提出离婚的，不在此限”。在离婚后子女的抚养和教育方面，规定了离婚后，哺乳期内的子女，以随哺乳的母亲为原则。并要求离婚后，女方抚养的子女，男方应负担必需的生活费和教育费全部或一部分，负担费用的多寡及期限的长短，由双方协议。在离婚后的财产和生活方面，规定了“离婚时，除女方婚前财产归女方所有外，其他家庭财产如何处理，由双方协议；协议不成时，由人民法院根据家庭财产具体情况、照顾女方及子女利益和有利发展生产的原则判决”。“离婚后，一方如未再行结婚而生活困难，他方应帮助维持其生活；帮助的办法及期限，由双方协议；协议不成时，由人民法院判决”。

——土地改革法的实施，使广大农村妇女与男子一样分得了土地，成为土地的主人，从根本上改变了男女在经济上不平等的状态。1950 年 6 月 28 日，中央人民政府委员会第八次会议通过的《中华人民共和国土地改革法》，不仅明确了“按人口分配土地”的原则，而且对烈士家属、丧偶妇女等特殊妇女群体给予了应有的关注。同时，为了保障妇女在土地改革中应得的利益和妇女在社会上应有的权利，刘少奇同志在做土地改革法草案说明时特别强调，“农民协会应切实注意吸收农民家庭中的妇女来参加，并吸收妇女中的积极分子来参加领导工作。为了保障妇女在土地改革中应得的利益和妇女在社会上应有的权利，并讨论有关妇女的各种问题，在农民协会中召集妇女会议或代表会议是必要的”。[①]

——中华人民共和国的第一部宪法，以国家根本大法的形式确认了妇女与男子法律地位上的完全平等，而且强调了对妇女权益实行特殊保护。1954 年 9 月 20 日，在首都北京，中华人民共和国第一届全国人民代表大会第一次会议庄严地通过了《中华人民共和国宪法》。宪法第八十六条明确规定：“中华人民共和国年满十八岁的公民，不分民族、种族、性别、职业、社会出身、宗教信仰、教育程度、财产状况、居住期限，都有选

---

① 刘少奇在中国人民政治协商会议第一届全国委员会第二次会议上的报告，原载一九五〇年六月三十日《人民日报》。

举权和被选举权。但是有精神病的人和依照法律被剥夺选举权和被选举权的人除外。妇女有同男子平等的选举权和被选举权。”第九十六条又进一步强调：“中华人民共和国妇女在政治的、经济的、文化的、社会的和家庭的生活各方面享有同男子平等的权利。婚姻、家庭、母亲和儿童受国家的保护。”

——治安管理处罚条例的制定，为妇女的人身权利提供了法律保障。1957年10月22日全国人民代表大会常务委员会第八十一次会议通过的《中华人民共和国治安管理处罚条例》，特别规定了“用猥亵的言语、举动调戏妇女的”，处十日以下拘留或者警告，突出了对妇女人身权利的保护。

中华人民共和国成立后的一系列妇女立法，有效地保障了妇女的合法权益，使我国妇女获得了历史性的解放。解放后的广大妇女，广泛参加了政治、经济、文化、社会领域的活动，成为建设和保卫祖国的一支伟大力量。同时，我们也必须看到，这一时期的妇女立法，虽然促使中国妇女的法律地位发生了翻天覆地的变化，但就其自身而言还不够系统，在立法机制和执法机制上还存在诸多薄弱环节，并且随着“左”倾思想的泛滥，民主和法制遭受破坏和践踏，有关保护妇女权益的法律也不可能充分发挥其应有的作用。

第二节　改革开放以来保障和维护妇女权益的法律制度

改革开放以来，我国的社会主义民主和法制建设进入了一个新的历史时期，与此相适应，我国保障和维护妇女权益的法律制度建设也出现了崭新的局面。

在改革开放后颁布的宪法（1982年）、选举法（1979年）、刑法（1979年）、刑事诉讼法（1979年）、婚姻法（1980年）、继承法（1985年）、民法通则（1986年）、义务教育法（1986年）、民事诉讼法（1991年）和关于严惩拐卖、绑架妇女、儿童的犯罪分子的决定（1991年）等重要法律中，都在自己调整的领域赋予妇女享有与男子平等的权利，并给予妇女相应的特殊保护。

这其中需要特别强调的，一是1982年颁布的宪法，它在1954年宪法的基础上，结合新时期的实际情况，再一次以国家根本大法的形式确认了妇女与男子法律地位上的完全平等，而且强调了对妇女权益实行特殊保护。宪法的这种指导思想为其他有关保护妇女权益的法律法规乃至规章制度的制定提供了法律依据，指明了发展方向。二是1979年颁布的刑法，专门规定了以女性为侵害对象的犯罪，如强奸妇女罪、奸淫幼女罪等，并规定了严厉的刑罚予以制裁，同时强调了对审判时怀孕的妇女不适用死刑。三是1980年颁布的婚姻法，以其“实行婚姻自由、一夫一妻、男女平等的婚姻制度。保护妇女、儿童和老人的合法权益。实行计划生育”的基本精神，使广大妇女成为实施婚姻法的受益者。四是1991年颁布的关于严惩拐卖、绑架妇女、儿童的犯罪分子的决定，对打击拐卖、绑架妇女、儿童的犯罪活动，保障妇女儿童的人身安全发挥了重要作用。

1992年，为了落实宪法的有关规定，完善社会主义法制，同时也为了履行我国参加的有关国际公约的义务，体现社会主义制度的优越性，我国颁布了《中华人民共和国妇女权益保障法》。妇女权益保障法通过对妇女的政治权利、文化教育权益、劳动权益、财产权益、人身权利、婚姻家庭权益等各项权益的全面确认，通过规定一些协调性、补充性、程序性、制裁性的条款，使之成为一部综合性的、系统性的、全面保障妇女权益的基本法。妇女权益保障法作为我国有史以来第一部全面保障妇女权益的法律，它的颁布和实施，标志着我国以宪法为根据，以妇女权益保障法为主体，包括国家各种单行法律、地方性法规和政府各部门行政法规以及我国已签署的国际社会有关妇女权益问题人权约法在内的一整套保护妇女权益和促进男女平等的法律体系已经形成。

妇女权益保障法颁布后，随着改革开放的深入和中国特色社会主义事业的发展，有关保障妇女权益、促进男女平等的法律体系也不断得到完善，之后制定和修订了一系列与妇女权益密切相关的法律，如劳动法（1994 年）、母婴保健法（1994 年）、老年人权益保障法（1996 年）、刑事诉讼法（1996 年修改）、刑法（1997 年修改）、婚姻法（2001 年修改）、人口和计划生育法（2001 年）、农村土地承包法（2002 年）、妇女权益保障法（2005 年修改）、治安管理处罚法（2005 年）、义务教育法（2006 年修改）、物权法（2007 年）、劳动合同法（2007 年）、就业促进法（2007 年）、未成年人保护法（2007 年修改）、残疾人保障法（2008 年修改）等。这其中需要特别强调的：一是 1994 年颁布的母婴保健法，为了保障母亲和婴儿健康，提高出生人口素质，对婚前保健、孕产期保健、婴幼儿保健作出明确、具体的规定。二是 1997 年修改的刑法，进一步加强了打击侵害妇女合法权益的犯罪。三是 2005 年修改的妇女权益保障法，进一步完善了保障妇女权益、促进男女平等的法律体系。

改革开放以来，我国保障和维护妇女权益的法律制度呈现出以下几个特点。

一、保障妇女权益的国家立法与地方立法形成了良性互动

我国立法法明确规定，我国的法律体系由宪法、法律、行政法规、地方性法规、自治条例和单行条例、规章等构成。在这个法律体系中，宪法是国家的根本大法，是母法，是制定其他一切法律的根据。法律是由全国人民代表大会和全国人民代表大会常务委员会制定的，基本法律只能由全国人民代表大会制定。各省、自治区、直辖市的人民代表大会及其常务委员会根据本行政区域的具体情况和实际需要，在不同宪法、法律、行政法规相抵触的前提下，可以制定地方性法规；较大的市的人民代表大会及其常务委员会根据本市的具体情况和实际需要，在不同宪法、法律、行政法规和本省、自治区的地方性法规相抵触的前提下，可以制定地方性法规，报省、自治区的人民代表大会常务委员会批准后施行。地方性法规可以为执行法律、行政法规的规定，根据本行政区域的实际情况作具体规定。

在保障妇女权益的规定方面，国家立法与地方立法呈现了良好的互动状态。一方面，国家立法为地方立法明确了保障妇女权益的原则和标准，同时为地方规定预留了足够的立法空间；另一方面，地方立法加强了法律规定的针对性，弥补了国家法律规定不具体的缺陷，同时为完善国家立法积累了经验。这一点体现在妇女权益保障法制定和修改以及有关家庭暴力问题规定上尤为明显。

1992年妇女权益保障法出台以后，全国几乎所有的省、自治区、直辖市都根据本地区妇女的实际情况和需要制定颁布了各自实施《中华人民共和国妇女权益保障法》的办法。这些实施办法，相对于妇女权益保障法而言有自己的特点，即具有地方性、复杂性、从属和自主两重性。① 这其中，最突出的是地方性，实施办法效力范围仅限于本行政区域内，它的任务就是解决地方问题，尤其是解决国家立法不能或不便解决的问题，因此，地方立法的基本原则之一就是要从本地实际出发，保持地方特色。各省（自

① 北京市妇女儿童工作委员会等编著：《平等 和谐 发展：继续’95共谋发展妇女论坛论文集》，北京：中国社会科学出版社2006年版，第290页。

治区、直辖市）在制定妇女权益保障法实施办法时，在充分了解本地经济、政治、文化、风俗习惯的基础上，有针对性地解决了本辖区内妇女权益方面存在的突出问题，突出了地方特色。2005 年妇女权益保障法修改后，各省（自治区、直辖市）又纷纷根据修改后的妇女权益保障法修改了本地的实施办法。这些修改后的实施办法不仅超越了修改前的实施办法，而且在很多方面又对妇女权益保障法的实施作出贡献，如对保障妇女权益的工作机构及其职能作了较为具体的规定，妇女权益保障工作的经费有了明确的法规保障，对地方人大代表候选人中的女性比例作了刚性规定，对企业职工代表大会中的女代表比例也作了规定，对妇女在政府部门或机构担任正职作了相应规定，对处在特殊时期的妇女给予了特殊保护，具体规定了生育保险制度以及对贫困妇女的帮助措施，加强了对农村妇女财产权益的保护，对性骚扰问题有了进一步的界定，侵犯妇女权益的法律责任得到进一步明确，等等。

我国有关家庭暴力问题的法律规定始于地方立法。2000 年 3 月，湖南省出台了全国第一部反家庭暴力的地方性法规《湖南省预防和制止家庭暴力的决议》，开启了家庭暴力问题进入法律领域的大门。2001 年修改的《中华人民共和国婚姻法》，在其第三条、第三十二条、第四十三条、第四十五条、第四十六条中，首次以国家法律的形式明确规定了家庭暴力问题，从此家庭暴力这一概念正式成为一个法律概念。2005 年 8 月修改的《中华人民共和国妇女权益保障法》，以国家基本法的形式对家庭暴力问题进行了规定，并对婚姻法的规定有了突破，不仅明确规定了预防和制止家庭暴力是国家的责任，而且明确了有关部门的职责；不仅明确规定了要对受害妇女提供救助，而且在家庭暴力法律责任承担方面也不再仅限于婚姻法规定的只有离婚时才能要求损害赔偿。婚姻法、妇女权益保障法的规定，反过来又为地方反家庭暴力立法提供了法律依据。而反家庭暴力的地方立法又为 2015 年的反家庭暴力法出台积累了必要的立法经验。上述国家立法与地方立法的良性互动，加快了我国保障妇女权益法律体系的建设。

二、我国保障妇女权益的立法顺应并推动了国际社会保障妇女人权的历史潮流

历史上妇女的权利长期被排斥于人权之外，妇女的人权遭受了极端的漠视和侵害。正如列宁所说："在一切文明的甚至在最先进的国家里，妇女都处在被称为家庭奴隶的地位。在任何一个资本主义国家里，甚至在最自由的共和国里，妇女都没有完全平等的权利。"[①] 例如，《法国民法典》一方面确立了天赋人权原则，规定了尊重私有财产、在法律上人人平等；另一方面却明确规定妇女不能享有与男性一样的权利，而是具有与未成年人、罪犯、精神病人一样的法律地位。只是到了后来，随着妇女运动的兴起，特别是在第二次世界大战以后，一些资本主义国家迫于当时妇女在社会生产、生活中的作用不断增强，社会地位不断提高的客观形势，才不得不在一定程度上重视妇女的权益问题，从立法上逐步删除有关歧视女性的规定，并不断创制新的法律以保护妇女某些方面的权益，妇女的人权逐步受到重视。

享有充分的人权，实现法律上和事实上的男女平等，是广大妇女和人类长期以来追求的崇高目标。但就当今的世界来看，现代社会不仅未能使妇女实现享有充分人权这一理想，而且也未能使妇女平等地与男子分享现实的权利和利益，男女不平等的现象依然在各个国家、各个领域不同程度地存在。这种情况的存在，不仅严重地阻碍着妇女的全面发展，而且严重地阻碍着社会的和谐与进步。因此，要求保障妇女人权、促进男女平等已成为当今世界不可阻挡的潮流，国际社会和世界各国都纷纷采取各种措施特别是法律措施以适应。从国际社会来看，自 1948 年 12 月 10 日经联合国大会通过的、作为第一个人权问题国际文件的《世界人权宣言》开始，人权问题一直备受国际社会关注，妇女人权亦是其中的热点。为此，国际社会通过了一系列的公约、宣言，如《禁止贩卖人口及取缔意图盈利

---

① 列宁：《在全俄女工第一次代表大会上的演说》，载《马克思恩格斯列宁斯大林论妇女》，人民出版社 1978 年版，第 277 页。

使人卖淫公约》(1949 年)、《关于男女同工同酬的公约》(1951 年)、《妇女政治权利公约》(1952 年)、《已婚妇女国籍公约》(1957 年)、《消除对妇女歧视宣言》(1967 年)、《在非常状态和武装冲突中保护妇女和儿童宣言》(1974 年)、《消除对妇女一切形式歧视公约》(1979 年)、《到 2000 年提高妇女地位内罗毕前瞻性战略》(1985 年)、《维也纳宣言和行动纲领》(1993 年)、《消除对妇女暴力宣言》(1993 年)、《北京宣言》和《行动纲领》(1995 年)等。其中,1952 年联合国通过的《妇女政治权利公约》,是国际社会首次在法律上承认妇女与男子享有平等的政治权利,包括选举权,也是联合国第一次在国际文书中宣布各个成员国在男女平等原则上负有法律义务。1993 年的世界人权大会将“妇女人权”写进了《维也纳宣言和行动纲领》,1995 年第四次世界妇女大会通过的《北京宣言》,则重申了“妇女的权利就是人权”。这一系列的国际妇女人权法构成了国际人权法发展的重要部分,它对妇女人权状况的改善作出了积极贡献。随着国际妇女人权法发展与完善,世界各国也根据自己的具体情况制定了相应的法律以保障妇女的权益,如德国的《男女平权法》(1957 年)、日本的《妇幼保健法》(1965 年)和《男女雇用机会平等法》(1972 年)、挪威的《男女平等地位法》(1978 年)、英国的《1975 年反对性别歧视法》和《1986 年反对性别歧视法》、瑞典的《男女机会均等法》(1980 年)、法国的《男女职业平等法》(1983 年)、澳大利亚的《反对性别歧视法案》(1984 年)、芬兰的《男女平等法》(1987 年)、中国的《妇女权益保障法》(1992 年)、西班牙的《男女平等组织法》(2007 年)、法国的《实质平等法》(2014 年)等。

在 21 世纪的今天,妇女的权利就是人权,已经成为国际社会的共识。越来越多的人认识到,妇女首先是人,然后才是女人,妇女应当享有与男性一样的人权。国家和社会应当尊重和保障妇女的人权,并将其作为所有人权和基本自由的一个不可剥夺、不可缺少、不可分割的部分;应当赋予妇女权利和提高妇女地位,防止和消除对妇女的一切形式歧视。为此,联合国于 2000 年 6 月在美国纽约联合国总部召开了 2000 年妇女问题特别联大,大会通过的《政治宣言》和《成果文件》重申了各国政府的承诺,即在促进《北京行动纲领》充分执行过程中,要特别通过促进和保护所有人权和基本自由、将性别观念纳入所有政策和方案、促使妇女充分参与和赋予妇女人权以及加强国际合作；同时指出，充分实现所有妇女的一切人权和基本自由是赋予妇女权利的必要条件。

我国作为有关保护妇女人权公约的缔约国和签署国，为了践行自己的庄严承诺，采取了各种措施积极落实相关的规定。在通过法律保护妇女人权，促进男女平等方面作出了巨大的努力，取得了举世瞩目的成绩，形成了以《中华人民共和国宪法》为基础，以《中华人民共和国妇女权益保障法》为主体，包括国家各种单行法律法规、地方性法规和政府各部门行政规章在内的一整套保护妇女人权和促进性别平等的法律体系。特别是2005年修改后的妇女权益保障法，将男女平等基本国策法律化，这标志着我国的法律在实现公约的要求方面又有了新的进展，达到了一个新的高度。

妇女权益保障法作为我国有史以来第一部全面保障妇女权益、促进男女平等的法律，是我国人权保障法律体系的重要组成部分，是一部保障妇女人权的基本法律。妇女权益保障法的制定和修改，开启了我国妇女人权法律保障的一个新的历史起点，也为世界妇女人权的保护作出了贡献。妇女权益保障法是妇女人权的体现和保障，是妇女人权在我国社会生活中得以实现的基本形式。妇女权益保障法使妇女人权获得了国家强制力的保障，妇女权益保障法通过对妇女的政治权利、文化教育权益、劳动和社会保障权益、财产权益、人身权利、婚姻家庭权益等各项权益的全面确认和保障，使之成为一部全面保障妇女人权的基本法。

与此同时，妇女人权是对妇女权益保障法进行价值评价的重要标尺。人权是基于人的本性和本质人人应该享有的，妇女同样享有，保护妇女人权是妇女权益保障法所要实现的最主要的价值目标。因此，妇女权益保障法确认、维护和保障妇女人权，是妇女人权的主要存在形态；妇女人权检验妇女权益保障法，是妇女权益保障法的灵魂和精髓，妇女权益保障法对妇女人权的尊重和切实保障是人们对妇女权益保障法信仰的力量源泉。新修改的妇女权益保障法，充分体现了宪法规定的“国家尊重和保障人权”的精神。人权精神对妇女权益保障法修改的影响是巨大的，这主要体现在：一是修改过程中始终坚持以宪法规定的“国家尊重和保障人权”

精神为指导，明确规定政府为保障妇女权益的主体就是这一精神的具体体现；二是根据我国经济社会发展的实际情况，最大程度地赋予了妇女各项权利，妇女权益保障法规定的政治权利、文化教育权益、劳动和社会保障权益、财产权益、人身权利、婚姻家庭权益等六大权益，集中概括了人权的基本的核心内容，是妇女人权的集中体现；三是扩大了妇女权益的救济渠道，强化了侵害妇女权益的法律责任；四是特别强调了对弱势妇女群体权益的保障，充分体现了“以人为本”，对弱者的人文关怀（例如对贫困、残疾、流动人口当中女童受教育权的保护，对农村妇女的实用技术培训，对特殊生理时期妇女的劳动保护、对贫困妇女提供的生育救助，国家鼓励和提倡为帮助妇女开展的社会公益活动，对贫困妇女的法律援助和司法救助等）。

我国有近7亿妇女，占世界妇女总数的五分之一。我国妇女人权是人权的一个重要组成部分，保障妇女人权，促进男女平等，不仅是妇女群体的共同愿望，也是社会和谐发展的必然要求和重要体现；不仅对我国全面建成小康社会、加快现代化进程具有重要意义，对中国乃至世界人权事业也会产生深远影响。贯彻实施妇女权益保障法就是对世界妇女人权事业的有力推动。

当然，以社会性别视角审视我国现行的法律法规，有些规定则显然存在性别歧视，如有关男女退休年龄的规定，有些则缺乏性别视角，存在对妇女的隐性歧视，这些需要我们继续努力加以克服。

第三节　新时代保障和维护妇女权益的法律制度

党的十八大以来，中国特色社会主义进入新时代，在以习近平同志为核心的党中央坚强领导下，脱贫攻坚目标任务如期完成，决胜全面建成小康社会取得决定性成就，中国人权事业全面发展。中国共产党坚持以人民为中心的发展思想，立足新发展阶段、贯彻新发展理念、构建新发展格局，以推动高质量发展为主题，以满足人民日益增长的美好生活需要为根本目的，统筹推进“五位一体”总体布局、协调推进“四个全面”战略布局，人民的获得感、幸福感、安全感大幅提升。2012 年，党的十八大将“人权得到切实尊重和保障”写入大会报告，并提升为全面建成小康社会和全面深化改革开放的重要战略目标之一。2014 年，党的十八届四中全会通过《中共中央关于全面推进依法治国若干重大问题的决定》，强调“加强人权司法保障”“增强全社会尊重和保障人权意识”，明确提出加强人权司法保障和重点领域立法，依法保障公民权利，加快完善体现权利公平、机会公平、规则公平的法律制度，保障公民人身权、财产权、基本政治权利等各项权利不受侵犯，保障公民经济、文化、社会等各方面权利得到落实，实现公民权利保障法治化。2015 年，党的十八届五中全会明确指出，“人权得到切实保障”是整个“十三五”期间法治建设的一个主要目标。2017 年，党的十九大报告明确指出，新时代中国社会主要矛盾是人民日益增长的美好生活需要和不平衡不充分的发展之间的矛盾，必须坚持以人民为中心的发展思想，不断促进人的全面发展、全体人民共同富裕。2019 年，党的十九届四中全会指出，增进人民福祉、促进人的全面发展是中国共产党立党为公、执政为民的本质要求。2020 年，党的十九届五中全会通过《中共中央关于制定国民经济和社会发展第十四个五年规划和二〇三五年远景目标的建议》，将“促进人的全面发展和社会全面进步”“促进人权事业全面发展”等作为中国发展的更高目标。①

新时代保障和维护妇女权益的法律制度也取得了新突破，主要表现在以下几方面。

一、妇女人身权利方面

2015 年 12 月 27 日，全国人大常委会通过的反家庭暴力法，专门设立了公安告诫、人身安全保护令和强制报告等制度。最高人民法院、最高人民检察院、公安部、司法部联合发布《关于依法办理家庭暴力犯罪案件的意见》，加强司法对家庭暴力的及时干预。2014—2015 年，最高人民法院先后公布 15 起涉家庭暴力典型案例。一些地方公安机关和人民法院积极探索运用公安告诫和人身安全保护令等手段，有效防范和及时制止家庭暴力。在 2016 年至 2020 年期间，发布落实反家庭暴力法的司法解释、法规、政策文件 60 余件，建立了侵害未成年人案件强制报告制度。截至 2019 年，全国法院累计发出人身安全保护令 5749 份；公安机关参与调处化解家庭矛盾纠纷 825 万余起，有效预防制止家庭暴力行为 617 万余起。印发了《关于加强反家庭暴力经常性工作的意见》，各级妇联开展反家庭暴力普法宣传活动 27 万余次，参与活动的妇女群众近 5000 万人次。

2015 年 8 月 29 日，第十二届全国人大常委会十六次会议表决通过刑法修正案（九）废除嫖宿幼女罪，加大保护幼女人身权利。2020 年 10 月 17 日，第十三届全国人民代表大会常务委员会第二十二次会议第二次修订《中华人民共和国未成年人保护法》，自 2021 年 6 月 1 日起施行。修订后的未成年人保护法强化了对包括女性未成年人在内的未成年人的家庭保护、学校保护、社会保护、网络保护、政府保护、司法保护。

实施《中国反对拐卖人口行动计划（2013—2020 年）》。建立了公安部牵头、32 个部委参加的反拐部际联席会议制度。先后与缅甸、越南、老挝

① 参见中华人民共和国国务院新闻办公室：《中国共产党尊重和保障人权的伟大实践》（2021 年 6 月）。

等国签署加强打击拐卖犯罪合作政府协定，建立了 8 个“打拐执法合作联络官办公室”。出台并实施《关于审理拐卖妇女儿童犯罪案件具体应用法律若干问题的解释》。2014—2015 年，公安机关共破获拐卖妇女案件 2412 起。①2016—2020 年，全国各级法院审结拐卖妇女、儿童罪 3245 件，收买被拐卖的妇女、儿童罪 452 件。②

二、妇女土地权益方面

2018 年年底，修改农村土地承包法，增加了承包农户内家庭成员依法平等享有承包土地的各项权益、土地承包经营权证或者林权证等证书应当将具有土地承包经营权的全部家庭成员列入等内容，使农村妇女“证上有名、名下有权”的愿望有了法律保障。

三、妇女劳动权益方面

2019 年年初，人社部、全国妇联等九部门印发《关于进一步规范招聘行为促进妇女就业的通知》，明确用人单位和人力资源服务机构开展招聘行为中的“六不得”等就业歧视情形，建立了联合约谈机制。2019 年年底，最高人民检察院联合全国妇联下发《关于建立共同推动保护妇女儿童权益工作合作机制的通知》，按照通知要求，针对国家机关、事业单位招聘工作中涉嫌就业性别歧视，检察机关可以提起公益诉讼。

四、妇女民事权利方面

2020 年 5 月 28 日，十三届全国人大三次会议表决通过了《中华人民

---

① 国务院新闻办公室：《〈国家人权行动计划（2012—2015 年）〉实施情况评估报告》（2016 年 6 月 4 日）。

② 国务院新闻办公室：《〈国家人权行动计划（2016—2020 年）〉实施情况评估报告》（2021 年 9 月 29 日）。

共和国民法典》。民法典作为调整平等主体之间的人身关系和财产关系的法律，在落实男女平等宪法原则方面发挥着不可替代的极为重要的作用。一方面，民法典反复强调了妇女享有的平等民事法律地位；另一方面，又有针对性地加强了对妇女民事权利的特殊保护。

在加强对妇女民事权利的特殊保护方面主要体现在：一是民法典婚姻家庭编中专以妇女为主体或对象的规定。如为了保护妇女在特殊时期的身心健康，民法典婚姻家庭编第一千零八十二条规定了特定时期限制男方离婚诉权，再如为了保障离婚妇女在分割夫妻共同财产时的合法权益，民法典婚姻家庭编第一千零八十七条规定了照顾女方是人民法院判决分割共同财产的原则。

二是虽然条文中没有专以妇女为主体或对象，但该规定的指向或在实际实施中妇女更多成为受益者，对妇女权益的保护和实现发挥着特别重要的作用。例如，有关家务劳动补偿的规定、有关离婚困难帮助的规定、有关离婚损害赔偿的规定等。

五、性别平等方面

创新建立了法规政策性别平等评估机制。依据《中华人民共和国立法法》备案审查制度和程序规定，创建源头保障妇女权益、促进男女平等发展新机制。2012—2018 年，全国 30 个省（自治区、直辖市）建立了法规政策性别平等评估机制，将男女平等价值理念引入法规政策的制定、实施和监督各环节，加强法规政策制定前研判、决策中贯彻、实施后评估的制度化建设，进一步体现了新时代妇女群众的意志和期盼，进一步丰富了新时代科学立法和民主立法的生动实践。

六、方向与目标方面

2021 年 9 月 9 日，国务院新闻办公室发布的《国家人权行动计划

(2021—2025年)》，明确提出了“完善妇女权益保障制度。修改妇女权益保障法。检察机关积极探索开展相关领域公益诉讼。对通过大众传媒或者其他方式贬低损害妇女人格、侵害妇女财产权益、在就业等领域歧视妇女以及不履行预防和制止家庭暴力职责等侵害不特定多数妇女合法权益、损害社会公共利益的行为，检察机关可以发出检察建议或提起公益诉讼”。国务院2021年9月8日印发的《中国妇女发展纲要（2021—2030年)》中也明确要求“全面贯彻落实男女平等宪法原则和基本国策，健全完善保障妇女合法权益的法律体系”。“推进男女平等宪法原则和基本国策贯彻落实到法治中国建设全过程。适时修订妇女权益保障法、刑法、社会保险法、女职工劳动保护特别规定等法律法规，完善保障妇女合法权益的法律体系。加大民法典、妇女权益保障法等法律法规的实施力度，加强执法检查和督查督办，保障侵害妇女权益案件获得公平公正处理。促进开展妇女权益保障领域的公益诉讼。将保障妇女权益相关内容纳入基层社会治理，纳入法治队伍建设、全民普法规划和群众性法治文化活动，增强全社会的男女平等法治意识和法治素养”。“加强法规政策性别平等评估工作。健全国家、省（自治区、直辖市)、市（地、州、盟）法规政策性别平等评估机制和县（市、区、旗）政策性别平等评估机制，明确评估范围，规范评估流程，细化评估指标。加强法规政策制定前研判、决策中贯彻、实施后评估的制度化建设。开展性别平等评估相关培训，加强专业化队伍建设，将男女平等基本国策落实到法规、规章、政策制定实施全过程各环节”。“加大反家庭暴力法的实施力度。健全完善预防和制止家庭暴力多部门合作机制，适时出台落实反家庭暴力法的司法解释、指导意见或实施细则，发布反家庭暴力的典型案例或指导性案例。推动省（自治区、直辖市)、市（地、州、盟）出台反家庭暴力地方性法规。加强宣传教育、预防排查，建立社区网格化家庭暴力重点监控机制。完善落实家庭暴力发现、报告、处置机制，强化相关主体强制报告意识，履行强制报告义务”。“预防和制止针对妇女的性骚扰。推动完善防治性骚扰相关立法。多形式多渠道传播防治性骚扰知识，提升妇女防范和制止性骚扰的意识和能力。建立健全预防和制止性骚扰工作机制，加强联防联控，发挥典型案例示范指引作用”。

当前，我国正处于实现“两个一百年”奋斗目标的历史交汇期。统筹推进“五位一体”总体布局，协调推进“四个全面”战略布局，推进国家治理体系和治理能力现代化，为更高水平促进男女平等和妇女全面发展提供了重大机遇。贯彻以人民为中心的发展思想，坚持新发展理念，坚持系统观念，对充分发挥妇女在社会生活和家庭生活中的独特作用，显著增强妇女的获得感、幸福感、安全感提出了更高要求。我国妇女权益保障必将与新时代中国特色社会主义法治建设同向同行，体现与时俱进的品质，贯穿尊重和保障妇女人权的理念，坚持以人民为中心的发展思想，坚持走中国特色社会主义妇女发展道路，贯彻落实男女平等基本国策，不断完善促进男女平等和妇女全面发展的制度机制，推动性别平等成为全社会共同遵循的行为规范和价值标准，充分发挥妇女在全面建设社会主义现代化国家中的半边天作用，保障妇女平等依法行使民主权利、平等参与经济社会发展、平等享有改革发展成果，推动妇女走在时代前列。

第三章

妇女权益保障法对妇女权益的保障和维护

第一节　妇女权益保障法的制定与2005年修改

一、妇女权益保障法产生的历史背景

妇女权益保障法作为专以妇女为保护对象，主要从保障妇女权利的角度来调整男女两性社会关系的法律，它既不是从来就有的，也不是在法律中有了关于妇女权利义务的规定就产生了妇女权益保障法，它是随着妇女运动的兴起和社会的不断进步而产生的。在第二次世界大战以后，一些资本主义国家迫于当时妇女在社会生产、生活中的作用不断增强，社会地位不断提高的客观形势，才不得不在一定程度上重视妇女的权益问题，从立法上逐步删除有关歧视女性的规定，并不断创制新的法律以保护妇女某方面的权益，甚至在一些发达的资本主义国家，还专门制定了协调男女两性社会关系、保护女性权益、反对性别歧视的专门性法律。与此同时，联合国对保护妇女权益、促进男女平等的工作也日益重视，颁发不少宣言，通过了一系列保障妇女权益的公约。这些宣言、公约对妇女权利的确认和保护，对推动各国制定保护妇女的专门法律发挥了积极的作用，产生了深远的影响。也正是在这种历史条件下，才形成了独具特色、自成体系的妇女法。

为了落实宪法的有关规定，完善社会主义法制，同时也为了履行我国参加的有关国际公约的义务，体现社会主义制度的优越性，我国于 1992 年制定颁布了《中华人民共和国妇女权益保障法》。妇女权益保障法通过对妇女的政治权利、文化教育权益、劳动权益、财产权益、人身权利、婚姻家庭权益等各项权益的全面确认并通过规定一些协调性、补充性、程序性、制裁性的条款，使之成为一部综合性的、系统性地全面保障妇女权益的基本法。

妇女权益保障法作为我国有史以来第一部全面保障妇女权益的法律，是我国数十年妇女运动经验的光辉总结，是今后妇女事业发展的宏伟纲领。这是在中国共产党领导下，以马克思主义妇女观为指导，在社会主义国家的伟大实践中，根据当时历史条件的需要和可能，为保护广大妇女而制定的一部基本法律。这部法律既是我国社会主义政治文明、精神文明建设的重要组成部分，也是我国社会主义物质文明建设的重要保证。妇女权益保障法的制定，对于充分发挥妇女的半边天作用、保障妇女的基本权益、完善社会主义法制与民主、展示社会主义制度优越性具有极其重大的意义。

妇女权益保障法的制定是我国妇女立法史上的一个重要的里程碑。妇女权益保障法以其九章五十四条的内容，突出了“明确权利，重在保障”“既有系统性，又有针对性”“立足现实，兼顾必要和可能”的特点，无论是其立法内容还是其立法技术，都具有鲜明的中国特色和时代特征。

妇女权益保障法是我国人权保障法律体系的重要组成部分，它是一部保障妇女人权的基本法律。妇女权益保障法的颁布和实施，标志着我国保障妇女权益、促进男女平等的法律体系基本形成，是我国妇女人权法律保障的一个新的历史起点。

妇女权益保障法的颁布实施，为全面确立妇女权益保障的法律机制奠定了基础。在此后的几年里，我国又相继制定或修改了与妇女权益密切相关的法律法规，全国各省、自治区、直辖市先后制定了妇女权益保障法的实施办法、规定或补充规定。此外，我国除了签署《消除对妇女一切形式歧视公约》外，又相继签署了《经济、社会、文化权利国际公约》和《公民权利和政治权利公约》。这样，在我国就形成了以宪法为根据，以妇女权益保障法为主体，包括国家各种单行法律、地方性法规和政府各部门行政法规，以及我国已签署的国际社会有关妇女权益问题人权约法在内的一整套保护妇女权益和促进男女平等的法律体系。

二、2005年妇女权益保障法的修改

2005 年 8 月 28 日，第十届全国人民代表大会常务委员会第十七次会议又通过了《全国人民代表大会常务委员会关于修改〈中华人民共和国妇女权益保障法〉的决定》。这次修改明确规定了“实行男女平等是国家的基本国策”，明确了执法主体和政府责任，规范了妇联职责，对妇女政治权利、文化教育权益、劳动和社会保障权益、财产权益、人身权利、婚姻家庭权益做了更有针对性的保护，进一步强化了法律责任，从而使妇女权益保障法更加突出“明确权利，重在保障”“既有系统性，又有针对性”“立足现实，兼顾必要和可能”的特点，使妇女权益保障法的立法内容和立法技术更具有鲜明的中国特色和时代特征。

妇女权益保障法的修改，有利于更好地贯彻男女平等的宪法原则，有利于更好地维护妇女的合法权益，有利于更好地发挥妇女的作用，有利于构建社会主义和谐社会，因而这次妇女权益保障法的修改同样具有十分重要的意义，是我国妇女立法史上又一个新的里程碑。它标志着我国保护妇女权益和促进男女平等的法律体系得到了进一步的完善。

第二节　妇女权益保障法的主要内容

一、妇女权益保障法的立法目的

妇女权益保障法第一条规定：“为了保障妇女的合法权益，促进男女平等，充分发挥妇女在社会主义现代化建设中的作用，根据宪法和我国的实际情况，制定本法。”这一条文的规定，明确了妇女权益保障法的立法目的和立法依据。

妇女权益保障法的立法目的，是指制定妇女权益保障法所要起到的作用。在当前形势下，我国制定妇女权益保障法的目的主要在于以下几点。

（一）保障妇女的合法权益，促进男女平等

1949 年以来，妇女虽然取得了与男子平等的法律地位，但在现实生活中，妇女权利的行使和利益的实现与法律的要求仍有一定距离。妇女权益保障法通过重申男女平等原则，强调对妇女权益的特殊保护，全面确立保障妇女权益的法律机制，从而使妇女的权益得到切实的法律保障，将各种侵害妇女利益的消极因素减少到最低的限度，促使妇女事实上能够在各个方面享有与男子平等的权利。

（二）充分发挥妇女在社会主义现代化建设中的作用

社会主义制度的确立，使我国妇女获得了历史性的解放。解放后的广大妇女，广泛参加了政治、经济、文化、社会领域的活动，成为建设和保卫祖国的一支伟大力量。但是，由于历史的、现实的各种原因，我国还存在着妇女参政比例过低、妇女就业困难、妇女权益受到侵害等现象。这些情况的存在不可避免地阻碍和限制了妇女各方面能力的发挥。通过制定妇

女权益保障法，有针对性地加强对妇女合法权益的保护，为妇女聪明才智的发挥创造一个良好的法治环境，这就可以使她们的能量最大程度地释放出来，积极投身于社会主义现代化建设和改革开放的伟大实践，为推动社会主义物质文明和精神文明建设作出更大的贡献。

二、妇女权益保障法的基本原则

妇女权益保障法第二条规定："妇女在政治的、经济的、文化的、社会的和家庭的生活等各方面享有同男子平等的权利。实行男女平等是国家的基本国策。国家采取必要措施，逐步完善保障妇女权益的各项制度，消除对妇女一切形式的歧视。国家保护妇女依法享有的特殊权益。禁止歧视、虐待、遗弃、残害妇女。" 本条规定了妇女权益保障法的基本原则。

（一）男女权利平等

男女权利平等就是要坚持男女平等的基本国策，保障妇女能够在政治的、经济的、文化的、社会的和家庭的生活等方面享有与男子平等的地位和权利，这是确定妇女法律地位和权利能力的最基本的原则。它表明了法律确认妇女同男子一样享有独立的主体资格，享有平等的权利能力，在法律上处于平等的地位。任何个人和组织，包括国家的权力机关、行政机关和司法机关，都不得对妇女的权利能力加以歧视性的限制和剥夺。当然，男女平等原则并不是无视男女的自然生理差异，简单地要求一切相同，而是强调反对性别歧视特别是反对男性特权。在现实生活中，贯彻男女权利平等原则就是要切实保障妇女享有与男子平等的权利，消除男女之间因性别不同而造成的地位不平等。

男女平等具有丰富的内涵，既包括男女权利、机会的平等，也包括义务和责任的平等；既包括形式意义上的平等，也包括实质意义上的平等；既是一项法律原则，也是一项基本国策。从男女基本国策的角度来看，男女平等则包括了在承认和尊重性别差异的前提下追求男女平等、将保障妇女实现发展的权利放到突出位置、给予妇女必要的政策倾斜与特殊权益保障、重视妇女在整个经济社会发展中的地位和作用、鼓励妇女在与男性的合作与协调发展中实现平等、从社会协调发展的高度来认识和解决妇女发展与男女平等问题等内容。妇女权益保障法从权利的角度强调男女平等，其特殊意义在于妇女权益保障法所追求的立法目的就是全面保障妇女的权利与利益，对妇女的权利和利益予以倾斜性保护。

（二）对妇女实行特殊保护

这一原则的内容是：(1) 考虑到妇女在生理上有别于男子，她们在参加物质生产的同时，还肩负着人类自身生产的重任，因而国家保护妇女依法享有某些不同于男子的特殊权益，如妇女在经期、孕期、产期、哺乳期享有的特殊权益，国家给予充分的保护；(2) 考虑到现阶段男女之间还存在事实上的不平等，妇女各方面的权利更容易受到侵害，因此国家有必要在法律上采取具有针对性的特殊保护措施，逐步完善对妇女的社会保障制度，以保障妇女权益得到全面的实现。

对妇女实行特殊保护，不是对男女权利平等原则的违反，而是贯彻男女权利平等原则所必然提出的特殊要求。

（三）禁止歧视、虐待、残害妇女

禁止歧视妇女，是指不允许不平等地对待妇女；禁止虐待妇女，是指禁止用打骂、凌辱、冻饿、禁闭、强迫过度劳动、有病不给治疗等手段，对共同生活的妇女进行肉体上的摧残和精神上的折磨；禁止残害妇女，就是禁止用暴力手段伤害或杀害妇女。禁止歧视、虐待、残害妇女，也就是要求尊重妇女人格尊严，保护妇女身心健康，平等对待妇女。

基本原则的三个方面是相辅相成、相互协调而发生作用的。男女权利平等是总原则，是妇女权益保障法的基本精神所在；对妇女实行特殊保护，是根据男女之间实际存在的不同情况而对男女权利平等原则所作的重要补充，也是我国法律对男女权利平等的规定具有彻底性的充分体现；禁止歧视、虐待、残害妇女，是针对现实生活中存在歧视、虐待、残害妇女的不良现象，而从反面向社会提出了保护妇女权益的义务性要求，它是男女权利平等和对妇女实行特殊保护两项原则的必然要求和进一步深化。

三、保障妇女的合法权益是全社会的共同责任

妇女权益保障法第四条规定：“保障妇女的合法权益是全社会的共同责任。国家机关、社会团体、企业事业单位、城乡基层群众性自治组织，应当依照本法和有关法律的规定，保障妇女的权益。国家采取有效措施，为妇女依法行使权利提供必要的条件。”

妇女权益保障法之所以这样规定，主要是因为妇女解放是无产阶级革命的组成部分，妇女解放的程度，妇女享有的权益能否得到全面实现，是衡量一个社会文明状况的尺度。在我们社会主义国家，保障妇女的合法权益、促进男女平等不仅仅是妇女自己的事情，也不仅仅是妇女组织的事情，而是全社会的共同责任。无论是妇女自身的发展还是男女平等的实现，其最基本的条件首先是妇女的权益得到有效的保障。为此，国家机关、社会团体、企业事业单位和城乡基层群众性组织，应根据各自职责，依法保障和维护妇女的各项权益，敢于同各种歧视、残害妇女的行为做坚决的斗争，并为妇女依法行使自己的权利创造条件。

四、重点规定了保障妇女享有的各项平等权益

妇女权益保障法强调国家保障妇女享有与男子平等的政治权利、文化教育权益、劳动和社会保障权益、财产权益、人身权利、婚姻家庭权益等六个方面的权益，并对现实生活中容易受到侵害的妇女权益予以特别强调和保护。

五、救济途径和法律责任

妇女权益保障法规定了侵害妇女权益的法律责任及其救济途径。

（一）救济途径

妇女的合法权益受到侵害的，有权要求有关部门依法处理，或者依法向仲裁机构申请仲裁，或者向人民法院起诉。对有经济困难需要法律援助或者司法救助的妇女，当地法律援助机构或者人民法院应当给予帮助，依法为其提供法律援助或者司法救助。

妇女的合法权益受到侵害的，可以向妇女组织投诉，妇女组织应当维护被侵害妇女的合法权益，有权要求并协助有关部门或者单位查处。有关部门或者单位应当依法查处，并予以答复。

妇女组织对于受害妇女进行诉讼需要帮助的，应当给予支持。妇女联合会或者相关妇女组织对侵害特定妇女群体利益的行为，可以通过大众传播媒介揭露、批评，并有权要求有关部门依法查处。

违反本法规定，以妇女未婚、结婚、离婚、丧偶等为由，侵害妇女在农村集体经济组织中的各项权益的，或者因结婚男方到女方住所落户，侵害男方和子女享有与所在地农村集体经济组织成员平等权益的，由乡镇人民政府依法调解；受害人也可以依法向农村土地承包仲裁机构申请仲裁，或者向人民法院起诉，人民法院应当依法受理。

违反本法规定，对妇女实施性骚扰或者家庭暴力，可以依法向人民法院提起民事诉讼。

（二）法律责任

违反本法规定，侵害妇女的合法权益，其他法律法规规定行政处罚的，从其规定；造成财产损失或者其他损害的，依法承担民事责任；构成犯罪的，依法追究刑事责任。

违反本法规定，对侵害妇女权益的申诉、控告、检举，推诿、拖延、压制不予查处，或者对提出申诉、控告、检举的人进行打击报复的，由其所在单位、主管部门或者上级机关责令改正，并依法对直接负责的主管人员和其他直接责任人员给予行政处分。国家机关及其工作人员未依法履行职责，对侵害妇女权益的行为未及时制止或者未给予受害妇女必要帮助，造成严重后果的，由其所在单位或者上级机关依法对直接负责的主管人员和其他直接责任人员给予行政处分。

违反本法规定，侵害妇女文化教育权益、劳动和社会保障权益、人身和财产权益以及婚姻家庭权益的，由其所在单位、主管部门或者上级机关责令改正，直接负责的主管人员和其他直接责任人员属于国家工作人员的，由其所在单位或者上级机关依法给予行政处分。

违反本法规定，对妇女实施性骚扰或者家庭暴力，构成违反治安管理行为的，受害人可以提请公安机关对违法行为人依法给予行政处罚，也可以依法向人民法院提起民事诉讼。

违反本法规定，通过大众传播媒介或者其他方式贬低损害妇女人格的，由文化、广播电影电视、新闻出版或者其他有关部门依据各自的职权责令改正，并依法给予行政处罚。

第三节　妇女权益保障法的作用

一、妇女权益保障法系统确认和保护妇女利益

利益作为推动社会进步的动力，对经济的发展和法律的进步起着巨大的影响乃至决定性的作用；同样，社会经济的发展和作为上层建筑的法律对利益又具有能动作用。承认人们的利益，就必须承认人们需要权利。在社会主义市场经济条件下，首先要承认追求利益是公民的一项基本权利。[①]把利益与法律联系起来最早可追溯至古罗马的法学家乌尔比安，他以利益为标准，在人类历史上首次提出了公法和私法的划分。公法涉及的是国家利益，私法则涉及个人利益。这种着眼于利益对法律所做的分类方法为后世西方法学家所承继，如近代享有“国际法之父”誉称的格劳秀斯就从利益角度定义国际法。他指出：“一国的法律，目的在于谋求一国的利益，所以国与国之间，也必然有其法律，其所谋求的非任何国家的利益，而是各国共同的利益。这种法，我们称之为国际法。”[②]到了19世纪，德国法学家耶林更是对利益作了精深研究，以他和另一位跨世纪法学家赫克为领军人物的利益法学派得以形成。耶林视权利为法律的目的和根本标志，认为权利就是法律上保护的利益。赫克更是提出，法不仅是一个逻辑结构，而且是各种利益的平衡。他在1914年出版的《法解释和利益法学》一书中写道：“法是所有法的共同社会中物质的、国民的、宗教的和伦理的各种利益相互对立、谋求承认而斗争的成果。”[③]

妇女权益保障法作为以保障妇女权益、促进男女平等为目的的法律，

① 毕可志：《法律、利益与权利》，《烟台大学学报（哲学社科版）》，2005年第2期。

② 《西方法律思想史资料选编》，北京：北京大学出版社1983年版，第139页。

③ 赵震江、付子堂：《现代法理学》，北京：北京大学出版社1999年版，第88—89页。

它以九章六十一条的篇幅，对妇女的政治权利、文化权益、劳动和社会保障权益、财产权益、人身权利、婚姻家庭权益进行了确认和保护。实际上，妇女权益保障法所确认和保障的妇女权利，在本质上就是要保障和实现妇女利益。妇女权利的核心与本质内容就是对一定社会经济结构所决定的妇女利益关系的确认。妇女权利的基本要素首先是妇女利益，妇女利益既是妇女权利的基础和根本内容，又是妇女权利的目标指向。因为“权利是利益的法律外衣，利益是权利的核心结构，抽掉利益这个内容，权利便丧失了财富和资源，成为无用的、虚假的空壳”。① 利益问题是妇女问题的根源，妇女问题归根到底是如何保护和实现妇女利益的问题，是如何保证妇女实现自身与男子平等享有利益的问题。一项妇女权利之所以成立，是为了保护妇女的某种利益，是由于妇女的利益存在其中。站在此意义上，我们或可说，权利是受到保护的利益，是为道德和法律所确认的利益。利益既可能是个人的，又可能是群体的、社会的；既可能是物质的，又可能是精神的；既可能是权利主体自己的，又可能是与权利主体相关的他人的。因此，妇女权益保障法不仅确认和保护妇女个体的利益，而且确认和保护妇女群体的利益；不仅保护妇女自身的利益，而且保护与妇女相关的他人的利益，如入赘女婿的利益。

二、妇女权益保障法为构建妇女利益实现机制奠定了法律基础

妇女的利益为法律所确认，这仅仅是妇女利益实现的前提。妇女的利益要想在现实生活中得到具体的实现，还必须建立有效的机制，特别是要建立科学有效的利益协调机制、诉求表达机制、矛盾调处机制和权益保障机制。在这方面，妇女权益保障法也有相应的规定并发挥着不可或缺的作用。

① 王启富、马志刚:《权利的法律结构分析》,《中央政治干部管理学院学报》，1999 年第 5 期。

（一）妇女权益保障法为协调男女两性的利益关系确定了基本的原则和标准

古人云：天下熙熙，皆为利来；天下攘攘，皆为利往。在现实生活中，不同阶层、不同群体的利益并不总是一致的，在追逐各自利益的过程中，不同阶层、不同群体之间必然会时常产生种种难以协调的利益冲突，而法律不可能对每一阶层或群体的利益无一例外地都加以平等保护。之所以如此，归根到底乃是基于社会资源的匮乏，法律在直面各种利益冲突时有时只能做出非此即彼的取舍。一旦法律的取舍已定，则其所设定的利益格局就有了合法化的依据与名分。故而，在法治社会里，任何阶层、任何群体或其成员，就只能在法律之下寻求其合法利益了。中国古代法家代表人物慎到曾言："一兔走街，百人追之，贪人具存，人莫之非者，以兔为未定分也，积兔满市，过而不顾，非不欲兔也，分定之后，虽鄙不争。"这里说的就是，一只兔子走在街上，众人都会前来追捕，贪婪的人藏匿其中，人们也不会去责备，因为兔子还未确定归属。成堆的兔子在市场上，过路行人看都不看，并非行人不想要兔子，权利归属确定之后，即使不肖之徒也不会争夺。慎到的这一兔子寓言极简练生动地表达了法律"定分止争"的功能，与西方谚语"篱笆好，邻居好"如出一辙。

当前，我们已经进入一个社会结构和利益明显分化的社会，社会日益多元化，协调利益就成了多元化社会的客观要求。利益协调机制分为经济协调、政治协调、法律协调和道德协调四种方式。其中，法律协调以权利和义务为特征，它通过明确规定人们的权利义务来协调利益关系，维持社会秩序。妇女权益保障法就是通过规定妇女的权利和义务、责任主体的义务和责任来协调男女两性利益关系的。在协调男女两性利益关系方面，妇女权益保障法不仅在一些具体问题上明确了相关的权利和义务，而且明确了在当今社会条件下协调男女两性利益关系的原则和标准，即男女平等和对妇女权益给予特殊保护。

妇女权益保障法所确立的男女平等和对妇女实行特殊保护的基本原则，不仅要贯彻妇女权益保障法的始终，而且应贯彻到所有涉及妇女利益的法律法规和政策之中。妇女权益保障法是由全国人民代表大会制定的，是一部地位仅次于宪法的、确认和保障妇女利益的基本法律。因此，妇女权益保障法中有关确认和保障妇女利益的规定，其他任何非基本法律法规都不得与之相抵触。妇女权益保障法所确认的男女平等和对妇女实行特殊保护的原则，同样是其他法律法规和政策协调男女两性利益关系的基本原则和标准。

（二）妇女权益保障法畅通了妇女表达自身诉求意志和利益的渠道

如前所述，不同的社会阶层、不同的社会利益群体、不同的社会成员，都有各不相同的利益和利益诉求。为了整合不同的利益和利益诉求，必须建立健全规范的利益诉求表达机制，引导各个社会阶层、社会利益群体和社会成员以理性、合法的形式表达自己的利益诉求。几乎在所有时代的所有国家和地区，利益诉求的多元化都是一个不争的事实。僧多粥少的利益格局，往往注定了在分割利益蛋糕时弱势群体极易成为利益受损的一方。利益一旦受损，小则影响发展，大则影响生存。尽力争取更多的生存与发展空间对于任何一个利益集团或群体而言，都源自其自身的利益驱动力。人们所共知的国际妇女节，其诞生就是和当时的美国妇女通过游行高呼“面包加玫瑰”来表达自身的利益诉求密切相关。

中华人民共和国成立以来，我们已经建立起了以人民代表大会制度为核心，包括政党制度、政治协商会议、人民信访制度及基层群众自治制度等在内的一整套利益表达诉求机制，它们为人民群众的利益诉求表达提供了基本的制度环境。但是，不同人群在使用这些制度资源的过程中却明显呈现出不平衡性，这种情形同样适用于妇女群体。

为了畅通妇女表达自身诉求意志和利益的渠道，2005 年修改的妇女权益保障法不仅继续把政治权利放在各章之首，而且作了以下规定。

从立法角度畅通了妇女和妇女组织参与制定法律、法规、规章和公共政策的渠道。妇女权益保障法第十条第二款、第三款规定：“制定法律、法规、规章和公共政策，对涉及妇女权益的重大问题，应当听取妇女联合会的意见。”“妇女和妇女组织有权向各级国家机关提出妇女权益保障方面的意见和建议。”第十一条第二款、第三款规定：“全国人民代表大会和地方各级人民代表大会的代表中，应当有适当数量的妇女代表。国家采取措施，逐步提高全国人民代表大会和地方各级人民代表大会的妇女代表的比例。居民委员会、村民委员会成员中，妇女应当有适当的名额。”第十二条第二款规定：“国家机关、社会团体、企业事业单位培养、选拔和任用干部，必须坚持男女平等的原则，并有适当数量的妇女担任领导成员。”第十三条第一款规定：“中华全国妇女联合会和地方各级妇女联合会代表妇女积极参与国家和社会事务的民主决策、民主管理和民主监督。”

对于妇女群体来说，政治权利是各项权利中最重要、最关键的部分。妇女要得到彻底解放，发挥积极作用，从而实现真正的男女平等，最重要的就是要实现政治权利上的男女平权。妇女是否享有政治权利及其程度如何，不仅是衡量一个国家社会文明和进步的重要标志和基本要求，而且直接关系到妇女其他权利能否充分实现。法律制度实质上是一种利益制度，唯有在立法和政策制定层面争得权利，才能使利益固化于法律条文和政策规定之中，才能在面临不同利益协调时占据有利地位。妇女只有充分地享有政治权利，有机会参与立法和政策的制定，才能够充分地表达自己的意志，才能够在法律和政策的制定过程中发出妇女自己的声音，才能够把妇女的利益写进法律，使之成为法律上的权利（力），才能防止在各种社会运行规则中出现歧视妇女的内容。妇女维权护益的千里之行，始自立法之源，始自政策之制定。妇女权益保障法对妇女政治权利的注重和保障，特别是对妇女和妇女组织参与立法和政策制定给予特别关注，其实就是为妇女和妇女组织表达自身诉求意志和利益提供了畅通渠道。

保障妇女的建议权和申诉权。妇女权益保障法第十四条规定：“对于有关保障妇女权益的批评或者合理建议，有关部门应当听取和采纳；对于有关侵害妇女权益的申诉、控告和检举，有关部门必须查清事实，负责处理，任何组织或者个人不得压制或者打击报复。”

发挥广播、电视、报纸、杂志、互联网等大众传播媒介对妇女利益诉求表达的功能。妇女权益保障法第五十四条第二款规定：“妇女联合会或者相关妇女组织对侵害特定妇女群体利益的行为，可以通过大众传播媒介揭露、批评，并有权要求有关部门依法查处。”

（三）妇女权益保障法为涉及妇女利益的矛盾调处提供了法律依据

妇女问题是个社会问题，涉及妇女利益的矛盾也存在于诸多方面，这就必然要求在解决涉及妇女利益的矛盾时采取综合的方法。一方面，要针对具体的矛盾问题，动员各方力量，立足于协调关系，理顺情绪，增进理解，把人民调解、司法调解、行政调解结合起来，建立解决妇女权益问题的经常化、制度化调处机制；另一方面，要依法及时处置妇女的合理诉求，努力消除不和谐因素，从源头上解决矛盾，尽可能地把矛盾和隐患化解在基层，解决在萌芽状态。

建立健全矛盾调处机制，依法、及时、合理地处理涉及妇女利益的矛盾，调整好各利益主体之间的利益关系，是维护妇女权益的一项重要工作。妇女权益保障法对此也作了相应规定，赋予有关机构、组织和公民调处涉及妇女利益矛盾的权利。妇女权益保障法第四十六条规定：“禁止对妇女实施家庭暴力。国家采取措施，预防和制止家庭暴力。公安、民政、司法行政等部门以及城乡基层群众性自治组织、社会团体，应当在各自的职责范围内预防和制止家庭暴力，依法为受害妇女提供救助。”第四十条规定：“禁止对妇女实施性骚扰。受害妇女有权向单位和有关机关投诉。”第五十三条规定：“妇女的合法权益受到侵害的，可以向妇女组织投诉，妇女组织应当维护被侵害妇女的合法权益，有权要求并协助有关部门或者单位查处。有关部门或者单位应当依法查处，并予以答复。”第五十五条规定：“违反本法规定，以妇女未婚、结婚、离婚、丧偶等为由，侵害妇女在农村集体经济组织中的各项权益的，或者因结婚男方到女方住所落户，侵害男方和子女享有与所在地农村集体经济组织成员平等权益的，由乡镇人民政府依法调解……”第五十九条则规定：“违反本法规定，通过大众传播媒介或者其他方式贬低损害妇女人格的，由文化、广播电影电视、新闻出版或者其他有关部门依据各自的职权责令改正……”

（四）妇女权益保障法为妇女利益实现提供了保障救济措施

尊重和保护妇女的权利，特别是保障妇女利益的实现并非易事。妇女权益保障法对此作了如下规定。

1. 为某些行为设定了禁区

妇女权益保障法不仅从正面规定和确认了妇女的权利，而且从反面对侵害妇女权益、妨碍妇女利益实现的行为予以禁止。如妇女权益保障法第二条第四款规定："禁止歧视、虐待、遗弃、残害妇女。" 第十六条第二款规定："学校在录取学生时，除特殊专业外，不得以性别为由拒绝录取女性或者提高对女性的录取标准。"

2. 在明确保障妇女权益是全社会共同责任的同时，强调政府是保障妇女权益的主体

妇女权益保障法第四条规定："保障妇女的合法权益是全社会的共同责任。国家机关、社会团体、企业事业单位、城乡基层群众性自治组织，应当依照本法和有关法律的规定，保障妇女的权益。国家采取有效措施，为妇女依法行使权利提供必要的条件。" 第六条规定："各级人民政府应当重视和加强妇女权益的保障工作。县级以上人民政府负责妇女儿童工作的机构，负责组织、协调、指导、督促有关部门做好妇女权益的保障工作。县级以上人民政府有关部门在各自的职责范围内做好妇女权益的保障工作。"

3. 强调了为妇女利益实现提供的制度保障和社会环境

妇女权益保障法第二十八条规定："国家发展社会保险、社会救助、社会福利和医疗卫生事业，保障妇女享有社会保险、社会救助、社会福利和卫生保健等权益。国家提倡和鼓励为帮助妇女开展的社会公益活动。" 第二十九条规定："国家推行生育保险制度，建立健全与生育相关的其他保障制度。地方各级人民政府和有关部门应当按照有关规定为贫困妇女提供必要的生育救助。"

4. 规定了相应的法律责任和救助措施

权利是法律确认和赋予的，也是由法律保护的。为了保证权利的客观实在性，法律必须为权利的实现设立相应的保障。它一方面要预防侵害权利行为的发生，另一方面要在预防机制失效的情况下辅以相应的救助措施。西方谚语云：无救济则无权利。这点出了法的可诉性特征。所谓法的可诉性，是指法律作为一种规范人们外部行为的规则，可以被任何人（特别是公民和法人）在法律规定的机构（特别是法院和仲裁机构）中通过争议解决程序（特别是诉讼程序）加以运用的可能性。妇女权益保障法重在“保障”二字，可诉性也是它不言而喻的重要特征之一。

修改后的妇女权益保障法，一方面，增加了侵犯妇女合法权益行为人的法律责任；另一方面，增加了追究有关部门和工作人员不依法保障妇女权益的法律责任。因此，法院审理涉及妇女权益的案件时，就应当依照妇女权益保障法和有关法律的规定判令相关责任人承担相应的民事法律责任、行政法律责任和刑事法律责任。除此之外，建立妇女陪审员制度，让妇女直接参与法院的合议庭审判工作或对审判人员进行社会性别意识培训，都有助于在案件审理过程中对利益受损的妇女予以有效的司法救济。

第四节　妇女权益保障法的进一步修改与完善

党的十九大报告指出，经过长期努力，中国特色社会主义进入了新时代，这是我国发展新的历史方位。站在新的历史方位看待新时代的妇女权益保障与维护，就对妇女权益保障法的修改与完善提出了新要求。总体说来，妇女权益保障法修改必须以习近平新时代中国特色社会主义思想为指导，全面贯彻习近平法治思想和习近平总书记关于妇女和妇女工作、男女平等的重要论述和党中央决策部署，坚持以人民为中心的发展思想，贯彻落实男女平等基本国策，着力完善全面保障妇女权益、促进男女平等的法律措施体系和工作机制，为优化妇女发展环境，推进性别平等进程和妇女全面发展提供坚实的法治保障。为此，妇女权益保障法的修改与完善应当坚持统筹兼顾，确保妇女权益保障措施协调一致。

一、强化落实男女平等基本国策的制度保障

男女平等基本国策是我们国家为解决男女两性社会关系这一普遍性、全局性、长远性问题而确定的总政策。男女平等基本国策规定、制约和引导着有关妇女权益的具体法律政策的制定和实施。因此，妇女权益保障法的修改与完善应该突出贯彻落实男女平等基本国策这一主线。把男女平等作为促进社会发展的一项基本国策，把促进妇女全面发展作为国家经济社会发展规划的重要内容，是中国共产党的独特创造，是具有鲜明中国特色的制度安排。贯彻男女平等基本国策，必须充分考虑男女两性的现实差异和妇女的特殊利益，并在此基础上加强顶层制度设计，推动妇女权益保障的各项制度更加全面、有效。妇女权益保障涉及权利确认、实现条件、处置措施、救济途径、责任追究等方面，科学完备的制度安排和机制设置是保障妇女合法权益的前提和基础，是落实男女平等基本国策的有效保障。

二、体现促进妇女全面发展的时代要求

进入新时代，我国社会主要矛盾发生历史性转化，广大妇女对美好生活的向往更加强烈，对社会公平正义的渴望更加迫切，期盼自身权益得到更充分的保障，但妇女发展的不平衡不充分问题仍然突出。因此，妇女权益保障法的修改要全面保障妇女在政治、经济、文化、社会和家庭生活各方面的权利和利益，有效解决制约妇女发展的重点、难点问题，统筹推进城乡、区域、群体之间妇女的均衡发展，协调推进妇女在各领域的全面发展。为促进新时代的妇女全面发展，妇女权益保障的修改，必须贯彻落实习近平新时代中国特色社会主义思想特别是习近平总书记关于妇女和妇女工作的重要论述，坚持以人民为中心，把保障最广大妇女群众的根本利益放在首位；必须把保护妇女权益的标准要求与中国特色社会主义进入新时代、进入新发展阶段相适应，满足广大妇女日益增长的对美好生活的需要。

三、坚持问题导向、目标导向、结果导向相统一

修改和完善妇女权益保障法，应当努力把握妇女权益保障的新形势新任务、新规律新需求和新问题新情况，聚焦短板弱项，针对当前和今后一段时期内存在的和可能发生的如妇女的参政问题，妇女的劳动权益，针对妇女的家庭暴力、性骚扰等问题制定对策措施，加强制度机制构建，进一步夯实妇女权益领域的基本制度和保障机制，使其在保障妇女权益方面具有科学性、前瞻性、精准性和可操作性，能够有效消除阻碍妇女权益实现的不利因素，缩小男女两性发展现实差距，为妇女平等依法行使民主权利、平等参与经济发展、平等享有改革发展成果提供更有力的法治保障，切实提升妇女的获得感、幸福感、安全感。

四、突出保障妇女人权的国家责任

妇女权益的充分实现，需要国家保障、社会维护、个人努力三方面的有机结合。在妇女权益保障法中，国家保障责任应放在第一位。妇女享有人权，人权需要保障，妇女以人权主体的身份请求国家公权力的保障，承担保障义务的主体为国家，国家负有保障包括妇女在内的每个公民人权的义务。在保护妇女权益、促进男女平等方面，国家必须采取一切适当措施消除对妇女的歧视，以确保妇女在与男子平等的基础上，行使和享有人权与基本自由，这既是国家重要的固有义务，也是立法机关、行政机关、司法机关等国家机关应当履行的职责。

五、提升妇女权益保障措施的可诉性

妇女权益保障法，不仅要确认妇女的权利，更重要的是保障妇女的权益，而保障妇女权益的有效办法之一就是让侵害妇女权益的行为人承担相应的法律责任。有了明确、具体的法律责任，就可以使妇女权益保障法真正成为执法、司法的依据，就可以使妇女权益保障法具备一定“可诉性”，就可以实现妇女权益保障法的司法化。为此，妇女权益保障法修改时，一方面，应进一步具体明确侵犯妇女各项合法权益行为人的法律责任；另一方面，应适当增加受害人的诉权渠道，建立妇女权益保障检察公益诉讼制度、支持起诉制度等其他有效的救济途径，使妇女在其权利受到侵害时能够得到及时有效的救济。

由于妇女权益保障法1992年出台和2005年修改以后，国家又颁布了反家庭暴力法、民法典等一系列新的法律，这些法律中有关妇女权益问题的规定可能比妇女权益保障法的规定更科学或更具体，或者被妇女权益保障法援引的条款已经发生变化，因而这次妇女权益保障法的修改首先必须对现有的法律条文进行清理、更新。同时，妇女权益保障法对有关问题的规定，既要尽量保持与相关法律一致，又不能简单地照搬，在一些关涉妇女权益的重要问题方面要有一定的超越，不能片面地强调协调而降低妇女权益保障法的保障性，否则就会妨碍妇女权益保障法作为保障妇女权益基本法应有作用的发挥。

此外，还要注意创设新的权利与落实现有法律规定的协调。修改法律可以而且应当创设、确认一些新的权利，这是法律进步和完善的体现，但与此同时需要注意的是，妇女权益保障法并不是保护妇女某个领域权益的法律，而是全面保护妇女的法律，这就要求妇女权益保障法应更多地发挥协调、保障作用。这样，如何规定相应保障措施，以使当前有关法律中已经规定的妇女权益得到落实，就远比确认、创设一些新的权利更有意义。否则，妇女权益保障法创设的新权利会因为没有配套的措施而流于只是宣言。创设、确认那些男女共有的公民权利，让其他法律完成可能更妥当，也可能更有效。当然，对于一些妇女特有或者与妇女的关系更密切、更重要的权利，妇女权益保障法也要对其他法律发挥“补充、保障、引导”的作用。

第四章

婚姻家庭立法对妇女权益的保障和维护

第一节　我国婚姻家庭立法理念的社会性别分析

“法律理念”一词的内涵甚为丰富，是对法律的本质及其发展规律的一种宏观的、整体的理性认知、把握和建构。一种理智的理想，是由法律的信念或信仰、目的、目标、理想、精神、理论、手段、方法、准则等构成的有机综合体。因而，很难直接对其作出实质性的描述，学界往往是在完成法律的理想、目标、信念、精神、价值、策略、方法、准则等的论述之后，指出“此即为法律的理念”或者“此为法律理念的内在要求”。正如黑格尔对法律理念的初次界定所言：“法的理念，即法的概念及其现实化。”但法律理念的价值并非理想、目标、信念、精神、方法等子概念可以完全取缔，好比整体与部分的价值分工，法律理念作为上位概念可以协调各个子概念，统一法治建设的步伐。法律理念包括立法理念、司法理念和执法理念，立法理念贯穿于立法活动全过程，却最终体现在法律文本之中，并对司法和执法具有决定性作用。在我国婚姻家庭法律制度经过历次修订已日趋完善的基础上，或者说在现有体系范围内的婚姻家庭法律制度修缮已不能满足现时代要求的情形下，从立法理念的角度出发，审视和思考婚姻家庭法完善的历程，分析其达至终极结果的利与弊，寻找制约婚姻家庭法发展的瓶颈，树立新的立法思路确有必要。

1950 年婚姻法、1980 年婚姻法和 2001 年婚姻法修正案是中华人民共和国成立以来适应时代需求的重要婚姻家庭立法，这几次婚姻家庭立法因为时代的不同而各具独特的立法理念。

一、1950年婚姻法的社会性别分析

中华人民共和国婚姻家庭立法具有自身的历史传统和鲜明的社会主义本质。在中华人民共和国成立前，中国共产党领导的民主政权就开始了

婚姻家庭法制建设，从1934年至1949年，先后颁布了《中华苏维埃共和国婚姻法》《陕甘宁边区婚姻条例》《晋西北婚姻暂行条例》《晋察冀边区婚姻条例》《修正山东省婚姻暂行条例》等。1950年婚姻法吸收了革命根据地婚姻法除旧布新的宝贵经验，立法理念体现了明显的社会性别建构踪迹，是我国男女平等立法的重要典范。

（一）1950年婚姻法以妇女解放为根本宗旨

《共同纲领》第六条规定："中华人民共和国废除束缚妇女的封建制度。妇女在政治的、经济的、文化教育的、社会的生活各方面，均有与男子平等的权利。实行男女婚姻自由。"这一规定后来成为1950年婚姻法的指导方针。婚姻法最重要的目标就是将妇女从传统束缚中解放出来，让妇女参与社会活动，从而促进国民经济的发展。

1950年婚姻法对妇女在婚姻领域的解放是全方位的，主要表现在以下三个方面。

1. 妇女人格独立

婚姻法废除男尊女卑的封建婚姻制度，从根本上改变妇女的从属地位，承认妇女拥有完整的人格，在婚姻家庭中拥有与男子平等的权利和地位。并明确规定一夫一妻制为唯一的婚姻家庭生活合法形式，不容许男子有纳妾的特权，新的婚姻家庭内部再无妻妾之分。妇女人格独立意味着妇女成为自己的主人，成为独立的主体，不需要家长作为监护人对外代表其权益。

2. 妇女拥有人身自由

婚姻法"实行男女婚姻自由"，不论结婚或离婚，均需根据妇女和男子本人的意愿，任何人不得强迫和干涉。婚姻法极力引导社会舆论，妇女自主择偶和离婚不再是一件羞耻和让社会唾弃的事，妇女可以放下难以为社会所接受和融入新生活的顾虑。除了婚姻自由外，婚姻法还规定了妇女与男子一样，有"选择职业、参加工作和参加社会活动的自由"。赋予妇女参与社会活动的自由符合当时的社会实际，既有利于团结妇女力量组织经济生产，又有利于妇女自主支配活动，自主选择发展前程。

3. 妇女拥有财产权

婚姻法规定"夫妻双方对于家庭财产有平等的所有权与处理权"，"夫妻有互相继承遗产的权利"，离婚时除了女方的婚前财产外，妇女可以取得家庭部分财产。妇女的经济地位是妇女人格健全的重要保障，婚姻法赋予妇女平等的财产权利不仅肯定了妇女在婚姻家庭内的价值，而且为妇女解放提供了强有力的物质支持。

（二）1950年婚姻法以男女权利平等为立法原则，将保护妇女特殊权益作为基本立法策略

传统婚姻家庭中，权利是男人的专利，妇女承担过重的义务，而无权利可言。1950 年婚姻法旨在让家庭内的权利在夫妻之间平等分配，在夫妻地位平等方面强调妇女地位的上升，妇女可以和男人一样成为家庭的主人。义务方面，婚姻法第八条规定："夫妻有互爱互敬、互相帮助、互相扶养、和睦团结、劳动生产、抚育子女，为家庭幸福和新社会建设而共同奋斗的义务。"比之传统的封建社会婚姻法，夫妻之间义务分配的立法有了革命性的进步。与此同时也要看到，权利和义务分离的立法模式对于权利和义务对等的法律理念体现得不够充分，对夫妻之间的义务平等特别是男性平等承担家务劳动并未特别强调，而是倡导性地指出应互爱互敬、和睦团结。这说明 1950 年婚姻法对婚姻家庭角色的分工还有一些盲视之处，妇女在家庭中承担较多义务的格局依然未得到根本改善。

在男女权利平等的立法策略上，婚姻法采行保护妇女的特殊权益以实现男女实质平等。主要表现为：

（1）将保护妇女的合法权益作为一项基本原则。（2）禁止纳妾，禁止童养媳，禁止干涉寡妇的婚姻自由。（3）女方怀孕期间，男方不得提出离婚，男方要求离婚，须于女方分娩一年后，始得提出。（4）离婚后，女方抚养的子女，男方应负担必需的生活费和教育费全部或一部分。（5）离婚时，除了妇女的婚前财产以外，财产分割协商不成的，法院根据照顾女方的利益的原则判。（6）离婚时，如无共同生活时所得财产或共同生活时所得财产不足清偿时，由男方清偿。此外关于"男女一方坚决要求离婚的，

经区人民政府和司法机关调解无效时，亦准予离婚”的立法初衷也是为了照顾女方的特殊权益。

1950 年婚姻法起草小组负责人邓颖超坚决主张“一方坚持离婚可以离婚”，她认为：“中国社会最受压迫的是妇女，婚姻问题上妇女的痛苦最多。早婚、老少婚、买卖婚是普遍现象，如不根绝就谈不上婚姻自由。妇女要求离婚，往往不允许，即在党内也如此。所以‘一方坚持要离就让离’是主要根据妇女利益提出的。”“过去没有这一条，曾发生很多悲剧。今天规定婚姻法是原则性的规定，破坏旧的，建立新的，就必须针对男女不平等现象，给妇女以保障。”① 之所以规定一方坚持离婚就可以离婚，是因为国家虽然在《共同纲领》中明确规定了妇女各方面均有与男子完全平等的权利，并实行男女婚姻自由，但由于传统婚姻制度和传统婚姻伦理的影响，当时大多数妇女实际上还没有完全取得这些权利，如果不对妇女的合法权益加以特殊保护，就不能实现真正的男女平等。1950 年婚姻法差异的男女平等观是过渡时期特殊的历史条件决定的，中华人民共和国成立之初，妇女与男子社会处境差异悬殊，妇女整体处于弱势地位，婚姻法从客观实际出发，将朴素的性别意识贯彻于立法之中，符合当时妇女的利益需求。

（三）1950年婚姻法以建设新的婚姻家庭秩序为立法目标，婚姻家庭内的社会性别角色建构趋于合理

1950 年婚姻法着力消灭封建家长专制的家庭模式，倡导团结和睦、互敬互爱的婚姻家庭关系。中华人民共和国家庭的中心依然是男女两性的婚姻，实行实质上的一夫一妻制，禁止纳妾。婚姻和家庭的联系方面，婚姻法禁止包办、买卖婚姻，禁止借婚姻索取财物；建立了婚姻登记制度，婚姻的缔结以登记为准，男女一经登记就获得了合法的夫妻身份，不鼓励铺张浪费的结婚仪式，不以三媒六聘为结婚要件。至少在法律上，婚姻不再是两个家庭之间彼此扩张势力的纽带，女人交易的游戏规则开始退出历史

① 参见《纪念新中国首部〈婚姻法〉颁布实施 70 周年新中国第一部〈婚姻法〉起草经过》，载《中国档案报》，2020 年 5 月 1 日，总第 3519 期第一版。

的舞台，婚姻家庭内的角色变化也以男女的婚姻自由为基点开始重新建构。妇女主体地位的确立使其摆脱了在传统婚姻家庭中的依从角色，夫妻为共同生活的伴侣，丈夫不再是妇女的代表和监护人。男人在家庭中的角色也发生了重要变化，新的婚姻家庭秩序取消父权制和夫权制，取消家长的特权，取消宗族行政，取消国家与家庭的分权管理模式，将家庭关系统一于法律体制之中，将家庭私刑定性为违法犯罪行为。1950 年婚姻法在打破传统婚姻家庭模式的基础上重构两性关系，引导了男女平等的正确发展走向，成为我国男女平等立法的重要典范。

二、1980年婚姻法的社会性别分析

1950 年婚姻法实施的 30 年时间里，中国的社会生活发生了重大变化。改革开放初期，在拨乱反正的大背景下，1980 年 9 月 10 日，第五届全国人大第三次会议通过和颁布了新婚姻法。该法共分 5 章，包括总则、结婚、家庭关系、离婚、附则，共 37 条，与 1950 年婚姻法相比，新婚姻法在立法内容上作出了必要的补充和修缮。条文的修缮体现了立法理念的维新，以社会性别的视角观之，1980 年婚姻法立法理念的转变主要体现在如下方面。

（一）1980年婚姻法立法的重心由妇女解放转向着重调整婚姻家庭关系，全面建设家庭内的社会性别平等制度

如果说 1950 年婚姻法主要完成了对妇女角色的重新塑造，确立了妇女在婚姻家庭中的主体地位，那么 1980 年婚姻法则是对妇女角色变革引起的家庭其他成员角色变化和渐次养成的婚姻家庭社会习俗的确认和微调。

1. 对夫妻平等关系的确认

“夫妻在家庭中地位平等”的理念在 1950 年婚姻法贯彻实施 30 多年后为广大婚姻家庭所接受，并得到了家庭伦理的认可。1980 年婚姻法继续保障夫妻平等地位，在此基础上修缮夫妻之间互相扶养的权利义务关系，赋予夫妻以请求对方扶养的法定权利，从而进一步平衡了妇女在婚姻家庭

中的地位。结婚后，女方可以成为男方家庭的成员，男方也可以成为女方家庭的成员，间接引导男方可以随女方家庭一起居住，着手改变从夫居的传统婚姻习俗。这说明，妇女从夫居不是其地位低下的应然理由。

2. 新增保护老人合法权益的规定

封建传统婚姻家庭实行身份等级制度，通常情况下，老人尤其家长在家庭中的地位较高，享有家庭权利分配的优先权。新的婚姻家庭秩序取消了家长专制，家庭以婚姻为中心，家庭内的资源分配集中于互相抗衡的年轻夫妇之间，老人和小孩成为家庭的两极，无法掌握家庭实权。1950 年婚姻法有效保护了孩子的权益而忽略了老人的利益，这与当时立法理念的革命思想有关，老年人不幸代表了封建家长专制形象，成为革命的对象，导致老年人渐渐成为式微群体，生活保障渐成社会难题。许多地区年轻夫妇不赡养老人、虐待老人的现象屡见不鲜。1980 年婚姻法将保护老年人的合法权益作为基本原则，规定“禁止家庭成员间的虐待和遗弃”，“子女不履行赡养义务时，无劳动能力或生活困难的父母，有要求子女付给赡养费的权利”，甚至还考虑到老人的子女先亡的情形，“有负担能力的孙子女、外孙子女，对于子女已经死亡的祖父母、外祖父母，有赡养的义务”。老年人权益的维护为建立健全性别平等的婚姻家庭秩序提供了合理支持。

3. 初步确立父母对未成年子女亲权，其出发点是子女人格平等

1980 年婚姻法确立的亲权内容包括抚养教育的义务、管教和保护的权利义务、子女造成他人损失时的赔偿义务。与之相比，1950 年婚姻法未规定父母对子女的权利，只规定了抚养教育的义务。亲权的目的在于最大程度地保护子女的权益。未成年子女具有人之为人的独立人格，和父母的地位是平等的，但在子女的成长过程中，平等的权利需要以不平等的方式去实现。因此，未成年子女并非家庭的客体，也不是父母用以买卖婚姻的交易品，而是权益最大化的受益人。在亲权实践中，需要把握两个平等观：一个是父母地位平等，这在“子女可以随父姓，也可以随母姓”中略有体现；另一个是男孩和女孩地位平等，尤其在子女的培养和受教育方面，传统家庭往往将儿子培养成家庭的继承人，儿子受到的教育比女儿良好，女儿则要学习家庭传统手艺如女红，确保将来成为婆家的好媳妇。子女的培养方向不同，直接决定了子女在婚姻家庭中的社会性别角色的差异。而新婚姻法倡导将女儿和儿子都培养成为社会主义的建设者和接班人，只有在婚姻家庭中男女接受同等教育，公共领域的社会性别分配才会趋于合理。

4. 规定了兄弟姐妹之间的关系，变兄长特权为对弟妹的扶养义务

婚姻法第二十三条将兄、姊对弟、妹的扶养作为法定义务，且未规定兄、姊享有相应的权利，体现了立法者对兄弟姐妹之间关系改善的引导，将传统的兄弟姐妹之间争权夺利的关系变为互相扶持的关系。有学者指出，法律把原本属于道义的责任提升为法律义务，把社会主义道德和社会主义法律的权利义务关系有机统一起来，加强家庭成员之间的联系，充分体现了社会主义制度下人与人之间的友爱互助关系，对于发展团结和睦的社会主义家庭生活，有着重要意义。

（二）1980年婚姻法规定了夫妻双方计划生育的义务，改变了生育的传统社会性别观

中华人民共和国成立以后，由于采取鼓励生育政策，使我国迅速成为世界上人口最多的国家。改革开放后，为了降低人口增长速度，提高人们的生活水平和人口素质，使人口增长的速度与社会发展计划相适应，我国宪法明确规定推行计划生育，破除人们重男轻女、多子多福、传宗接代的思想。1980 年婚姻法将计划生育作为一项基本原则贯彻实施，第十二条规定：“夫妻双方都有实行计划生育的义务。”以往生育被认为是妇女的任务，在重男轻女、母以子贵的封建思想影响下，将生男生女归咎为妇女的责任。新婚姻法强调生育为夫妻双方共同的义务，男性也是生育的主体，从而转变了传统的生育性别观。这对妇女来说，不仅减轻了生育负担，而且取消了由于特殊的生理功能产生的社会性别定位，妇女无须因为生育而成为延续香火的工具。计划生育不仅包括少生，还包括优育，对孩子的培养和照顾在 1980 年婚姻法的理念之下成为夫妻双方的义务，视其为家务劳动的组成部分，男性理应分担这一部分家庭职责。

（三）1980年婚姻法在男女平等立法策略上趋于性别中立

与1950年婚姻法相比，1980年婚姻法在立法策略上由偏重于保护妇女特殊权益转向性别中立，除了离婚时照顾怀孕和分娩一年内女性的特殊心理需要外，1980年婚姻法给予两性同等的保护，在制度设计上忽略了个体的利益差别，尤其是基于社会性别的影响而造成的特殊利益需求，集中体现在夫妻共同财产制度和离婚财产分割制度。1980年婚姻法第十三条的夫妻财产制，规定夫妻的共同财产仅限于婚姻持续期间所得的财产，离婚时只能就这一部分财产进行分割。1950年婚姻法规定女方婚前的财产归女方所有，男方的婚前财产女方享有分割权，1980年婚姻法则规定女方不再享有男方的婚前财产分割权。关于离婚时的债务，夫妻共同生活所得的财产无法偿还的，1950年婚姻法规定由男方偿还，而1980年婚姻法则规定由双方协议清偿。法律将女性与男性置于同等保护的位置，主要是因为当时的主流意识认为，妇女的地位在社会主义中国已经有了大幅度的提高，“时代不同了，男女都一样，男同志能办到的事情，女同志也能办到”的口号成为当时塑造的女性形象的浓缩。忽视两性差异的立法实际上是男性中心文化在立法上的反映，从男性思维角度，一旦法律确立了婚姻家庭内的男女平等，认为妇女拥有与男性相抗衡的实力的观点将变得不可置疑，从而掩盖妇女处于弱势地位的事实。但是婚姻法坚持保护妇女合法权益的原则，某些性别中立的具体制度实际上也保护了女性的特殊权益，如夫妻双方互负扶养义务的制度和离婚时的经济帮助制度，需要扶养和经济帮助的往往是女性，因而女性成为制度的主要受益人。因此，只要立法从实际出发，考虑到两性的利益差别，性别中立的法律制度并非一定就是不合理的。

三、2001年婚姻法修正案的社会性别分析

2001年的婚姻法修正案，主要针对婚姻法实施过程中和新形势下出现的问题，如重婚纳妾、包二奶、姘居、婚外恋等挑战一夫一妻制的行为，

家庭暴力现象，离婚时妇女的财产权和探望权得不到保障，婚姻家庭不稳定导致青少年违法犯罪，老年人得不到良好的赡养和受虐待等问题。2001年婚姻法修正案适逢分部制定民法典的构想纳入立法规划期间，婚姻法成为民法典亲属编的核心组成部分。正如婚姻法修正案出台前学者所主张的，此次婚姻法的修改，须放眼全局，高瞻远瞩，切忌急功近利，而应制定一部调整婚姻家庭关系和一定范围的近亲属关系的民事基本法，并使该法体现出科学性、实用性、前瞻性。

此外，2001年婚姻法还受到国际"回归家庭"热潮的影响。20世纪90年代以来，不少国家和地区修改婚姻家庭法律，试图运用法律的力量维护婚姻家庭的稳定。1998年国际家庭与调解法院协会第35届年会指出，高离婚率带来了一系列严重的后果，"支持婚姻稳定"是一种积极的世界性潮流。在"回归家庭"国际思潮的影响下，依据制定民法典的远景目标，以及我国的政治经济发展战略，形成了2001年修订婚姻法独特的社会性别立法理念。

（一）2001年婚姻法融入民法的基本价值，赋予实现性别平等以新的路径

2001年婚姻法的修改兼顾了制定民法典的规划，意在修改成为"待制定民法典的时机成熟，便可将其稍作调整后纳入民法典，使婚姻家庭法成为民法亲属编"。[①] 我国1950年婚姻法和1980年婚姻法较深地受到苏联立法和革命根据地婚姻法的影响，以独立的部门法的形式颁行，其法律体制和立法价值具有自洽性和独立性，但也极易受到其他部门法和国家政策方针的影响而变化不定。直至1986年民法通则颁布以后，婚姻家庭法作为独立的法律部门的观点受到挑战，学者们开始思忖婚姻家庭法在法律体系上归属于民法的种种理由。[②] 婚姻法在性质上属于私法，调整的对象为民事主体之间的财产关系和人身关系，调整方式和价值追求很多都是与民法

① 马忆南：《中国法学会婚姻法学研究会1999年年会学术观点综述》，载《法学研究动态》，2000年第1期。

② 王利明：《民法典体系研究》，北京：中国人民大学出版社2008年版，第474页。

相契合的。婚姻法归属于民法的观点基本得到法学界的共识，2001年婚姻法修正案也在立法理念方面注意到了与民法基本精神的协调统一。

1.2001年婚姻法修正案全面贯彻民法的平等价值，不仅扩大了夫妻间平等的内容，而且明确地将平等原则扩展到适用于家庭所有成员的关系

第一，明确家庭成员地位平等。婚姻法作出了“家庭成员间应当敬老爱幼，互相帮助，维护平等、和睦、文明的婚姻家庭关系”的原则性规定。

第二，进一步纠正了婚姻关系中妻子的从属地位。在立法技术上去掉了结婚后成为彼此家庭成员以及子女姓氏法律条文中的“也”字。在夫妻财产所有制方面，分别细化夫妻共同所有和一方所有的财产范围，赋予约定财产制的主体一方因抚育子女、照料老人、协助另一方工作等付出较多义务的离婚补偿请求权，设置离婚经济帮助制度，给予男女平等实际的物质支持。

第三，在父母与子女关系方面回避“亲权”，将“管教和保护”修改为“保护和教育”，意在避免传统父权思想滋长，强调父母与子女地位平等。

第四，完善兄弟姐妹之间的权利义务，扶养关系方面实行对等给付。

第五，禁止家庭暴力，追究施暴者的法律责任。以社会性别的视角观之，婚姻法全面贯彻民法平等观是对传统父权制、夫权制观念的有效去除，一方面，某些在现代社会依然是必要权利的需要两性之间共同分享，如夫妻财产权；另一方面，某些权利即使两性共同分享也是不符合时代要求的，则一定不能以两性平等的理由予以通融，如传统的惩戒体罚权。

2.民法的个人自由和意思自治原则赋予婚姻家庭成员主动消除社会性别角色期待对自身束缚的权利

自由是主体依据自身意志为或者不为一定行为的资格和状态，民法中的自由意味着在法律强制性规定的范围内具有行为的自由，依据自己的意思设立、变更和消灭民事法律关系，并对自己行为的后果承担责任，民法的自由主要体现为意思自治原则，而意思自治又是法律行为的核心要素。[①] 2001 年婚姻法修正案依托于此，不仅将婚姻自由解释为意思自治，而且充分肯定婚姻家庭成员个体的独立性，尊重主体在婚姻家庭领域意思自治的自由。

首先，婚姻法将结婚视作法律行为，结婚的法律效力依据法定条件而分为有效、无效和可撤销三种。这说明婚姻当事人的意思得到了法律的明确保护，并被赋予了至高无上的地位，非基于当事人独立、真实意思表示的婚姻不能成立。

其次，针对老年人的婚姻自由权，增设“子女应当尊重父母的婚姻权利，不得干涉父母再婚以及婚后的生活”。

最后，夫妻可以约定婚姻关系存续期间所得财产的归属形式，夫妻双方对共同财产和各自所有的财产有充分的自主权。

从这些规范来看，法律有意扩大家庭成员的个人自由，尊重个人意志，赋予个人本位更多的内涵，削弱家庭本位思想对个人的束缚和对家庭成员角色的定位。婚姻家庭的立法理念从强调管制发展为尊重私权，注重保护公民的自由和自治权利，注重保障弱势一方和未成年子女的利益，强化法律救济和社会救助，从追求形式平等发展到实质平等。在婚姻家庭中，当个人的自由得到充分实现，个人的发展尤其妇女的发展也就成为可能，传统社会性别角色期待的转变将从婚姻家庭领域延伸至人类活动的一切领域。

3. 民法的效率价值在 2001 年婚姻法中略有体现，有利于实现两性的实质正义

婚姻法虽然强调伦理亲情，注重伦理道德的调整作用，但是市场经济环境下婚姻法考虑经济效益和等价交换成为立法的必然选择。任何婚姻行为都是有成本的，持续时间越长的婚姻，通常意味着支出的成本越高，婚姻制度的设计有必要考虑婚姻成本与收益的公平分摊。对此，1993 年《最高人民法院关于审理离婚案件处理财产分割问题若干具体意见》第六条规

① 王利明：《民法典体系研究》，北京：中国人民大学出版社 2008 年版，第 327—332 页。

定："一方婚前个人所有的财产，婚后由双方共同使用、经营、管理的，房屋和其他价值较大的生产资料经过 8 年，贵重的生活资料经过 4 年，可视为夫妻共同财产。"虽然该条在 2001 年婚姻法修正案实施后废止，但其立法精神体现了婚姻持续期间的成本收益关系。从社会性别的角度考察，女性对婚姻的期待高于男性，女性离婚的成本也高于男性，再婚对象的资源分配在客观上是不平等的。高龄离婚女性在物质生活方面也会差别悬殊，这对于婚姻持续期间赋予了较高期待的女性而言，难免有失公允。2001 年婚姻法修正案具体列举了夫妻感情破裂的理由，对离婚自由进行了必要的限制，反对轻率离婚，制定离婚损害赔偿制度，让对婚姻寄予了较高期望且忠于婚姻的一方得到应有的赔偿，还制定离婚补偿制度和经济帮助制度等。这些制度初步体现了婚姻法兼顾家庭和谐与个人利益的理念，是民法效益与等价有偿价值在婚姻家庭领域的运用，同时也是性别平等与公正的客观要求。

（二）2001年婚姻法加强维护一夫一妻制婚姻形式的唯一合法性

20 世纪 90 年代以来，随着我国经济的飞速发展，"包二奶"、非婚同居、高离婚率的现象层出不穷，严重扰乱了婚姻家庭秩序，一定程度上破坏了社会的稳定。我国法律和政策对此的态度是强化婚姻观念，促进婚姻法制的完善，最大程度地挽救婚姻。2001 年婚姻法修正案为了维护立法的延续性，虽没有完全采纳专家建议稿，将"夫妻感情确已破裂"改为"婚姻关系确已破裂"作为判决离婚的法定标准，但对离婚理由用了例示主义的混合型立法模式，在概括性规定之后，列举了感情确已破裂的具体情形[①]，从而避免了离婚的轻率与随意，法院也在判决离婚案件的时候配合调解制度，慎重对待当事人的离婚请求。婚姻法还规定禁止重婚，禁止有配偶者与他人同居，即无论是否以夫妻名义同居，有配偶的人都应当履行忠实义务，不得作出有损婚姻稳定的行为。重婚和有配偶者与他人同居成为

① 夏吟兰：《离婚自由与限制论》，北京：中国政法大学出版社 2007 年版，第 162 页。

离婚损害赔偿的法定情形。未结婚而同居的，2001年婚姻法修正案未作出明确规定，同居关系不予保护，分割财产时一般按共同财产处理。这些规定可见婚姻法对维护一夫一妻制的唯一合法性付出的努力。

（三）2001年婚姻法初步承认家务劳动的价值，有利于转变传统的社会性别分工

2001年婚姻法修正案第四十条间接承认了家务劳动的价值，在社会性别立法上不失为一项突破。以前女性主义学者认为，男女两性通过婚姻结合组成的生活单位叫作家庭，是以存在劳动和角色的社会性别分工为前提的，是既定的社会性别文化的产物，即家庭是由一个赚钱的丈夫和父亲，一个没有收入但照料家务的妻子和母亲，以及一个或多个子女组成。①

改革开放后的妇女回归浪潮让原本走入社会生产的女性再次大批回到家中，承担起家务劳动的主要任务。20世纪90年代以来情况有所好转，女性受教育的程度提高，年轻女性参与社会活动与社会生产的比例增加，但是在家庭内部并没有普遍出现平摊家务的局面，反而是女性既要参与社会劳动，又要承担无偿的家务劳动，这种双重劳动对妇女而言是不公平的。

现实生活中，长期存在的男女不平等现象使得女性在社会资源的占有上总是处于劣势，在就业市场上同样不如男性有竞争力，经济收入不如男性。家务劳动是劳动力再生产所不可或缺的生产手段，当然会产生价值，此价值构成劳动力即商品价值之一部分，因此家庭主妇可以从丈夫的职业所得中要求因家务劳动所附加的价值部分。②2001年婚姻法对家务劳动价值的承认仅适用于分别财产制，这是不完善的。对家务劳动价值的承认还势必影响社会劳动的性别分工。按照家庭中的性别角色分工是社会性别角色分工延伸的女权主义逻辑，家庭中承认女性劳动的平等价值，消除家务劳动的社会偏见，鼓励男性也加入从事家务劳动的行列，家庭中的性别角

① 鲍晓兰：《西方女性主义研究评价》，北京：生活·读书·新知三联书店1995年版，第217页。

② 夏吟兰：《离婚自由与限制论》，北京：中国政法大学出版社2007年版，第219页。

色分工才会趋于平等，反映到社会劳动分工的组织结构方面，女性参与社会活动的机会增加，男权统治的格局将会随之动摇。因此，婚姻法树立家务劳动具有平等的价值理念是实现男女平等的重要举措。

我国1950年婚姻法、1980年婚姻法、2001年婚姻法修正案处于国家发展的不同时期，立法理念各有不同的时代特点，但也不是彼此割裂的，法律制度的发展自有其传承性，婚姻法立法理念的社会性别意识也不例外。作为社会主义婚姻法，在我国，人们的婚姻家庭生活始终围绕婚姻自由、一夫一妻而展开。婚姻家庭关系作为社会性别关系的发源地，婚姻法具有社会性别立法的基础地位，因而在1992年妇女权益保障法出台前，婚姻法一直在我国保障妇女权益、促进男女平等的法律体系中占据主体地位，对我国法律中有关男女平等的规定起着重要的示范作用。即使在1992年妇女权益保障法颁布以后，婚姻法因其调整对象的广泛性、基础性，在促进男女平等方面也有着不可替代的作用。因此，在今后完善婚姻家庭立法的过程中，应当汲取以往婚姻家庭立法的历史经验，并建立良好的社会性别影响评价体系，评估和预测法律条款可能对男女两性造成的不公正待遇，防止出现具有歧视或者其他损害性别平等的法律①，让婚姻家庭法律制度切实发挥社会性别基础立法的功能。

① 唐芳:《关于立法中构建社会性别影响评价制度的思考》，载《中华女子学院学报》，2008年第5期。

第二节　我国民法典婚姻家庭编对妇女权益的保护

民法典婚姻家庭编是在现行婚姻法、收养法基础上按照“既不推倒重来，也不照单全收”的思路编纂而成的。入典后的民法典婚姻家庭编，不仅延续了1950年婚姻法、1980年婚姻法以及2001年婚姻法修改所秉持的人文情怀和价值追求，而且在传承中应现实需要和发展趋势而创新，在婚姻家庭领域面临变局中引领发展方向，在平衡各种利益冲突中维护公平正义，为建设平等、和睦、文明的婚姻家庭关系提供了有力的法治保障。

一、加强婚姻家庭的国家保护，体现了对宪法要求的具体落实

婚姻家庭问题既是家事，也是国事，关系个人健康成长、家庭和谐稳定和社会与国家的繁荣发展。为此，我国宪法第四十九条规定了婚姻、家庭受国家保护。为落实这一宪法要求，民法典婚姻家庭编第一千零四十一条第一款增加规定：“婚姻家庭受国家保护。”这一规定表明了国家对婚姻家庭的保护态度，它一方面要求任何民事主体都不得侵犯婚姻当事人和家庭成员的合法权益，另一方面也明确了公权力不得越界干预婚姻家庭和必须为婚姻家庭提供保护的责任，要求公权力介入婚姻家庭必须具有正当性且有法律依据，同时要防止因法律、政策给家庭带来不利影响。

“婚姻家庭受国家保护”在民法典婚姻家庭编体现为以下四个方面。

（一）对婚姻家庭的融合保护

从婚姻法作为“婚姻家庭关系的基本准则”，到民法典婚姻家庭编“调整因婚姻家庭产生的民事关系”，这其中的变化意味着：一是明确调整对象为因婚姻家庭产生的民事关系，因婚姻家庭产生的其他关系不在本编

调整范围，因此婚姻法中的救助措施和法律责任不在本编规定，而是编入侵权责任编或其他法律，如反家庭暴力法、治安管理处罚法、刑法等进行规定。二是因婚姻家庭产生的民事关系固然应当首先适用民法典婚姻家庭编，但因其作为民法典的组成部分，民法典其他各编的规定对因婚姻家庭产生的民事关系也有调整作用。为此，民法典合同编第四百六十四条第二款就规定“婚姻、收养、监护等有关身份关系的协议，适用有关该身份关系的法律规定；没有规定的，可以根据其性质参照适用本编规定”。民法典人格权编第一千零一条也明确规定“对自然人因婚姻家庭关系等产生的身份权利的保护，适用本法第一编、第五编和其他法律的相关规定；没有规定的，可以根据其性质参照适用本编人格权保护的有关规定”。至于因婚姻家庭产生的民事关系也要适用总则编和侵权责任编自不待言。这样就有利于冲破由于婚姻法长期以来作为单行法所形成的对婚姻家庭关系较为封闭的规范体系，建构更为开放的调整和保护婚姻家庭关系的法律规范体系，“进而实现法律规范的有机衔接、民事权益的融合保护、司法实践的难点应对、民众诉求的理性回应，为建设平等、和睦、文明的婚姻家庭关系奠定法制基础”①。

（二）对婚姻家庭成员身份的确认和保护

民法典婚姻家庭编第一千零四十五条界定了亲属、近亲属、家庭成员的范围，明确了婚姻家庭当事人的身份关系以及由此而产生的身份权利。如基于夫妻身份产生的日常家事代理权，民法典婚姻家庭编第一千零六十条规定：“夫妻一方因家庭日常生活需要而实施的民事法律行为，对夫妻双方发生效力，但是夫妻一方与相对人另有约定的除外。夫妻之间对一方可以实施的民事法律行为范围的限制，不得对抗善意相对人。”

（三）对婚姻安全的优先保护

根据民法典婚姻家庭编第一千零六十四条的规定，夫妻双方基于共同

① 王歌雅：民法典婚姻家庭编的价值阐释与制度修为，载《东方法学》2020 年第 4 期（民法典专刊）（总第 76 期）。

意思表示所负的债务，以及夫妻一方在日常家事代理范围内所负的债务，属于夫妻共同债务。反之，如果夫妻一方超出日常家事代理范围以个人名义所负的债务，不属于夫妻共同债务，除非债权人能够证明该债务用于夫妻共同生活、共同生产经营或者基于夫妻双方共同意思表示。这一规定合理公正地界定了夫妻共同债务的认定标准，妥善协调了债权债务双方的利益关系，正确处理了债权债务双方当事人的举证责任，保障了婚姻当事人对共同债务的决定权和同意权，有助于防范无辜者“被负债”现象，有利于消除婚姻当事人陷于“被负债”的恐惧，较好地平衡了婚姻安全与交易安全，有效地保障了婚姻安全，适应了新时代人民群众对美好婚姻生活的新期待，满足了人民群众对社会公平正义的要求，充分体现了追求公平正义的价值取向，有利于增强当事人的婚姻安全感和幸福感。

（四）增加离婚冷静期的规定

针对实践中轻率离婚的现象增多、不利于婚姻家庭稳定的问题，民法典婚姻家庭编第一千零七十七条规定了提交离婚登记申请后三十日的离婚冷静期，在此期间，任何一方可以向登记机关撤回离婚申请。与此相对应，针对离婚诉讼中出现的“久调不判”问题，民法典婚姻家庭编第一千零七十九条规定，经人民法院判决不准离婚后，双方又分居满一年，一方再次提起离婚诉讼的，应当准予离婚。对婚姻家庭的保护，既要对轻率离婚作出必要的限制，又要适时对久拖不决的死亡婚姻进行宣告，这两者都是对婚姻当事人根本利益的有效维护。

（五）增加规定了解除婚姻关系的时间节点

民法典婚姻家庭编第一千零八十条规定：“完成离婚登记，或者离婚判决书、调解书生效，即解除婚姻关系。”婚姻关系解除的时间节点就是身份关系发生变化的节点，也是法律对该婚姻关系保护的终点。

二、加强无过错方的补偿保护，体现了对公平正义价值取向的秉持坚守

公平正义是法律最为重要的价值取向之一。民法典婚姻家庭编从多个方面扩大了对无过错方的补偿保护，体现了法律鼓励保护守法行为，否定制裁违法行为的赏罚公平，有助于实现社会的公平与正义。

（一）合理延长了受胁迫者请求权期限

民法典婚姻家庭编第一千零五十条将因胁迫结婚的，受胁迫的一方可以向人民法院请求撤销婚姻的起算时间由原来的“应当自结婚登记之日起一年内提出”变化为“应当自胁迫行为终止之日起一年内提出”。

（二）增加了不知情一方的撤销婚姻请求权

根据民法典婚姻家庭编第一千零五十三条的规定，患有重大疾病的一方如果在结婚登记前不如实告知另一方的，另一方可以自知道或者应当知道撤销事由之日起一年内向人民法院请求撤销婚姻。

（三）增加了婚姻无效或者被撤销的无过错方请求损害赔偿的权利

民法典婚姻家庭编第一千零五十四条第二款规定，婚姻无效或者被撤销的，无过错方有权请求损害赔偿。

（四）增加了有正当理由一方请求分割共同财产的权利

民法典婚姻家庭编第一千零六十六条规定了婚姻关系存续期间，如果一方出现法定情形时，另一方有权向人民法院请求分割共同财产。

（五）将照顾无过错方确定为人民法院判决处理离婚案件财产的原则

民法典婚姻家庭编第一千零八十七条规定，离婚时，夫妻的共同财产

由双方协议处理；协议不成的，由人民法院根据财产的具体情况，按照顾子女、女方和无过错方权益的原则判决。

（六）扩大了无过错方离婚损害赔偿的范围

民法典婚姻家庭编第一千零九十一条增加了“（五）有其他重大过错”情形，扩大了有关离婚损害赔偿的适用范围，这一规定有利于填补无过错的一方遭受的损害，抚慰受害配偶因精神损害所生之痛苦，也是对过错方不法行为的制裁和惩罚。

（七）赋予了有正当理由一方对亲子关系提出异议的权利

根据民法典婚姻家庭编第一千零七十三条的规定，父或者母如果对亲子关系有异议且有正当理由的，就可以向人民法院提起请求确认或者否认亲子关系的诉讼。成年子女对亲子关系有异议且有正当理由的，可以向人民法院提起请求确认亲子关系的诉讼。

三、加强特定群体的特殊保护，体现了对男女平等、儿童优先等先进理念的全面贯彻

中华人民共和国的婚姻家庭制度从其产生时起就一直将男女平等和保护儿童、老人、妇女的合法权益作为基本原则加以强调，使之成为处理婚姻家庭关系的核心价值。[①] 关于男女平等，民法典婚姻家庭编在延续性地规定了婚姻家庭领域男女平等相关要求外，还有以下加强内容。

一是增加了第一千零五十八条有关“夫妻双方平等享有对未成年子女抚养、教育和保护的权利，共同承担对未成年子女抚养、教育和保护的义务”的规定。

二是第一千零八十八条改变并删除了婚姻法有关“夫妻书面约定婚姻

---

① 李明舜、党日红：《科学建构体现男女实质平等的婚姻家庭制度》，载《妇女研究论丛》2018 年第 3 期。

关系存续期间所得的财产归各自所有”的前提条件，扩大了家务劳动补偿的适用范围，全面肯定了多为女性从事的家务劳动的社会价值。

三是将“收养人与被收养人的年龄应当相差四十周岁以上”的限制情形，由“无配偶的男性收养女性的”变化为第一千一百零二条规定的“无配偶者收养异性子女的”，消除了此种情形的性别差异。

关于儿童优先，民法典婚姻家庭编增加和改变了以下内容：(1) 在一般规定中增加了“收养应当遵循最有利于被收养人的原则”（民法典婚姻家庭编第一千零四十四条）；(2) 扩大了被收养人的范围，删除被收养的未成年人仅限于不满十四周岁的限制，修改为符合条件的未成年人均可被收养（民法典婚姻家庭编第一千零九十三条）；(3) 与国家计划生育政策的调整相协调，将收养人须无子女的要求修改为收养人无子女或者只有一名子女（民法典婚姻家庭编第一千零九十八条第一款）；(4) 为进一步强化对被收养人利益的保护，在收养人的条件中增加规定“无不利于被收养人健康成长的违法犯罪记录”（民法典婚姻家庭编第一千零九十八条第四款）；(5) 增加规定民政部门应当依法进行收养评估（民法典婚姻家庭编第一千一百零五条第五款）；(6) 与民法典总则相适应，将未成年养子女行使收养成立、解除的同意权的年龄由十周岁降为八周岁（民法典婚姻家庭编第一千一百零四条、第一千一百一十四条）；(7) 将现行婚姻法规定的“哺乳期内的子女，以随哺乳的母亲抚养为原则”修改为“不满两周岁的子女，以由母亲直接抚养为原则”，以增强可操作性（民法典婚姻家庭编第一千零八十四条第三款）。

关于其他弱势群体的特殊保护，民法典不仅在民法典婚姻家庭编将“保护妇女、未成年人、老年人、残疾人的合法权益”确定为婚姻家庭法律制度的基本原则，而且在总则第一百二十八条规定：“法律对未成年人、老年人、残疾人、妇女、消费者等的民事权利保护有特别规定的，依照其规定。”这一规定进一步明确了有关未成年人保护法、老年人权益保障法、妇女权益保障法、残疾人权益保障法等有关法律优先适用的地位。

在强调民事权益平等保护的同时，民法典婚姻家庭编针对现实生活中存在的不平等现象，对特定民事关系中当事人的权利义务做了倾斜性规定，以防止单纯注重形式正义和形式平等而发生不利于一方当事人的严重扭曲后果，体现了我国民法典婚姻家庭编对实质正义和实质平等的追求，强化了对弱势群体的保护与关爱。

四、加强公序良俗的法律保护，体现了对社会主义核心价值观的大力弘扬

婚姻家庭的伦理属性决定了婚姻家庭制度应当成为法治精神和道德教化的立法表达。在全面推进依法治国的新时代，家庭领域的公序良俗，即优良家风和家庭美德仅靠提倡是不够的，还必须加强和完善家风家教的法律制度。为此，民法典婚姻家庭编第一千零四十三条第一款明确规定："家庭应当树立优良家风，弘扬家庭美德，重视家庭文明建设。"除此之外，民法典不仅在第一条把"弘扬社会主义核心价值观"作为重要的立法目的，而且第八条和第十条分别将公序良俗确定为行为规则和裁判规则。人格权编第一千零一十五条对自然人的姓氏选取进行了规范，要求在父姓和母姓之外选取姓氏时要"有不违背公序良俗的其他正当理由"。这些规定充分体现了我国新时代国家立法鲜明的道德导向，引导全社会崇德向善，弘扬家庭美德和优良家风，坚持把道德要求贯彻到法治建设中，以法治承载道德理念，把社会主义核心价值观贯穿其中，把家风、家教等基本道德要求上升为法律规范，补上了家风家教问题无法可依的治理短板。

民法典婚姻家庭编作为民法典的重要组成部分，必将不负民法典"关心人、培养人、发展人、使人之为人"的立法使命[①]，为保障人民群众的婚姻家庭权益和美好生活奠定制度基础，从而使千千万万个家庭成为国家发展、民族进步、社会和谐的重要基点。

---

① 王利明：彰显时代性：中国民法典的鲜明特色，载《东方法学》2020年第4期（民法典专刊）（总第76期）。

第三节　我国婚姻登记制度对妇女权益的保障与维护

我国的婚姻登记制度随着1950年婚姻法的颁布而确立。1950年婚姻法第六条明确规定："结婚应男女双方亲到所在地（区、乡）人民政府登记。凡合于本法规定的结婚，所在地人民政府应即发给结婚证。凡不合于本法规定的结婚，不予登记。"70多年来，我国的婚姻登记制度始终与我国的婚姻家庭法律制度建设同向同行，成为中国特色社会主义法治体系的重要组成部分，为建设平等、和睦、文明婚姻家庭关系提供了有力保障。

一、我国婚姻登记制度具有与时俱进的特征

我国婚姻登记制度的发展体现了与时俱进的特征，为不同时期的婚姻家庭法律制度实施提供了有力保障。婚姻登记制度作为婚姻成立或解除的程序性规范，是为婚姻家庭法律有关实体法规范的实施而服务的。为了适应婚姻法的制定、修改，民法典的编纂以及立法理念的变革，婚姻登记条例历经多次调整，婚姻登记制度在逐步改进中不断前行。

我国的婚姻登记制度既是我国婚姻家庭法律制度的重要组成部分，又是婚姻家庭法律制度实施的重要保障措施。在不同的历史阶段，我国的婚姻登记制度为我国新民主主义婚姻家庭制度和社会主义婚姻家庭制度的确立、发展、实施发挥了不可替代的保障作用。正是因为有了婚姻登记制度，而且这一制度与相应的司法制度相配合，才确保了我国婚姻法律制度全面贯彻实施，确保了婚姻家庭立法目的的充分实现。因此，我国的婚姻登记制度，是坚持和发展中国特色社会主义婚姻家庭制度的重要保障。

民法典于2021年1月1日起实施后，为了贯彻民法典有关离婚冷静期制度的规定，民政部对婚姻登记程序进行调整，在离婚程序中增加冷静期，离婚冷静期设定为30天，离婚冷静期届满后的“再一个”30天之内，双方需要共同到婚姻登记机关领取离婚证，逾期不领则视为撤回离婚申请。对离婚冷静期的设定，不能片面地认为是违背了离婚自由原则，因为离婚自由同其他任何自由一样，都是法律允许范围内的自由，都会受到一定限制。无论结婚、离婚，都需要符合法定条件，国家保障离婚自由，同时更反对轻率离婚、冲动离婚，这是对离婚自由更全面的保障，更加符合法律规定和保护离婚自由本意与立法精神。

二、我国婚姻登记制度贯穿了为民服务的理念

我国婚姻登记制度的内容贯穿了为民服务的理念，充分体现了以人民为中心的发展思想，体现了我们党全心全意为人民服务的根本宗旨，体现了人民是推动发展的根本力量的唯物史观。1950年婚姻法确立婚姻登记制度时，立法者解释了婚姻需要采用登记的理由：“苏维埃政府是人民的政府，人民政府唯一的任务就是为人民服务，因而人民政府对于人民的婚姻问题要表现得比婚姻当事人及亲属们更为广泛的关心和更认真地负责。”我国婚姻登记制度的这一立法初心，一直体现在不同时期的婚姻登记条例之中，特别是现行的2003年颁布的《婚姻登记条例》，不仅去掉了原《婚姻登记管理条例》中的“管理”二字，取消了内地居民办理结婚、离婚登记需要由所在单位或村（居）民委员会出具婚姻状况证明的规定，强调婚姻登记机关应及时为当事人提供服务，符合条件的应予以及时办理。这些改革都充分体现了政府转变职能，弱化对结婚、离婚这类民事行为的行政管理色彩，强化服务意识、坚持执政为民的宗旨，是民政部门努力践行以人民为中心的思想、搞好公共服务的具体体现。

三、我国婚姻登记制度遏制了结婚、离婚中的不法行为

我国婚姻登记制度的实施最大程度减少了婚姻家庭领域的不法行为，为中国特色社会主义法治建设作出了特殊贡献。

全面推进依法治国，必须依法加强和规范公共服务。同我国其他婚姻家庭制度一样，我国婚姻登记制度是为人民群众服务的法律制度，也是离人民群众最近、和人民群众终身大事紧密相连的法律制度。这一制度的实施，让人民群众亲身体验了法律的权威：履行婚姻登记的，不仅结婚、离婚行为得到了国家的认可和保护，而且能够充分体会婚姻的庄严与神圣；反之，没有履行婚姻登记的，其结婚和离婚不受国家认可，其合法权益不受法律保护。我国婚姻登记制度的确立，把公民结婚、离婚行为纳入了法制轨道，经过 70 多年的坚持与发展，我国婚姻登记制度的实施最大程度减少了非法婚姻，形成了履行登记手续守法光荣、不履行登记手续违法可耻的社会氛围。这对于弘扬社会主义法治精神，建设社会主义法治文化，增强全民法治观念，推进法治社会建设，发挥了重要作用。

此外，我国婚姻登记制度实施过程中，婚姻登记机关及其工作人员积极践行“民政为民、民政爱民”的服务宗旨，以群众满意为目标，以亲情服务为手段，以人性化服务为根本，用实际行动让人民群众感受到了婚姻法律制度的温度，为中国特色社会主义法治建设作出了特殊贡献。

第五章

反家庭暴力法对妇女权益的保障和维护

第一节　国家立法干预家庭暴力的必要性

一、家庭暴力的本质属性，决定了国家公权力必须予以介入

由于家庭暴力不再是作为平等主体家庭成员之间的纠纷，而是一方对另一方的控制，从本质上来讲，这种控制是以权力为基础的，是一种破坏平等基础上的权力失衡关系。施暴者与受害者之间已经不再是相互尊重的平等协商，也不再是地位平等的交流沟通，而是一方对另一方的人格歧视，一方对另一方的损害和伤害。家庭暴力无论以身体暴力、精神暴力、性暴力或者经济上的控制等任何形式出现，它所体现的都是施暴者对受害者的权力控制，是家庭成员中强势一方对弱势一方的欺凌和伤害。强势一方基于地位、体力、心理、经济、关系等一方面或多方面的优势，形成了对弱势一方的压制和控制状态。这种不平等的关系，单纯依靠弱势一方或者依靠家庭内部调整控制在一定情况下是不可能的，因此，发生家庭暴力且达到一定程度的，必须由国家公权力介入予以干预，通过公权力的强力介入和干预，通过对施暴者违法行为的制止和惩戒，通过对受害者的救助和支持，从而终止强势一方欺凌弱势一方的不文明局面，使失去的平衡和平等加以恢复。

二、家庭暴力的普遍性和严重性使之成为突出的社会问题，必须由国家公权力进行必要的干预

家庭暴力在我国的发生率是比较高的。2011 年国务院新闻办发布的第三期中国妇女社会地位调查主要数据报告指出，在整个婚姻生活中曾遭

受过配偶侮辱谩骂、殴打、限制人身自由、经济控制、强迫性生活等不同形式家庭暴力的女性占24.7%，其中，明确表示遭受过配偶殴打的比例为5.5%，农村和城镇分别为7.8%和3.1%。[①]在2011年全国人大法工委和全国妇联委托中华女子学院开展的家庭暴力公众调查中，更有78.8%的被调查者表示身边存在家庭暴力。全国妇联、中国法学会、地方妇联、中国应用法学研究所、中国人民大学性社会学研究所等单位在不同年份所做的相关调查也表明，我国存在较多的家庭暴力现象。家庭暴力的主要受害者是妇女和未成年人，而且所有人群中都可能发生家庭暴力。是否会发生家庭暴力，并不取决于当事人的社会身份，而取决于他们对暴力的认知或者对性别角色及关系的认识、周围环境对家庭暴力的态度，以及法律对家庭暴力的惩戒力度。

2001—2018年不同年份各类机构有关家庭暴力发生状况的调查结果

时间	调查单位	调查对象或范围	家庭暴力发生情况
2018年	温州医科大学精神医学学院	温州地区	19.1%的已婚妇女遭受躯体暴力
2015年	中国人民大学性社会学研究所	全国抽样	亲密伴侣躯体暴力发生率达20.70%
2010年	全国妇联、国家统计局	全国抽样	24.70%
2001年	中国法学会	三省九城市	34.7%的配偶暴力

家庭暴力的危害是广泛而严重的。从受害者的范围来讲，家庭暴力不仅施害于妇女、未成年人、老人，所有处于弱势地位的家庭成员都可能成为家庭暴力的受害者。从家庭暴力给受害者造成的后果来看，身体暴力作为常见和典型的家庭暴力形式，它给受害者带来身体上的伤痛，甚至可能

① 国务院新闻办，中国政府网，http://www.gov.cn/wszb/zhibo479/wzsl.htm，2011年10月21日。

损害受害者身体的完整性，更严重的还会危及受害者的生命，严重侵犯了受害者的身体权、健康权和生命权；精神暴力通过侮辱、谩骂和恐吓，直击受害者的心灵脆弱之处，严重摧残受害者的身心；性暴力的危害则是身体暴力和精神暴力的双重叠加。家庭暴力存在的普遍性和危害的严重性，决定了家庭暴力不再是个人私事，而是一种社会公害。这就使家庭暴力作为社会问题而具有公共属性，已经转化成了影响社会稳定的公共事务，是国家治理特别是社会治理中必须解决的问题。在当今，尊重与保障人权成为主旋律的时代，对于家庭暴力的防治，国家更不应该缺席。因此需要国家打破公私藩篱，进入传统上作为私人领域的家庭。国家有必要从维护社会利益的角度出发，从履行国家提供公共服务的职责出发，为预防和制止家庭暴力提供必要的保障与支持。家庭虽然是相对封闭的私人领域，但家庭绝不是法外之地，家庭成员也绝不是法外之民，婚姻和家庭及其成员依然需要法律来保护，家庭关系依然需要法律来调整。因此，我国现行宪法明确规定，婚姻、家庭、母亲和儿童受国家保护。这既是国家公权力干预家庭暴力的法定职责，也是国家公权力干预家庭暴力的宪法依据。

三、国家尊重和保障人权的责任使现代国家公权力干预家庭暴力成为必然

“法不入家门”和“清官难断家务事”是我国长期以来对待家庭事务方面根深蒂固的基本观念。“法不入家门”的家庭自治模式，是与“皇权不下县”的封建统治方式相适应的。封建社会的家庭自治是和父权、夫权的支配紧密结合的。这种自治行为是以家长制、家庭成员不平等、牺牲家庭弱势群体特别是妇女、儿童权益为主要特征的。这个阶段的家庭自治表现为国家对家庭隐私权和自治权的充分尊重，在中国表现为“皇权不下县”，在西方则体现为最小的政府即最好的政府。在那个阶段，普遍奉行的是自己的私事由自己决定。

随着时代的进步和社会的发展，家庭成员之间实现了平等化、民主

化，建设平等、和睦、文明的家庭关系已经成为法律要求。家庭成员之间的暴力行为已经不再是个人私事，而被视为对家庭成员人权的侵犯，其性质被视为违法乃至犯罪的行为。与此同时，随着现代社会的发展和依法治国的全面推进，特别是在推进实现国家治理体系和治理能力现代化的新时代，党的十九届四中全会审议通过的《中共中央关于坚持和完善中国特色社会主义制度　推进国家治理体系和治理能力现代化若干重大问题的决定》提出，坚持和完善共建共治共享的社会治理制度，构建基层社会治理新格局，核心是要健全党组织领导的自治、法治、德治相结合的城乡基层治理体系。家庭作为社会的基本单元，其治理模式也必然要求自治、法治、德治相结合，国家公权力依法干预包括家庭暴力在内的家庭事务成为势所必然。

在现代社会，一方面，随着家庭对国家的依赖渐深，家庭问题也日益社会化，公私领域的划分无法再绝对化。婚姻家庭这类传统上被认为的私人领域越来越多地受法律调整，不再是“躲进小楼成一统”的法外之地。婚姻家庭关系已经成为由法律调整的权利义务关系，自此家庭暴力也不再是绝对的家庭私事，更不可能再以完全脱离法律的方式加以处理，公权力的干预不仅成为必要，而且态度必须积极。不仅如此，国家的立法对家庭的态度也发生了变化：家庭法的性质发生了变化，私法公法化和公法私法化交织发生；家庭法的渊源也由过去单一的私法，逐步演化成以私法为核心兼有各种社会性质的法，社会保障法上的权利在家庭法上也发生了效力，随着家务劳动职业化和社会化，一部分原本由家庭法承担的调整任务转由社会保障法承担。另一方面，随着人权意识的增强和保护人权力度的加大，即使是私人领域，也不再是排除公权力干预的理由和借口。国家和政府有责任采取积极措施防治家庭暴力，已经成为国际社会的共识和共同遵守的准则，而且这一要求反映在多个国际公约当中。国际法在反家庭暴力领域确立，国家干预的正当性在于国家人权保护义务涵盖私人暴力侵害。众所周知，国家基于其自身责任和人权公约、习惯法承担的人权保护义务，就是要求国家承认和尊重人权，承担保护个人权利不受侵犯的义务，同时国家作为保障人权的责任主体，应当为包括家庭成员在内的所有人的权利的实现提供必要的条件，并且在所有人的权利受到侵害时提供必要的救济。联合国宪章第五十五条、第五十六条明确要求，联合国应促进各会员国要担允采取共同及个别行动与联合国合作，使全体人类之人权及基本自由之普遍的尊重与遵守，不分种族、性别、语言或宗教。《世界人权宣言》第八条则规定，任何人当宪法或法律所赋予的基本权利遭受侵害时，有权由合格的国家法庭对这种侵害行为作有效的补救；第二十二条明确要求，每个人作为社会的一员，有权享受社会保障，并有权享受他的个人尊严和人格的自由发展所必需的经济、社会文化方面各种权利的实现，这种实现是通过国家努力和国际合作，并依照各国的组织和资源情况。

第二节　我国反家庭暴力法立法的过程与特点

一、我国反家庭暴力法的立法进程

1995 年，在北京召开的第四次世界妇女大会将家庭暴力概念引入我国。法学、社会学、心理学等许多学科的学者开始关注并研究家庭暴力问题，并呼吁立法，期望公权力介入家庭暴力，获得直接的、合法的依据。于是，我国开始了公权力介入家庭暴力的法律进程。

（一）从地方立法到国家立法

我国反家庭暴力的立法从地方性政策开始，逐步上升到地方性法规，直至国家层面立法。1996 年，湖南省长沙市率先制定《关于预防和制止家庭暴力的若干规定》，这是我国第一个关于家庭暴力的地方性政策。2000 年 3 月，湖南省人大常委会通过我国第一部反家庭暴力的地方性法规，“家庭暴力”首次出现在中国法律体系中。[①]2001 年 4 月，第九届全国人民代表大会常务委员会第二十一次会议修正的婚姻法，明确禁止家庭暴力，并规定了对家庭暴力受害人的救助措施和加害人的法律责任。这是我国第一次在国家层面的立法中对家庭暴力作出规定，是我国反家庭暴力立法的重大突破。

（二）从分散立法到专门立法

婚姻法之后，妇女权益保障法、未成年人保护法、残疾人保障法、老年人保障法和精神卫生法等国家法律相继修改，均规定禁止实施家庭暴力，国家要采取措施，预防和制止家庭暴力，各公权力要在各自职责范围

---

① 至 2019 年年底，全国专门的反家庭暴力的地方性法规或政策已颁布 38 个，涉及 25 个省、自治区及直辖市。本数据来自北大法宝数据库，https://www.pkulaw.com/law/lar，2019 年 12 月 26 日访问。

内预防和制止家庭暴力，对家庭暴力受害人提供救助。但是，基于应对家庭暴力需要多部门合作、全社会参与，需要采取特殊的应对措施，社会各界要求反家庭暴力专门立法的呼声很高。全国妇联积极推动反家庭暴力法出台，多次向全国人大常委会建议，并为推动国家立法做了一系列准备工作。[①]2013 年十二届全国人大常委会将制定反家庭暴力法列入五年立法规划，明确由国务院提请审议，标志着我国反家庭暴力工作取得突破性进展。2015 年 12 月 27 日，第十二届全国人大常委会第十八次会议正式通过反家庭暴力法，这是我国针对家庭暴力的第一部专门立法，该部法律的出台标志着我国公权力全面介入家庭暴力的历史阶段正式开启。

（三）从抽象立法到具体立法

我国反家庭暴力的法律规范从原则性、倡导性规定到更加具体，更具有可操作性。我国早期反家庭暴力条款主要是禁止性规定，“禁止家庭暴力”，但是对于如何禁止、谁有义务禁止等问题均没有规定。对于家庭暴力的干预更多停留在宣传、教育方面，缺少强有力的干预措施。随着反家庭暴力实践的推进和理论研究的深入，公权力、社会力量对家庭暴力的干预也越来越专业化。

2008 年 7 月 31 日，全国妇联、中央宣传部、最高人民检察院、公安部、民政部、司法部、卫生部联合印发《关于预防和制止家庭暴力的若干意见》，该意见第一次确认多部门合作应对家庭暴力的模式，规定了七部委在反家庭暴力中的相关职责和应对措施，使得我国公权力介入家庭暴力不再停留在宣传层面，而是有了具体的责任主体和有效的干预措施。该意见在我国反家庭暴力的历史上具有里程碑式的意义。

（四）相关司法部门也在各自的职权范围内不断明确干预家庭暴力的具体措施

2008 年 3 月，最高人民法院中国应用法学研究所颁布《涉及家庭暴力

---

① 周侃:《专家呼吁多部门合作预防和应对家庭暴力》，载《人民法院报》2011 年 9 月 26 日（6）。

婚姻案件审理指南》，为各级人民法院审理家庭暴力案件提供指导。其最具影响力的规定是关于人身安全保护措施的部分。该文件促进了人身安全保护令的司法实践，为反家庭暴力法规定人身安全保护令制度提供了宝贵的实践经验。

2015 年 3 月 2 日，最高人民法院、最高人民检察院、公安部和司法部联合印发《关于依法办理家庭暴力犯罪案件的意见》。该意见确立了处理家庭暴力犯罪案件的四项基本原则：依法及时、有效干预原则，保护被害人安全和隐私原则，尊重被害人意愿原则，对未成年人、老年人、残疾人、孕妇、哺乳期妇女、重病患者特殊保护原则。在具体介入的规则上，解决了现实中的一些困惑。其一，明确公安机关、人民检察院、人民法院要积极干预，对于有关家庭暴力的报案、控告或举报要“迅速审查、立案和转处”。其二，规定公安机关有“及时、全面收集证据的职责”，不仅要收集现场的物证、被害人陈述、证人证言，还要向村（居）委会、妇联、医院等单位的工作人员以及被害人的亲属、邻居等收集相关证据。其三，规定当事人享有自决权。当事人的自决权主要体现在两方面，一是是否采取拘留、逮捕等强制措施；二是对于被害人有证据证明的轻微家庭暴力犯罪案件，要尊重被害人选择公诉或者自诉的权利，被害人自愿提出的，公安机关就应当依法撤销案件。①

2018 年 6 月，公安部发布《公安机关现场执法指引》，家庭暴力案件是九类警情中的一种。有些地方进一步细化国家规定，如湖北省公安机关

---

① 《关于依法办理家庭暴力犯罪案件的意见》第 8 条规定，尊重被害人的程序选择权。对于被害人有证据证明的轻微家庭暴力犯罪案件，在立案审查时，应当尊重被害人选择公诉或者自诉的权利。被害人要求公安机关处理的，公安机关应当依法立案、侦查。在侦查过程中，被害人不再要求公安机关处理或者要求转为自诉案件的，应当告知被害人向公安机关提交书面申请。经审查确系被害人自愿提出的，公安机关应当依法撤销案件。被害人就这类案件向人民法院提起自诉的，人民法院应当依法受理。第 13 条规定，依法采取强制措施。人民法院、人民检察院、公安机关对实施家庭暴力的犯罪嫌疑人、被告人，符合拘留、逮捕条件的，可以依法拘留、逮捕；没有采取拘留、逮捕措施的，应当通过走访、打电话等方式与被害人或者其法定代理人、近亲属联系，了解被害人的人身安全状况。对于犯罪嫌疑人、被告人再次实施家庭暴力的，应当根据情况，依法采取必要的强制措施。

出台《湖北省公安机关常见警情现场执法规范》，规定包括家庭暴力在内的常见警情的现场处置规范。还有些县、市公安部门出台专门的反家庭暴力工作规范。这些具体规定的出台，增强了操作性，使得警察更加清楚应当如何处理家庭暴力案件。

二、我国反家庭暴力立法的特点

（一）我国反家庭暴力法的立法过程充分体现了民主立法、科学立法的有机结合

反家庭暴力法的制定过程充分体现了民主立法、科学立法的特点，是立法机关民主立法、科学立法的典范。

1. 民主立法

在民主立法方面，反家庭暴力立法显得更为突出。在制定反家庭暴力法的过程中，除了广泛调研听取各地各界的意见之外，还两次面向社会公开征求意见并最大程度采纳了合理建议。2014 年 11 月 25 日，国务院法制办公室公布《中华人民共和国反家庭暴力法（征求意见稿）》（以下简称“征求意见稿”）面向全社会公开征求意见；十二届全国人大常委会第十六次会议初次审议《中华人民共和国反家庭暴力法（草案）》（以下简称“草案”）后，从 2015 年 9 月 7 日至 10 月 7 日，在中国人大网进行了公布并向社会征求意见。

对照国务院法制办的“征求意见稿”与人大常委会审议的“草案”可以发现，吸纳了各界意见之后，“草案”与“征求意见稿”相比，发生了巨大的变化，这充分表明了立法机关对民意的尊重。这些变化具体表现在以下两个方面。

（1）在条文的数量上，“草案”是 35 个条文，相比“征求意见稿”的 41 个条文，总条文数减少了 6 个。其中，除了第五章法律责任 4 个条文和第六章附则 1 个条文数量没变外，其他章的条文都发生了变化。第一章总则，由 6 个条文减少为 5 个条文；第二章家庭暴力的预防，由 6 个条文增

加为 7 个条文；第三章家庭暴力的处置，由原来的 14 个条文减少为 10 个条文；第四章人身安全保护令，由 10 个条文变为 8 个条文。

（2）在条文内容上，就“草案”和“征求意见稿”之间变化的内容来看，一则“草案”的文字表述更加精练，二则“草案”条文之间的逻辑关系更加清晰，三则“草案”的立法本意体现得更加清楚。从内容变化的角度看，有五方面变化。

一是“草案”将家庭暴力定义为“本法所称家庭暴力，是指以殴打、捆绑、残害、强行限制人身自由等方式，对家庭成员实施的侵害行为”，较之“征求意见稿”的“本法所称家庭暴力，是指家庭成员之间实施的身体、精神等方面的侵害”更加具有开放性。把家庭暴力界定为侵害行为，既不再像最高人民法院的司法解释那样特别强调伤害后果，也比“征求意见稿”界定为侵害更明确。这一变化的意义就在于把家庭暴力这种违法行为从“结果犯”变化为“行为犯”，明确了只要以殴打、捆绑、残害、强行限制人身自由等方式实施了侵害家庭成员的行为就构成家庭暴力，而无须有后果的发生。尽管列举的行为方式不够全面，几种行为方式在逻辑关系上也不尽科学，但总体上开放性更强。

二是在总则中增加了家庭和家庭成员的责任，如“草案”第三条第一款规定：“反家庭暴力是全社会和每个家庭的共同责任。”在第三章家庭暴力的处置和第四章人身安全保护令中，都规定了相应家庭成员的具体义务。

三是完善了告诫制度。告诫制度，是公安机关在防治家庭暴力实践中创设的一举多得的干预措施。这一制度源于江苏，后辐射到宁夏、重庆、河北、浙江、江西、黑龙江等省（自治区、直辖市），目前已经成为我国公安机关干预家庭暴力最为有效的手段之一。在我国的反家庭暴力法中设立告诫制度，是公权力干预家庭暴力的具有中国特色的创新性立法实践。“征求意见稿”中第十九条对告诫制度的规定为：“家庭暴力尚未构成违反治安管理行为、犯罪的，公安机关可以书面告诫加害人不得再次实施家庭暴力，并将告诫书抄送受害人住所地或者经常居住地的基层群众性自治组织、妇女联合会。”这其中把告诫制度适用的情形规定为“家庭暴力尚未构成违反治安管理行为、犯罪的”就很不准确，没有构成犯罪的不适用告诫制度。而“草案”对此规定就准确得多，“草案”第十六条和第十七条分别规定：“家庭暴力情节较轻，依法不给予治安管理处罚的，由公安机关对加害人给予批评教育或者出具告诫书。告诫书应当包括加害人的身份信息、家庭暴力的事实陈述、禁止加害人实施家庭暴力等内容。”“公安机关应当将告诫书送交加害人、受害人以及当地城乡基层群众性自治组织。城乡基层群众性自治组织的工作人员或者社区民警应当对收到告诫书的加害人、受害人进行查访，督促加害人不再实施家庭暴力。”

四是改造了“征求意见稿”中的人身安全保护裁定为“草案”中的人身安全保护令，使之由依附于其他诉讼的强制措施①成为一项独立的保护受害人人身安全的法律制度。“草案”第二十三条规定：“当事人因遭受家庭暴力或者面临家庭暴力的现实危险，向人民法院申请人身安全保护令的，人民法院应当受理。当事人因受到强制、威吓等原因无法申请人身安全保护令的，其近亲属可以代为申请。”人身安全保护制度源于国外的民事保护令制度，这一制度既是国外普遍适用的最为有效的反家庭暴力措施，也是我国经过试点证明的切实有效的重要方法。“草案”不仅规定了人身安全保护令制度，而且将其作为独立诉由，这一规定表明人身安全保护令是一项独立的保护受害人人身安全的法律制度，在诉讼中是一个独立的案由。这是一个实质性的进步，对于保护受害人有着十分重要的意义。

五是优化了法律责任的设置，加强了违反本法的法律后果，增强了相关法律制度的权威性。

上述内容就是第一次公开征求意见之后的变化。从法律草案到正式颁布的法律，也发生了很大的变化。在条文的数量上，“草案”是 35 个

① 2014 年《中华人民共和国反家庭暴力法（征求意见稿）》第二十七条：“人民法院审理离婚、赡养、抚养、收养、继承等民事案件过程中，家庭暴力受害人可以向人民法院申请人身安全保护裁定。家庭暴力受害人在提起诉讼前，也可以向人民法院申请人身安全保护裁定。受害人在人民法院作出裁定后 30 日内不依法提起诉讼的，人民法院应当撤销裁定。受害人无法向人民法院申请人身安全保护裁定的，其法定代理人、近亲属可以向人民法院代为申请人身安全保护裁定。”

条文，而正式颁布的法律是38个条文，总条文数增加了3个。而在所有的条文当中，从草案到正式颁布的法律完全没有变化的，只有6个条文。在条文的内容变化上，关于立法目的，正式颁布的法律语言表述更加准确，从直接目的到根本目的的逻辑层次更加清晰；关于家庭暴力的概念界定，正式颁布的法律中家庭暴力侵害的客体指向更加清晰，适用范围也有了大幅度扩充，除了对家庭暴力的行为方式规定更具有开放性外，还增加了家庭成员以外共同生活的人之间实施的暴力也可以参照反家庭暴力法执行；关于反家庭暴力工作应该遵循的原则，正式颁布的法律也比“草案”有了进一步的充实；关于家庭暴力的处置，正式颁布的法律中各种措施更加具体明确，而且增加了很多具有操作性的程序性的规定；关于人身安全保护令，正式颁布的法律中不仅增加了可以申请的法院的范围，而且进一步明确了协助执行的主体；关于法律责任，正式颁布的法律中对被申请人违反人身安全保护令的惩处更加严厉明确，增强了人身安全保护令的权威性。

上述两次公开征求意见所带来的内容前后的变化可谓巨大，这样的变化，反映出立法机关在广泛征求社会意见后，又较为充分地采纳了社会各界提出的建议，是民主立法的重要成果，反映了立法民主的巨大进步。

2．科学立法

从科学立法的角度来看，通过立法的成本效益分析、专项措施的科学论证、广泛的国内外调研、法律内容的专家评估等方面，确保了科学立法。

(1) 立法的成本效益分析

为了科学立法，使立法的效益最大化，全国人大法工委在将反家庭暴力法列入国家立法规划之前，就委托中华女子学院的专家进行了立法成本效益分析。反家庭暴力法的立法成本效益分析为其科学立法奠定了良好基础。立法成本效益分析最早起源于美国。加拿大、韩国、英国、欧盟、经济合作与发展组织（OECD）等国家与国际组织在这方面都有比较严格的规定，并取得了较好效果。我国的立法成本效益分析尚处于起步探索阶段，目前主要集中于地方立法，而且多数进行的是立法后的评估。对于国家层面的立法，在立法立项阶段进行成本效益分析，《反家庭暴力立法成本效益分析》属于首次。《反家庭暴力立法成本效益分析》项目通过对家庭暴力成本的分析，科学地说明家庭暴力问题对社会的影响；通过数据采集、基础信息收集和开展有关调查，采取定量分析和定性分析相结合的方法，对反家庭暴力立法将导致的社会和经济成本及其收益作出较为科学的评估；根据反家庭暴力立法成本效益分析评估的结论，提出是否应当立法以及采取何种方式立法的建议；通过对反家庭暴力立法成本效益分析，注重立法成本的节约和立法效益的取得，提出优化立法方案，更好地利用和合理配置经济和社会资源，增强法律可操作性的建议。

（2）专项措施的科学论证

制度的专家论证为科学立法提供了理论依据。为了保证反家庭暴力法所创设的各项制度的正确性，国务院法制办分别聘请专家对告诫制度、强制报告制度、撤销监护制度、人身安全保护令制度的合宪性、正当性、合理性、可行性进行了论证；项目课题组承担了对告诫制度、强制报告制度两项制度专家论证任务，并提交了论证报告。

（3）广泛的国内外调研

广泛调研，为科学立法奠定了扎实基础。为了提高反家庭暴力法的针对性、有效性，立法机构在全国范围内进行了广泛的、多地区的调研，总结了地方经验，体现了中国特色。

（4）法律内容的专家评估

通过前期的专家评估为科学立法做了把关。2015 年 12 月 8 日，全国人大法工委召开了反家庭暴力法草案通过前评估会，就反家庭暴力法出台时机，草案中主要制度规范的可行性，法律实施的社会效果和可能出现的问题等进行了评估。①

① 全国人大常委会法制工作委员会社会法室：《中华人民共和国反家庭暴力法解读》，北京：中国法制出版社 2016 年版。

（二）我国反家庭暴力法的立法过程充分体现了域外经验与中国模式的相互促进

我国反家庭暴力法的立法过程非常重视对域外防治家庭暴力的经验，特别是立法经验的借鉴。域外反家庭暴力立法所坚持的基本理念和基本做法，为我国反家庭暴力法的制定发挥了重要的作用。这些域外的基本理念和基本做法包括以下几方面内容。

1. 对家庭暴力“零忍耐”

零忍耐运动是针对家庭暴力，特别是针对妇女的家庭暴力而进行的大规模以预防为主的宣传活动。1992 年，英国零忍耐福利基金会与大众媒介一起发起组织了首次零忍耐运动，其口号是：“任何形式的暴力都是犯罪，妇女不应忍受任何暴力，社会不能容忍暴力，男人没有权力施暴，每个人都不应遭受暴力。”零忍耐运动不仅在全英国开展起来，而且影响到英国范围之外，1997 年，欧盟议会作出了《关于开展欧盟范围内对妇女的暴力零忍耐运动的决议》。对家庭暴力“零忍耐”的理念要求我们必须打破长期以来形成的下列误区，即“家庭暴力是个人隐私”“家庭暴力主要发生在农村特别是落后地区和没文化的人身上”“施暴者是因为‘有病’‘失控’才打人”“受害者不愿离开暴力关系，说明一个愿打一个愿挨”“受害者是没用的弱者”“大多数受害者自己也有过错，受暴者咎由自取，不值得同情，可怜之人必有可恨之处”“丈夫打妻子不对，但父母打孩子可以理解”等。

2. 社会性别意识

国外很多学者认为，家庭暴力问题也是性别问题，是性别歧视的极端反映，是权力控制的反映，而且家庭暴力的受害者主要是妇女，因此家庭暴力立法必须有社会性别意识，要求立法者必须审视各种防治家庭暴力措施对不同性别，特别是妇女的积极或消极影响。反家庭暴力立法过程，应当是推进社会性别主流化的过程。

3. 未成年人利益优先

未成年人利益优先是联合国《未成年人权利公约》确立的四项基本原

则之一，四项基本原则即无差别歧视原则、最大利益原则、生存与发展原则、参与原则，这其中最关键、最基础、最重要的就是最大利益原则。

4. 国家责任

经过联合国及其相关机构不断的努力，国家和政府有责任采取一切措施预防和制止家庭暴力的观念逐渐成为国际社会的共识和共同遵守的基本准则。国家责任最核心的是建立政府主导、警察负责、多机构合作的防治机制和充分发挥司法机关的作用。

5. 人权意识

反家庭暴力法是人权保障法，以人为本的人权观念是其不可动摇的基本理念。人权观念要求我们必须在尊重和保障家庭成员合法权益的同时，不断创制新的法律规范，扩充和确认家庭成员应有的权益；要求社会特别是政府和司法机关对家庭暴力采取更为积极的态度。

6. 受害人本位

很多国家制定反家庭暴力法的直接目的就是要充分保障和维护受害人的合法权益，为家庭暴力受害人提供及时有效的救助和保护，而且在处理家庭暴力受害人保护、救助相关事务时，应当尊重受害人的意愿。当各种利益发生冲突时，优先考虑受害人的合法权益。

7. 高度重视多机构合作

面对家庭暴力问题的复杂性、综合性、严重性，以及受害人作为弱者求助时可利用社会资源的局限性和困难性，英国伦敦以哈默史密斯和富尔海姆区为试点，经过长达 4 年的努力，创建了多机构合作、团结一致反对家庭暴力的运作机制，并开始作为对付家庭暴力的最佳途径而被人们接受。

8. 高度重视家庭暴力的早期干预

如在美国的马里兰州实施暴力筛检 3 年，家庭暴力案件下降了 40%，美国国会希望将此项目通过法案推广到全国。再如我国台湾地区使用《台湾亲密关系暴力危险评估表（TIPVDA）》，其目的是“想要了解亲密暴力事件的危险情形，帮助工作者了解被害人的危险处境，加以协助；也可以提醒被害者对于自己的处境提高警觉，避免受到进一步的伤害”。

9. 高度重视民事保护令在反家庭暴力方面的作用

民事保护令是指在家庭暴力案件中，由法院为保护特定人免受家庭暴力而发布的强制性的禁止家庭暴力加害人某些特定行为的命令或判决，因保护令通常由民事法庭法官所核发，故称为民事保护令。民事保护令制度是20世纪末英美法系国家为防止和制裁日益严重的家庭暴力行为而专门设立的一项法律救济制度。民事保护令的内容涉及被害人的人身安全、自由、财产使用、子女监护以及抚养费的给付等多个方面。这一制度的启动，主要是应被害人的申请，在紧急情况下也可由警察或者检察机关启动。目前，民事保护令被公认为反家庭暴力最为有效的司法措施之一，在国外普遍适用。

10. 高度重视临时庇护制度

为受殴打的妇女和未成年人提供住房机会和安全住所，这也是域外很多国家、地区反家庭暴力的措施。如美国要求政府部门解决家庭暴力、约会暴力、性侵犯和跟踪受害人的住房需求，强调合作资助以增加受害人居住的长期稳定性。关于庇护所，一般都设在居民小区中，不挂牌子，这既是安全的需要，也是对受害人、入住者尊重的需要。还有日本，为了防止母亲因为避难离家而和孩子疏远，就在庇护所里专门设置供母子一起生活的场所。

此外，还有高度重视受害人的举证责任、刑事责任减免，对未成年人适用强制报告制度，强制带离、国家监护等。

上述域外的基本理念和基本做法在我国反家庭暴力法的强制报告、紧急庇护、撤销监护人、人身安全保护令等制度中都有借鉴和体现。但是，借鉴不同于照搬，我国反家庭暴力法所确立的各项制度更多是在立法中总结了预防和制止家庭暴力工作的中国经验，构建了防治家庭暴力的中国模式，体现了反家庭暴力立法的中国特色。例如，构建了预防为主、教育和惩罚相结合的预防和制止家庭暴力的治理体系，规定了调解纠纷预防家庭暴力的制度、告诫制度等，这些制度原创于中国，特别是告诫制度，是我国探索公权力干预家庭暴力的立法创新实践，反家庭暴力法因创制这一制度而彰显了中国特色并受到国际社会的高度肯定。

（三）我国反家庭暴力法的立法过程充分体现了国家重视与妇联推动的良性互动

妇联组织在反家庭暴力法的制定过程中发挥了极为重要的推动作用，是妇联组织参与立法、源头维权的典范。在反家庭暴力法出台的过程中，妇联组织在提案倡议、工作先行、深入调研、推动立项、提交草案、高层倡导、重点攻关、凝聚共识等方面做了大量工作，经过上下联动、强力推动、持续努力、久久为功，在推动反家庭暴力法的出台方面作出了历史性的贡献。正是由于全国妇联、各地妇联、各类妇女组织的强力推动和积极争取，使反家庭暴力法更多关注了弱势群体特别是受害妇女的权益，更多体现了社会性别视角，大大提升了反家庭暴力法的立法品质。国家立法机关高度重视妇联组织的意见，不仅委托全国妇联起草反家庭暴力法的建议稿，而且在重要内容的确定、关键环节的参与等方面充分尊重妇联的建议，履行了社会性别主流化的中国承诺。

三、反家庭暴力法出台的重要意义

专门制定反家庭暴力法，通过立法割除家庭暴力这个具有现实危害、成为世界性难题的历史痼疾，不仅展现了我们党和国家高度的历史责任感，而且反映了立法者顺应并引领国际潮流的理念和思想。反家庭暴力法的颁布和实施，适应了国家治理体系和治理能力现代化，特别是社会治理体系和治理能力现代化的法治要求，充分体现了国家尊重和保障人权的宪法精神。反家庭暴力法是一部充满人性光辉和中国特色的良法。

*从法治的视角来看，反家庭暴力法的出台，标志着我国防治家庭暴力法律体系的形成。*反家庭暴力法是一部专门规范反家庭暴力工作的法律，这部法律的出台，标志着我国形成了以宪法为根据，以反家庭暴力法为主体，包括其他相关法律法规在内的防治家庭暴力的法律体系。防治家庭暴力法律体系的形成，创制和完善了我国预防和制止家庭暴力的法律制度，丰富和强化了国家和社会干预家庭暴力的法律措施和手段，适应了现代中

国全面建成小康社会的法治要求，是全面推进依法治国的重要成果，在法治中国建设进程中具有里程碑式的历史意义。

从人权的视角来看，反家庭暴力法是一部基本人权保障法，充分体现了尊重和保障人权的宪法精神。“家庭是促进人权的重要力量。……必须赋权家庭，使家庭能够确保人的安全，满足所有家庭成员的基本需求。家庭的建立和发展均必须建立在性别平等、个人权利不受侵犯、责任、相互尊重、关爱与宽容的基础之上。”反家庭暴力法以其“国家禁止任何形式的家庭暴力”的鲜明态度，宣告了国家对家庭暴力的否定和谴责，明确了家庭暴力不是个人私事，而是社会公害，不是一般的家庭纠纷，而是违法犯罪，是对家庭成员人权的侵犯。这深刻反映了立法者顺应时代潮流、推动社会发展的先进理念，充分体现了国家尊重和保障人权的宪法精神。

从历史的视角来看，反家庭暴力法是一部打破传统禁锢，具有历史性贡献的法律。家庭暴力问题，既是现实问题也是历史问题，通过立法割除这个具有现实危害的历史痼疾，是一个历史性贡献，而制定这部贯穿先进理念的法律则更体现了党和国家创造历史的勇气和智慧。在我国历史上，丈夫打妻子、家长打孩子曾经被视为是理所当然和天经地义的，在封建社会的法律制度中更是将这种家庭暴力合法化，从而形成了相沿难改的传统和习俗。反家庭暴力法以改变和创造历史的态度，打通了公权力干预家庭暴力的渠道，打破了法不入家门的传统禁锢，使家庭不再是法外之地，不再是隔离于社会的孤岛，从这个角度来看，反家庭暴力法是一部打破传统禁锢，推动历史进步的法律，是一部社会文明倡导法。

从文化的视角来看，反家庭暴力法是一部体现先进性别文化的法律，对保护妇女权益、促进男女平等具有重要意义。任何法律都是建立在一定文化基础上的，法律的生命也深藏于文化之中。家庭暴力的核心是权力和控制，它反映出施暴者和受害者之间的权力控制关系。在家庭暴力的受害者中，绝大多数是女性。针对女性的家庭暴力，在本质上就是性别歧视的极端表现形式。从这个意义上讲，反家庭暴力法就是反性别歧视的法，它与先进性别文化之间在目标、核心价值方面是完全一致的。反家庭暴力法对平等、和睦、文明的家庭关系的维护，就是在婚姻家庭领域对先进性别文化内涵和价值的确认和保障，就是在婚姻家庭领域进一步弘扬和发展了先进性别文化。

从国际视角来看，反家庭暴力法顺应并推动了国际社会反家庭暴力的潮流，有助于树立我国良好的国际形象。家庭暴力问题，既是我国存在的问题，也是一个世界性问题。我国通过专门立法解决这个世界性难题，一方面，通过借鉴和学习国外有关反家庭暴力的工作经验和成功立法案例，展现了我国开放、包容、博大的国际视野和胸怀；另一方面，在立法中总结了预防和制止家庭暴力工作的中国经验，构建了防治家庭暴力的中国模式，体现了反家庭暴力立法的中国特色，从而丰富和引领了国际社会反家庭暴力的理念和方法，因而成为一部能够为我国带来重要的国际影响、大幅提升我国国际形象的法律。

从立法过程来看，反家庭暴力法充分体现了民主立法、科学立法的特点，是妇联组织参与立法、源头维权的成功典范。反家庭暴力法的制定过程充分体现了民主立法、科学立法的特点，是立法机关民主立法、科学立法的典范。反家庭暴力法制定过程中，两次公开征求意见，广泛听取群众呼声并最大程度吸纳了各方建议，充分体现了民主立法；从立项的成本效益分析、广泛的国内外调研、专项措施的科学论证、法律内容的专家评估，确保了科学立法。

第三节　我国反家庭暴力法的主要内容

一、我国反家庭暴力法的立法目的

反家庭暴力法第一条明确规定：“为了预防和制止家庭暴力，保护家庭成员的合法权益，维护平等、和睦、文明的家庭关系，促进家庭和谐、社会稳定，制定本法。”这一规定表明，我国反家庭暴力法立法的直接目的就是预防和制止家庭暴力，保护家庭成员的合法权益；根本目的则在于维护平等、和睦、文明的家庭关系，促进家庭和谐、社会稳定。由此可以看出，我国的反家庭暴力法不是离婚法。相反，反家庭暴力法是通过为家庭成员画定行为红线，进而预防和遏制家庭暴力，建设和维护和谐的婚姻家庭，从这个意义上讲，反家庭暴力法是家庭和谐促进法。虽然我国民法典婚姻家庭编规定了实施家庭暴力是法定的准予离婚的事由，在防治家庭暴力的过程中也会有夫妻因家庭暴力导致感情破裂而离婚，但从反家庭暴力法的立法目的来看，防治家庭暴力的目的绝不是为了鼓励离婚，恰恰是为了预防和制止家庭暴力，减少因家庭暴力导致夫妻感情破裂而离婚，是为了促进夫妻和谐、和睦，建设平等、和睦、文明的婚姻关系。反家庭暴力法不是以暴制暴法。制止违法犯罪行为必须以合法的方式和途径，法律保护针对家庭暴力行为的正当防卫、紧急避险以及通过法律途径追究施暴者的法律责任，但坚决反对具有违法或犯罪性质的以暴制暴行为。家庭暴力集中反映了人性的丑恶、邪恶和罪恶，造成了家庭难以弥合的彻心之痛，是社会的重大隐患和祸患，也是对家庭成员人权的严重侵犯和人类文明的极端反动，是一种社会公害。因此，从本质上说，以防治家庭暴力为目的的反家庭暴力法就是家庭保护法、人权保障法、文明倡导法与和谐促进法。

二、我国反家庭暴力法的基本原则

（一）禁止任何形式的家庭暴力的原则

禁止任何形式的家庭暴力，是对家庭暴力“零忍耐”理念的法律表现。在我国，贯彻禁止任何形式的家庭暴力原则，就是把反对和禁止一切形式的家庭暴力作为制定反家庭暴力法的出发点和落脚点，表明国家对家庭暴力的否定和谴责，这有利于全社会正确认识家庭暴力的本质。家庭暴力是一个现实问题，但是它不是现在才有的，而是一个由来已久、相沿成习的历史问题。禁止任何形式的家庭暴力原则的确立，打破了由来已久的纵容家庭暴力不良习俗，起到了巨大的移风易俗的作用，体现了时代的进步。

（二）预防为主，教育、矫治与惩处相结合原则

对婚姻家庭领域的纠纷和冲突，特别是家庭暴力问题的治理，尽管各个国家采取的具体措施不同，但防与治的结合是其不变的主线，既要“治”，更要“防”，而其中预防尤为重要。预防重在防患于未然，并通过事前和事中的积极预防、早期介入，大量减少纠纷、冲突和家庭暴力的发生，有效避免纠纷、冲突的升级。

正确认识预防为主原则在反家庭暴力法中的地位与作用。在反家庭暴力法中，一方面在总则中明确强调“反家庭暴力工作遵循预防为主，教育、矫治与惩处相结合原则”，同时又在第二章专章规定了“家庭暴力的预防”。反家庭暴力法强调预防为主，是由反家庭暴力法的立法目的决定的。因此，在反家庭暴力的过程中，必须坚持“防治结合、重在预防”，必须把预防为主的原则贯穿于反家庭暴力法的始终。

全面构建家庭暴力预防措施体系，切实把预防为主原则落到实处。提到家庭暴力的预防，人们一方面认为非常重要，另一方面又会觉得这是一个比较虚的问题。之所以如此，是因为长期以来我们只有“预防为主”的口号，没有系统、具体的预防措施体系。因此，要把预防为主原则落到实

处，就必须全面构建普遍预防与重点预防相结合、一般预防与特殊预防相结合的预防措施体系。

1. 普遍预防

在普遍预防方面，预防之要，首在治心。思想是行为的先导，良知与善意的唤醒，是预防一切恶行的关键。德国哲学家尼采说过，人是由兽而神的空中索道，如果人失去了良知，失去了向善的方向和努力，就会堕落，就会与禽兽为伍，甚至禽兽不如。很多令人发指的家庭暴力行为就是丧失基本良知和善意的表现。因此，预防家庭暴力这种侵犯人权的恶行，首要的就是唤醒社会成员特别是家庭成员的良知与善意。

同时，预防之基，重在文化，重在弘扬和培育良好的社会文化、家庭文化。中国五千年文明史，形成了倡导家庭和睦、有利于预防家庭暴力的丰富的文化资源，如尊老爱幼、父慈子孝、夫义妻贤、兄友弟恭等，这些优秀的传统文化与现代的人权思想、平等理念、法治精神、包容态度相结合，就可以为预防家庭暴力提供强大的文化支持。

做好家庭暴力的普遍预防，我们既要有先进的思想和文化，也要有具体的行为措施，要把家庭暴力的预防纳入和谐社会、法治社会和家庭建设之中。一是要把家庭暴力的预防纳入和谐社会建设的重要内容。和谐社会的建设对家庭暴力的预防，具有最广泛和最基础的作用。构建和谐社会，需要和谐的婚姻家庭。家庭暴力的存在，不仅导致婚姻家庭的不幸，还极易引发恶性犯罪案件，危及社会的稳定。因此，预防和制止家庭暴力，既是保障家庭弱势群体，也是维护社会稳定和谐。二是要把家庭暴力的预防作为法治社会建设的重要内容。维护平等、和睦、文明的婚姻家庭关系，既是我国民法典婚姻家庭编为21世纪婚姻家庭指明的必由之路，也是每个家庭成员应尽的法律义务。家庭暴力作为违法犯罪行为，必然为法治社会所不容，法治观念的增强是减少和预防家庭暴力最有力的保障。三是要把家庭暴力的预防作为家庭建设发展的重点。习近平总书记强调注重家庭、注重家教、注重家风。我们必须把家庭暴力破坏家庭幸福、家庭暴力是违法犯罪的本质、对家庭暴力应当零容忍的态度这些认识作为家庭建设、家庭教育和家风培育的重中之重，最大程度地减少和预防家庭暴力的发生。

2. 重点预防

在重点预防方面，一是要做好重点人群的一般预防。要建立早期筛查和危险评估机制。基层人民政府和村（居）民委员会通过委托社会组织开展家庭暴力危险评估等方式建立社区早期发现机制，及时发现具有发生家庭暴力高风险的家庭，通过采取必要的措施，降低发生家庭暴力的风险；完善家庭纠纷调处机制，基层司法行政机构、村（居）民委员会的调解组织和当事人所在单位，应当及时调解家庭纠纷，化解矛盾，预防家庭暴力行为的发生。二是要做好重点人群的特殊预防。对家庭暴力的预防，既要防患于未然，又要防止再次发生。做好重点人群的特殊预防，就是要防止家庭暴力的再次发生。在这方面主要通过采取保护性预防措施、制裁性预防措施、矫治性预防措施。所谓保护性预防措施，就是通过对受害人采取有效的保护措施，使施暴者不能再次对受害人施暴，从而预防家庭暴力的再次发生。这方面的措施主要有告诫制度、临时庇护制度、人身安全保护令制等。所谓制裁性预防措施，就是通过追究施暴者的法律责任而使其不敢、不能再次实施家庭暴力，如对施暴者给予行政处罚、刑事处罚等。所谓矫治性预防措施，就是司法机关、有关机构和社区组织应根据需要对家庭暴力加害人依法进行心理矫治、精神治疗、性病治疗、戒瘾治疗或者其他辅导治疗。

（三）政府主导、多机构合作的原则

反家庭暴力需要政府主导是由防治家庭暴力的国家责任决定的。家庭暴力不是个人私事，而是侵犯家庭成员人权的社会公害。保障公民不受家庭暴力的侵害是国家必须承担的责任，妇女权益保障法明确要求“国家采取措施，预防和制止家庭暴力”。反家庭暴力法也明确要求：“县级以上人民政府负责妇女儿童工作的机构，负责组织、协调、指导、督促有关部门做好反家庭暴力工作。县级以上人民政府有关部门、司法机关、人民团体、社会组织、居民委员会、村民委员会、企业事业单位，应当依照本法和有关法律规定，做好反家庭暴力工作。各级人民政府应当对反家庭暴力

工作给予必要的经费保障。”

在我国，反家庭暴力法明确了防治家庭暴力是全社会的共同职责。政府有关部门、司法机关、人民团体、有关社会团体、学校、家庭、城乡基层群众性自治组织、新闻媒体、民间组织等各方面都应该共同参与，各负其责，互相配合，才能做好家庭暴力防治工作。建立政府主导、多机构合作的工作机制是关键。根据反家庭暴力法的规定，政府主导、多机构合作原则的具体内容见下表。

<table>
<tr><th colspan="2">职责</th><th>责任主体</th><th>法律依据</th></tr>
<tr><td colspan="2">共同责任</td><td>国家、社会和每个家庭</td><td>反家庭暴力法
第三条第二款</td></tr>
<tr><td colspan="2">组织、协调、指导、督促</td><td>县级以上人民政府负责妇女儿童工作的机构</td><td>反家庭暴力法
第四条第一款</td></tr>
<tr><td colspan="2">经费保障</td><td>各级人民政府</td><td>反家庭暴力法
第四条第三款</td></tr>
<tr><td colspan="2">接受投诉、反映或者求助；给予帮助、处理</td><td>加害人或者受害人所在单位、居民委员会、村民委员会、妇女联合会等单位</td><td>反家庭暴力法
第十三条第一款</td></tr>
<tr><td colspan="2">接受报案</td><td>公安机关</td><td>反家庭暴力法
第十三条第二款</td></tr>
<tr><td colspan="2">诉讼</td><td>人民法院</td><td>反家庭暴力法
第十三条第二款</td></tr>
<tr><td colspan="2">有权劝阻</td><td>任何单位和公民</td><td>反家庭暴力法
第十三条第三款</td></tr>
<tr><td rowspan="2">报案</td><td>有权</td><td>任何单位和公民</td><td>刑事诉讼法
第八十四条</td></tr>
<tr><td>强制报告</td><td>学校、幼儿园、医疗机构、居民委员会、村民委员会、社会工作服务机构、救助管理机构、福利机构及其工作人员</td><td>反家庭暴力法
第十四条</td></tr>
</table>

续表

职责	责任主体	法律依据
告诫	公安机关	反家庭暴力法 第十六、十七条
制止	公安机关	反家庭暴力法 第十五条第一款
临时庇护	县级或者设区的市级人民政府	反家庭暴力法 第十八条
法律援助	法律援助机构	反家庭暴力法 第十九条第一款
司法救助	人民法院	反家庭暴力法 第十九条第二款
撤销监护	人民法院 （根据被监护人的近亲属、居民委员会、村民委员会、县级人民政府民政部门等有关人员或者单位的申请）	反家庭暴力法 第二十一条
法治教育心理辅导	工会、共产主义青年团、妇女联合会、残疾人联合会、居民委员会、村民委员会等	反家庭暴力法 第二十二条
人身安全保护令	人民法院	反家庭暴力法第四章
追究法律责任	司法机关	反家庭暴力法第五章

（四）优先保护受害人原则

制定反家庭暴力法的直接目的就是要充分保障和维护受害人的合法权益，为家庭暴力受害人提供及时有效的救助和保护，而且在处理家庭暴力受害人保护、救助相关事务时，应当尊重受害人的意愿。当各种利益发生冲突时，优先考虑受害人的合法权益。对此，反家庭暴力法第五条第二款规定："反家庭暴力工作应当尊重受害人真实意愿，保护当事人隐私。"《最

高人民法院 最高人民检察院 公安部 司法部关于依法办理家庭暴力犯罪案件的意见》也明确规定："尊重被害人意愿。办理家庭暴力犯罪案件，既要严格依法进行，也要尊重被害人的意愿。在立案、采取刑事强制措施、提起公诉、判处刑罚、减刑、假释时，应当充分听取被害人意见，在法律规定的范围内做出合情、合理的处理。对法律规定可以调解、和解的案件，应当在当事人双方自愿的基础上进行调解、和解。""尊重被害人的程序选择权。对于被害人有证据证明的轻微家庭暴力犯罪案件，在立案审查时，应当尊重被害人选择公诉或者自诉的权利。被害人要求公安机关处理的，公安机关应当依法立案、侦查。在侦查过程中，被害人不再要求公安机关处理或者要求转为自诉案件的，应当告知被害人向公安机关提交书面申请。经审查确系被害人自愿提出的，公安机关应当依法撤销案件。被害人就这类案件向人民法院提起自诉的，人民法院应当依法受理。""保护被害人安全和隐私。办理家庭暴力犯罪案件，应当首先保护被害人的安全。通过对被害人进行紧急救治、临时安置，以及对施暴人采取刑事强制措施、判处刑罚、宣告禁止令等措施，制止家庭暴力并防止再次发生，消除家庭暴力的现实侵害和潜在危险。对与案件有关的个人隐私，应当保密，但法律有特别规定的除外。"

优先保护受害人就是在受害人遭受家庭暴力、其合法权益遭受侵害时应当获得及时充分的救济。家庭作为人类世界最古老的关系形式，作为社会融合以及行为的首要媒介，一直在不断适应日新月异的社会经济发展和人类的进步。虽然不同的社会、文化、法律和政治制度下存在着不同的家庭形式，但家庭始终是社会的基本单元。家庭及其所有成员均应得到全面的保护和支持。确保家庭及其成员的权利，尤其是女性和儿童在家庭中的权利，促进家庭成员的机会平等，是至关重要的。家庭是促进人权的重要力量，必须赋权家庭，使家庭能够确保人的安全，满足所有家庭成员的基本需求。家庭的建立和发展均须建立在性别平等、个人权利不受侵犯、责任、相互尊重、关爱与宽容的基础之上。因此，对于婚姻家庭成员的合法权益而言，有侵害就应该有救济，而且应该有及时充分的救济，对家庭成员权利侵害的救济是家庭成员幸福和社会和谐的保障，也是维护社会秩序的根本保证。权利是尊重人性的表现，任何侵害不管是否存在损害后果都是对个人尊严和价值的贬损，都必须采取救济手段加以救济，都必须采取零容忍的态度。同时这种救济应当是及时的。

权利救济是矫正正义的体现。正义的一条公理是：正义必须得到实现，而迟来的正义根本就不是正义。正义在救济时间上体现为及时。权利救济的及时性最低度要求是严格遵守时限规定。例如，反家庭暴力法明确规定人民法院受理人身安全保护令申请后，应当在七十二小时内作出人身安全保护令或者驳回申请；情况紧急的，应当在二十四小时内作出。在强调对家庭暴力受害人救济的及时性的同时，还必须关注救济的充分性。如果说及时救济是强调权利救济的时间性要求，那么充分救济是对权利救济的质量上的要求。充分救济的底线应满足对被侵害者损失的补偿或恢复到原状。精神侵害的充分性尽管难以用金钱衡量，但给予适当的金钱补偿可起到抚平受伤心灵的作用。“充分”更多的是一种价值判断，是一种对侵害者应当赔偿的国家判定，代表着一定时期国家对权利侵害救济的基本理念和救济力度，是对权利本身价值的社会判定。

当然，反家庭暴力措施的强制性与尊重受害人意愿之间存在一个平衡问题。由于法律干预是国家司法、行政机关运用国家司法权、行政权实施的，其干预措施以国家强制力为后盾，具有强制性，是各种干预家庭暴力的措施体系中最有效的手段，因此强化对家庭暴力的法律干预具有十分重要的作用。无论是我国还是外国，反家庭暴力过程中经常会遇到的问题就是，家庭暴力发生时，受害者强烈要求制裁施暴者，而一旦公安司法机关介入，施暴者面临惩处时，受害人又会出于各种考虑求情，甚至会站在施暴者一方对抗公安司法机关。西方国家基于对家庭暴力零容忍的基本理念，对家庭暴力采取了一系列的强制措施，如强制起诉、强制报告、强制教育等。这些强制措施一方面对施暴者进行了惩戒，形成震慑，另一方面也因未能顾及受害人的意愿而受到指责。对此，我国的反家庭暴力法全面衡量其中的利弊得失，在保持反家庭暴力措施的严肃性、权威性和有效性的前提下，对受害人的意愿也给予了相应的考虑，明确了反家庭暴力工作应当尊重受害人真实意愿。对于一般性的家庭暴力处理，仍然可以延续告诉才处理的传统做法，但对于受害人是未成年人或者其他限制民事行为能力人、无民事行为能力人的，或者受害人无法告诉的，反家庭暴力法规定了有关责任主体和司法机关应当依法履行职权，依职权主动采取强制报告、提起公诉等措施。

（五）特殊保护的原则

反家庭暴力法特别注意关注和保护弱势群体的权益并采取倾斜立法，对弱势群体给予特殊的保护。反家庭暴力法第五条第三款规定："未成年人、老年人、残疾人、孕期和哺乳期的妇女、重病患者遭受家庭暴力的，应当给予特殊保护。"我国反家庭暴力法对弱势群体的保护除了前述原则性规定外，还规定了强制报告制度等加以保护，明确规定"学校、幼儿园、医疗机构、居民委员会、村民委员会、社会工作服务机构、救助管理机构、福利机构及其工作人员在工作中发现无民事行为能力人、限制民事行为能力人遭受或者疑似遭受家庭暴力的，应当及时向公安机关报案。公安机关应当对报案人的信息予以保密"。同时要求"无民事行为能力人、限制民事行为能力人因家庭暴力身体受到严重伤害、面临人身安全威胁或者处于无人照料等危险状态的，公安机关应当通知并协助民政部门将其安置到临时庇护场所、救助管理机构或者福利机构"。在特殊保护方面，既要保护弱势群体的特殊权益问题，又要对弱势群体的权益给予特殊保护。

三、对家庭暴力的界定

在反家庭暴力立法需要解决的诸多问题中，家庭暴力概念的界定占据着极为重要的地位。家庭暴力是一个含义广泛的概念，不同的文化、制度、个体主观体验下可能会有不完全一致的理解。韩国《惩治家庭暴力专项法案》第二条规定，"(1) 家庭暴力是指发生在家庭成员之间的，造成肉体、精神或财产上的损害的行为。(2) 家庭成员是指任何符合以下规定者：a. 配偶（包括任何法定结婚的人，此后类同）和任何有配偶关系者。b. 任何是或曾是其或其配偶的直系亲属或后代的（包括法定领养、血亲关系，此后类同）。c. 任何与其继父母有或曾有父母子女关系的，是或曾是其父亲法定配偶的私生子的。d. 任何有直系亲属关系并且共同居住的”。[①]我国台湾地区则定义为，“家庭暴力：指家庭成员间实施身体或精神上不法侵害之行为”，而“本法所定家庭成员，包括下列各员及其未成年子女：一、配偶或前配偶。二、现有或曾有同居关系、家长家属或家属间关系者。三、现为或曾为直系血亲或直系姻亲。四、现为或曾为四亲等以内之旁系血亲或旁系姻亲”。[②]

我国反家庭暴力法则将家庭暴力定义为：“本法所称家庭暴力，是指家庭成员之间以殴打、捆绑、残害、限制人身自由以及经常性谩骂、恐吓等方式实施的身体、精神等侵害行为。”“家庭成员以外共同生活的人之间实施的暴力行为，参照本法规定执行。”我国民法典第一千零四十五条第二、三款规定：“配偶、父母、子女、兄弟姐妹、祖父母、外祖父母、孙子女、外孙子女为近亲属。”“配偶、父母、子女和其他共同生活的近亲属为家庭成员。”

根据反家庭暴力法和民法典的规定，可以看出我国对家庭暴力的界定如下表所示。

主体适用范围	家庭成员	配偶、父母、子女
		共同生活的兄弟姐妹、祖父母、外祖父母、孙子女、外孙子女
	家庭成员以外共同生活的人	共同生活的儿媳和公婆、女婿和岳父母
		共同生活的监护人与被监护人
		同居关系
		寄养关系
		其他共同生活者

① 夏吟兰：《家庭暴力防治法制度性建构研究》，北京：中国社会科学出版社 2011 年版，第 49 页。

② 陈明侠等主编：《家庭暴力防治法基础性建构研究》，北京：中国社会科学出版社 2005 年版，第 314 页。

续表

表现形式	身体暴力	是指直接伤害躯体或导致肢体感受到疼痛的损害行为以及非法致受害人残疾、死亡。身体暴力主要有殴打、捆绑、残害、限制人身自由等。最严重的身体暴力是致受害人健康永久性损害、残疾、死亡。身体暴力是最基本、最常见的家庭暴力形态。
	精神暴力	是指实施言语恐吓或以非言语的威胁迫使对方心生恐惧以达到控制受害人目的之行为。它主要包括经常性谩骂、恐吓等方式。
	性暴力	性暴力是指违背受害人性意愿而强迫实施的性行为，侵害了受害人的性自主权。凡强制实施的性行为，诸如强奸、猥亵、未经同意的其他性接触等。 反家庭暴力法未明文列举〝性暴力〞，但并不等于对在现实中发生的基于性的暴力不予制裁。性暴力既是身体暴力又是精神暴力。

我国反家庭暴力法对家庭暴力概念的界定，反映了立法者对家庭暴力本质属性的认识，决定了法律对受害人的保护程度和反家庭暴力法的适用范围，考虑了确定性与包容性、开放性的平衡，符合国际社会的一般要求，体现了立法的先进性与现实性的结合。特别是将家庭暴力定性为侵害行为，没有把伤害后果作为认定家庭暴力的构成要件，伤害后果只是认定家庭暴力严重程度的依据，充分考虑了家庭暴力形式的多样性和特殊性。

四、反家庭暴力法规定的主要措施

（一）预防措施

反家庭暴力法在“家庭暴力的预防”一章中规定了家庭暴力的预防，对预防的主体、预防的内容都有具体要求，从而确保预防为主原则的落地。从预防工作的主体来说，反家庭暴力法明确提到的有国家、工会、共产主义青年团、妇女联合会、残疾人联合会、学校、幼儿园、县级以上人民政府有关部门、司法机关、医疗机构、乡镇人民政府、街道办事处、居民委员会、村民委员会、社会工作服务机构、人民调解组织、用人单位、未成年人的监护人以及广播、电视、报刊、网络等；从预防的内容来看，包括开展家庭美德和反家庭暴力宣传教育，将预防和制止家庭暴力纳入业务培训和统计工作，做好家庭暴力受害人的诊疗记录，开展心理健康咨询、家庭关系指导、家庭暴力预防知识教育等服务，依法调解家庭纠纷，以文明的方式进行家庭教育，依法履行监护和教育职责等。

具体职责	责任主体	法律依据
宣传教育	国家、工会、共产主义青年团、妇女联合会、残疾人联合会、学校、幼儿园；广播、电视、报刊、网络、社会工作服务机构等社会组织	反家庭暴力法第六条、第九条
业务培训和统计	县级以上人民政府有关部门、司法机关、妇女联合会	反家庭暴力法第七条第一款
诊疗记录	医疗机构	反家庭暴力法第七条第二款
组织开展预防	乡镇人民政府、街道办事处（居民委员会、村民委员会、社会工作服务机构协助）	反家庭暴力法第八条
心理健康咨询、家庭关系指导等服务	社会工作服务机构等社会组织（各级政府支持）	反家庭暴力法第九条
调解家庭纠纷	人民调解组织、居民委员会、村民委员会以及用人单位	反家庭暴力法第十条、第十一条
批评教育	用人单位	反家庭暴力法第十一条

续表

具体职责	责任主体	法律依据
文明家教	未成年人监护人	反家庭暴力法第十二条
有权劝阻	任何单位和公民	反家庭暴力法第十三条

（二）强制报告制度

家庭暴力多发生在家庭内部或私密空间，外界不容易看到，受害者往往出于隐私、碍于面子或者害怕带来更坏的处境等原因，不愿曝光或不敢曝光；在受害者是无民事行为能力人或限制民事行为能力人时，也可能因为年龄、残疾、疾病等原因无法曝光，因而具有较强的隐蔽性。这种隐蔽性致使大量家庭暴力事件不能被司法、行政机关及时发现与处理。强制报告制度的设立，强制报告义务人义务的履行，就能够使大量被埋藏在家庭内部的家庭暴力案件浮出水面，使行政机关特别是公安机关、社会救助团体能够及时地介入家庭暴力之中，通过对施暴人采取措施，避免受害人受到再次伤害；并通过及时收集、固定证据（用以证明家庭暴力存在），保障家庭暴力受害人能够得到充分的司法救济。同时，强制报告制度对特定主体防治家庭暴力的义务的明确，有助于充分调动社会力量反家庭暴力的积极性，亦有助于构建一个有效的反家庭暴力制度体系。因此，创设强制报告制度，符合反家庭暴力工作的特点，具有很强的针对性，可以大大提升反家庭暴力法的有效性。2018 年年底，云南省妇联、省教育厅、省公安厅、省民政厅、省卫生健康委员会共同发布了《云南省家庭暴力强制报告制度实施办法》（简称《实施办法》），细化了反家庭暴力法中强制报告制度的内容，并进一步扩大了强制报告的范围和力度。除典型的身体暴力和精神暴力外，该《实施办法》还将性暴力，疏忽或照料不周[①]，遗弃，虐

① 具体包括因忽视基本生活需要，未提供基本生活保障或照顾不当，而严重影响其生存和身心健康的行为。

待，强迫婚嫁，强迫或唆使乞讨，强迫从事危险性特技表演，强迫吸毒、贩毒、偷盗等违法犯罪行为明确纳入家庭暴力强制报告的范围，使公权力得以在更多情形下主动介入针对无民事行为能力人和限制民事行为能力人的家庭暴力，增强对这些特定主体的保护力度。

强制报告的适用

义务主体	学校、幼儿园、医疗机构、居民委员会、村民委员会、社会工作服务机构、救助管理机构、福利机构及其工作人员。
保护对象	无民事行为能力人、限制民事行为能力人。
报告事项	在工作中发现无民事行为能力人、限制民事行为能力人遭受或者疑似遭受家庭暴力的情况。
受理机关	公安机关。
保密要求	公安机关应当对报案人的信息予以保密。
违反后果	由上级主管部门或者本单位对直接负责的主管人员和其他直接责任人员依法给予处分。

（三）告诫制度

反家庭暴力法第十六条、第十七条、第二十条规定：“家庭暴力情节较轻，依法不给予治安管理处罚的，由公安机关对加害人给予批评教育或者出具告诫书。告诫书应当包括加害人的身份信息、家庭暴力的事实陈述、禁止加害人实施家庭暴力等内容。”“公安机关应当将告诫书送交加害人、受害人，并通知居民委员会、村民委员会。居民委员会、村民委员会、公安派出所应当对收到告诫书的加害人、受害人进行查访，监督加害人不再实施家庭暴力。”“人民法院审理涉及家庭暴力的案件，可以根据公安机关出警记录、告诫书、伤情鉴定意见等证据，认定家庭暴力事实。”

从告诫的法律属性来看，公安机关针对施暴者进行告诫，是不具有法律约束力的行政指导行为，是非处罚行为、非强制行为，却有指导意义，有证明效果和震慑效果。告诫制度符合公权力干预家庭暴力的适度性要求，能较好地实现公权力干预家庭暴力的目的。一方面，它以书面形式对施暴者进行震慑、警示和教育，克服了以往口头警告约束力不强、效果不明显的问题，能够有效预防家庭暴力的再次发生和恶化升级，切实保障受害人的合法权益。另一方面，告诫制度强调公安机关、基层群众性自治组织和妇联协力对家庭暴力进行事前预防，干预时间点较为靠前，有利于及时消除家庭暴力产生的潜在因素；同时告诫制度是一种相对温和的干预措施，只是警示施暴者不得再次实施家庭暴力行为，而不对其权利义务产生实质性影响，有利于维系婚姻家庭关系，促进社会和谐。告诫制度较好地处理了家庭暴力干预措施有效性与维护婚姻家庭关系之间的关系，具有充分的正当性和科学性。设立告诫制度，由公安机关按照规范程序进行调查取证，并对施暴者发出书面形式的告诫书，有利于及时固定家庭暴力的证据，为受害人将来可能面临的民事诉讼提供证据支持。而且公安机关出具的告诫书因其取得程序的合法性、公文书证的可靠性和相关证据的关联性等特征，往往具有更强的证明力，更易于为人民法院认定为实施家庭暴力的证据。

（四）临时庇护制度

临时庇护是指为遭受家暴威胁的受害者提供的临时躲避场所的救助措施。这一救助措施的最大功能在于让遭受家庭暴力的受害者有一个临时栖身之地，同时可为冲突双方提供缓冲，避免更大的伤害发生。我国反家庭暴力法第十八条规定："县级或者设区的市级人民政府可以单独或者依托救助管理机构设立临时庇护场所，为家庭暴力受害人提供临时生活帮助。"第十五条规定："公安机关接到家庭暴力报案后应当及时出警，制止家庭暴力，按照有关规定调查取证，协助受害人就医、鉴定伤情。无民事行为能力人、限制民事行为能力人因家庭暴力身体受到严重伤害、面临人身安全威胁或者处于无人照料等危险状态的，公安机关应当通知并协助民政部门将其安置到临时庇护场所、救助管理机构或者福利机构。"《民政部、全国妇联关于做好家庭暴力受害人庇护救助工作的指导意见》则进一步明确了未成年人特殊优先保护、依法庇护、专业帮扶、社会共同参与等工作原则；界定了工作对象为“常住人口及流动人口中，因遭受家庭暴力导致人身安全受到威胁，处于无处居住等暂时生活困境，需要进行庇护救助的未成年人和寻求庇护救助的成年受害人”，并明确“寻求庇护救助的妇女可携带需要其照料的未成年子女同时申请庇护”，将常住人口及流动人口中的家庭暴力受害人均纳入了庇护救助范围。

庇护救助工作的主要内容包括以下四方面。

1. 及时受理求助

妇联组织要及时接待受害人求助请求或相关人员的举报投诉，根据调查了解的情况向公安机关报告，请公安机关对家庭暴力行为进行调查处置。妇联组织、民政部门发现未成年人遭受虐待、暴力伤害等家庭暴力情形的，应当及时报请公安机关进行调查处置和干预保护。民政部门及救助管理机构应当及时接收公安机关、妇联等有关部门护送或主动寻求庇护救助的受害人，办理入站登记手续，根据性别、年龄实行分类分区救助，妥善安排食宿等临时救助服务并做好隐私保护工作。救助管理机构庇护救助成年受害人期限一般不超过10天，因特殊情况需要延长的，报主管民政部门备案。城乡社区服务机构可以为社区内遭受家庭暴力的居民提供应急庇护救助服务。

2. 按需提供转介服务

民政部门及救助管理机构和妇联组织可以通过与社会工作服务机构、心理咨询机构等专业力量合作方式对受害人进行安全评估和需求评估，根据受害人的身心状况和客观需求制定个案服务方案。要积极协调人民法院、司法行政、人力资源社会保障、卫生等部门，社会救助经办机构，医院和社会组织，为符合条件的受害人提供司法救助、法律援助、婚姻家庭纠纷调解、就业援助、医疗救助、心理康复等转介服务。对于实施家庭暴力的未成年人监护人，应通过家庭教育指导、监护监督等多种方式，督促监护人改善监护方式，提升监护能力；对于目睹家庭暴力的未成年人，要提供心理辅导和关爱服务。

3. 加强受害人人身安全保护

民政部门及救助管理机构或妇联组织可以根据需要协助受害人或代表未成年受害人向人民法院申请人身安全保护裁定，依法保护受害人的人身安全，避免其再次受到家庭暴力的侵害。成年受害人在庇护期间自愿离开救助管理机构的，应提出书面申请，说明离开原因，可自行离开、由受害人亲友接回或由当地村（居）民委员会、基层妇联组织护送回家。其他监护人、近亲属前来接领未成年受害人的，经公安机关或村（居）民委员会确认其身份后，救助管理机构可以将未成年受害人交由其照料，并与其办理书面交接手续。

4. 强化未成年受害人救助保护

民政部门和救助管理机构要按照《最高人民法院　最高人民检察院　公安部　民政部关于依法处理监护人侵害未成年人权益行为若干问题的意见》（法发〔2014〕24号）要求，做好未成年受害人临时监护、调查评估、多方会商等工作。救助管理机构要将遭受家庭暴力侵害的未成年受害人安排在专门区域进行救助保护。对于年幼的未成年受害人，要安排专业社会工作者或专人予以陪护和精心照料，待其情绪稳定后可根据需要安排到爱心家庭寄养。未成年受害人接受司法机关调查时，民政部门或救助管理机构要安排专职社会工作者或专人予以陪伴，必要时请妇联组织派员参加，避免其受到“二次伤害”。对于遭受严重家庭暴力侵害的未成年人，民政部门或救助管理机构、妇联组织可以向人民法院提出申请，要求撤销施暴人监护资格，依法另行指定监护人。

（五）撤销监护人资格

为了解决监护侵害难题，我国反家庭暴力法第二十一条规定了撤销监护制度，即“监护人实施家庭暴力严重侵害被监护人合法权益的，人民法院可以根据被监护人的近亲属、居民委员会、村民委员会、县级人民政府民政部门等有关人员或者单位的申请，依法撤销其监护人资格，另行指定监护人。被撤销监护人资格的加害人，应当继续负担相应的赡养、扶养、抚养费用”。之后，民法典第三十六条作了进一步的规定，“监护人有下列情形之一的，人民法院根据有关个人或者组织的申请，撤销其监护人资格，安排必要的临时监护措施，并按照最有利于被监护人的原则依法指定监护人：(一）实施严重损害被监护人身心健康的行为；(二）怠于履行监护职责，或者无法履行监护职责且拒绝将监护职责部分或者全部委托给他人，导致被监护人处于危困状态；(三）实施严重侵害被监护人合法权益的其他行为。本条规定的有关个人、组织包括：其他依法具有监护资格的人，居民委员会、村民委员会、学校、医疗机构、妇女联合会、残疾人联合会、未成年人保护组织、依法设立的老年人组织、民政部门等。前款规定的个人和民政部门以外的组织未及时向人民法院申请撤销监护人资格的，民政部门应当向人民法院申请”。民法典第三十七条、第三十八条规定：“依法负担被监护人抚养费、赡养费、扶养费的父母、子女、配偶等，被人民法院撤销监护人资格后，应当继续履行负担的义务。”“被监护人的父母或者子女被人民法院撤销监护人资格后，除对被监护人实施故意犯罪的外，确有悔改表现的，经其申请，人民法院可以在尊重被监护人真实意愿的前提下，视情况恢复其监护人资格，人民法院指定的监护人与被监护人的监护关系同时终止。”

（六）人身安全保护令

人身安全保护令是指为防止家庭暴力，保护家庭暴力受害人及其他家庭成员的人身和财产安全，法院根据申请人的申请或者依职权依法签发的要求家庭暴力加害人完成一定行为或者禁止其实施一定行为的命令。家庭暴力人身安全保护令制度首创于英美法系国家，因其在防范家庭暴力方面具有的积极作用和效果，该制度被很多国家和地区借鉴并写进自己国家的法律。目前，在制定了应对家庭暴力相关法律的 120 多个国家和地区中，大都在立法中确立了人身安全保护令制度。我国反家庭暴力法专章规定了人身安全保护令制度，系统规定了人身安全保护令的申请与受理、种类，适用的条件，具体保护措施以及执行。这一制度的规定为受害人的人身安全提供了可靠的保障。我国反家庭暴力法规定的人身安全保护令具有以下特点。

案由独立	人身安全保护令不依附于其他诉讼，可以独立申请	
申请主体	当事人申请	
	代为申请：当事人是无民事行为能力人、限制民事行为能力人，或者因受到强制、威吓等原因无法申请人身安全保护令的，其近亲属、公安机关、妇女联合会、居民委员会、村民委员会、救助管理机构可以代为申请	
管辖法院	申请人居住地的基层人民法院	
	被申请人居住地的基层人民法院	
	家庭暴力发生地的基层人民法院	
申请方式	书面申请	
	口头申请	
适用条件	有明确的被申请人	
	有具体的请求	
	有遭受家庭暴力或者面临家庭暴力现实危险的情形	
裁定期限	一般的七十二小时内作出	
	紧急的二十四小时内作出	
保护措施	禁止被申请人实施家庭暴力	公安机关负责执行
	禁止被申请人骚扰、跟踪、接触申请人及其相关近亲属	
	责令被申请人迁出申请人住所	法院负责执行
	保护申请人人身安全的其他措施	

人身安全保护令与家庭暴力告诫书之间的关系见下表。

	人身安全保护令	家庭暴力告诫书
作出主体	人民法院	公安机关
性质	民事强制措施	行政指导
适用条件	有遭受家庭暴力或者面临家庭暴力现实危险的	家庭暴力情节较轻，依法不给予治安管理处罚的
证明标准	法官自由裁量	调查取证

续表

作出时限	一般的七十二小时内作出，紧急的二十四小时内作出	报警后三日内
生效时间	作出即生效	作出即生效
复议与诉讼	自裁定生效之日起五日内向作出裁定的人民法院申请复议一次	不可复议、不可起诉
执行	人民法院，公安机关以及居民委员会、村民委员会等协助	公安机关
作用	预防家暴发生或再发生	制止和预防家暴再次发生、固定证据、人身伤害刑事案件的酌定情节
交互关系	发出人身安全保护令后不再也无须发告诫书	发告诫书后不影响申请人身安全保护令
违反后果	构成犯罪的，依法追究刑事责任；尚不构成犯罪的，人民法院应当给予训诫，可以根据情节轻重处以一千元以下罚款、十五日以下拘留	治安处罚

（七）法律责任

法律责任有广义和狭义之分。广义的法律责任是指社会主体对法律的遵守以及主体在违反义务时所承担的法律上的不利后果；狭义上的法律责任是指行为人对自己所实施的侵害家庭成员合法权益的违法行为所承担的不利后果。主体违法行为的实施是其承担法律责任的前提和根据，法律责任是违法行为所导致的必然后果，意味着国家机关代表国家对违法行为予以查处和追究。

反家庭暴力法规定施暴者的法律责任为：加害人实施家庭暴力，构成违反治安管理行为的，依法给予治安管理处罚；构成犯罪的，依法追究刑事责任；被申请人违反人身安全保护令，构成犯罪的，依法追究刑事责任；尚不构成犯罪的，人民法院应当给予训诫，可以根据情节轻重处以一千元以下罚款、十五日以下拘留。学校、幼儿园、医疗机构、居民委员会、村民委员会、社会工作服务机构、救助管理机构、福利机构及其工作人员的法律责任为：未依照本法第十四条规定向公安机关报案，造成严重后果的，由上级主管部门或者本单位对直接负责的主管人员和其他直接责任人员依法给予处分。负有反家庭暴力职责的国家工作人员的法律责任为：负有反家庭暴力职责的国家工作人员玩忽职守、滥用职权、徇私舞弊的，依法给予处分；构成犯罪的，依法追究刑事责任。

第四节　反家庭暴力法的实施

一、反家庭暴力法的实施效果

反家庭暴力法实施几年来，在预防和制止家庭暴力，保护家庭成员的合法权益，维护平等、和睦、文明的家庭关系，促进家庭和谐和社会稳定方面发挥了重要而积极的作用。

在认识方面，反家庭暴力法对家庭暴力的清晰界定和对家庭暴力零容忍的鲜明态度，使社会公众不再单纯地把家庭暴力视为不可言说的家庭丑事和家庭私事，打人犯法，也就是家庭暴力的违法性已经为公众所认识、所认同。

在执法方面，公安机关始终站在执行反家庭暴力的第一线，积极履行反家庭暴力法赋予公安机关的职责。在接受报警后，不仅能够及时出警，制止家庭暴力，按照有关规定调查取证，协助受害人就医、鉴定伤情，而且能够通知并协助民政部门将需要安置的人员安置到临时庇护场所、救助管理机构或者福利机构，一些地方的公安机关还切实将预防和制止家庭暴力纳入业务培训工作，增强警察处理家庭暴力案件的能力。

在司法方面，人民法院不仅将申请人身安全保护令确立为独立的案由，而且发布了具有指导作用的实施反家庭暴力法十大典型案例，同时在推进家事改革方面积极探索有效预防和妥善处理包括家庭暴力案件在内的家事案件。查阅中国裁判文书网可知，我国 31 个省级行政区域都有涉及人身安全保护令裁定书的案件，可见我国各个地区的家庭暴力受害者都开始利用人身安全保护令来保护自己的人身安全。

在制度建设方面，2018 年 11 月 30 日，山东省十三届人大常委会第七次会议审议通过了《山东省反家庭暴力条例》；2019 年 3 月 29 日，湖北省第十三届人民代表大会常务委员会第八次会议通过了《湖北省反家庭暴力条例》；2019 年 5 月 30 日，湖南省第十三届人民代表大会常务委员会第十一次会议通过了《湖南省实施〈中华人民共和国反家庭暴力法〉办法》；2019 年 12 月 1 日，贵州省第十三届人民代表大会常务委员会第十三次会议通过了《贵州省反家庭暴力条例》；2020 年 7 月 30 日，陕西省第十三届人民代表大会常务委员会第十九次会议通过了《陕西省实施〈中华人民共和国反家庭暴力法〉办法》；2020 年 7 月 29 日，广东省十三届人民代表大会常委会第二十二次会议通过了《广东省实施〈中华人民共和国反家庭暴力法〉办法》。再如，《宁夏回族自治区家庭暴力告诫制度实施办法（试行）》(2013 年)、《关于在全区救助管理站设立家庭暴力庇护中心（站）的通知》(2013 年)、《关于印发〈乡（镇、街道）综治工作中心建立妇女儿童维权工作站的工作意见〉的通知》(2014 年)、《关于依托社会司法鉴定机构建立家庭暴力损伤鉴定中心的通知》(2016 年)、《关于进一步加强我区婚姻家庭矛盾纠纷预防化解工作的意见》(2017 年）等都对预防和制止家庭暴力提供了保障。① 还有一些地方如湖南公安机关出台了《湖南省家庭暴力告诫制度实施办法》，对告诫制度的具体实施提供了更为具体的依据；全国妇联权益部下发了《妇联组织受理家庭暴力投诉工作规程（试行）》。

在工作机制方面，有关部门和单位积极探索建立网格化多元调解和反家庭暴力联动机制。例如，广西壮族自治区党委、政法委高度重视反家庭暴力工作，成立反家庭暴力试点工作领导小组及办公室，负责全区反家庭暴力试点工作的综合协调、研究指导和推动实施，并且定期召开反家庭暴力联席会议。

① 王玉琴：《〈反家庭暴力法〉实施背景下对妇女维权意识的思考——以宁夏为例》，载《法制与社会》2019 年第 14 期。

二、反家庭暴力法实施中的典型案例

在反家庭暴力法实施过程中，也出现了一些具有典型示范意义的案例。例如，2019 年 11 月 29 日，全国妇联发布依法维护妇女儿童权益十大案例，其中包括田某母子三人人身安全保护令和强制报告案、检察机关依职权支持民政局申请撤销刘某监护人资格案。

（一）田某母子三人人身安全保护令和强制报告案

本案是 2017 年 11 月 1—7 日由河北省妇女儿童法律援助中心张魁明和王素满经办的案件。

1. 案例基本情况

田某，女，31 岁，石家庄市赵县人，自 2003 年开始与郝某同居，生育一儿一女，女儿在某寄宿初中读书，儿子在某寄宿小学读书。2017 年，两人补办了结婚证。男方经常殴打田某，甚至多次严重殴打致使田某住院治疗。为了孩子们能有一个完整的家，田某一直默默忍受。2017 年 10 月某日，田某外出打工，郝某在家殴打两个孩子，并拿菜刀、农药威胁要砍死、毒死孩子。两个孩子打电话向母亲求救。田某不敢回家，又担心孩子们的安全，打电话让邻居去家中劝解，邻居劝解时也被郝某殴打。田某随后报警。10 天后，郝某酒后到女儿学校要强行接走女儿，女儿害怕不敢回去，向班主任求助，班主任将她保护起来并报警。之后，田某带两个孩子逃出来，并向河北省妇联求助离婚。

2. 办案过程及结果

省妇联高度重视，指派省妇女儿童法律援助中心专职律师为田某提供法律援助，指导基层妇联及时与当地公安、法院、综治部门沟通，详细了解情况并对郝某进行稳控，同时对两个儿童进行心理疏导。援助律师分析案情后认为，此案当务之急是保障受害人及其子女的人身安全，应依据反家庭暴力法向属地法院申请人身安全保护令。律师将解决方案与田某沟通后，立即起草人身安全保护令申请和调查取证申请书，调取报警记录、郝某及孩子的身份信息。

赵县法院对此案高度重视，当即予以立案，并由家事法庭负责审理。主办法官具有强烈的维权责任和性别意识，在详细了解案情后认为，确有必要在 72 小时内作出人身安全保护令裁定，时间紧，任务重，需马上到两个派出所调取报警、出警记录以及到学校、村委会走访，主办法官立即向院领导请示，获批后亲自到派出所、学校调查取证，并结合田某提交的微信记录及受伤照片，认定田某的人身安全保护令申请符合法律条件，于是立即发出了人身安全保护裁定：禁止郝某对田某母子三人实施家庭暴力，禁止郝某跟踪、骚扰田某母子三人，并远离田某的住所和孩子的学校。作出裁定后，法院立即将协助执行通知书和人身安全保护令裁定一起送达两个派出所、郝某所在的村委会；在律师的建议下，法院也将协助执行通知书和人身安全保护令裁定送达两个孩子所在的学校，要求派出所、村委会、学校一同监督郝某遵守执行人身安全保护令，一旦发现郝某有违反裁定的行为要立即报告。法院和派出所、村委会共同将人身安全保护裁定书当面送达郝某，并向其讲解反家庭暴力法的相关规定。郝某认识到自己的家庭暴力行为是违法行为，是法律禁止的行为后表态：以后不会再殴打、恐吓妻子和孩子，一定改正。两个孩子经过心理疏导后，目前已经返回学校正常地学习、生活。

3. 办案思路及策略

（1）学校作为反家庭暴力法规定的强制报告主体，依法履行强制报告法定义务。本案中田某女儿所在学校发现其面临家庭暴力危险时，及时履行强制报告义务，及时向当地公安机关报警，有力地保护了田某女儿的安全。

（2）赵县法院正确把握家事审判的特点，积极依职权调查取证、走访；准确把握人身安全保护令的审查标准，充分认识到家庭暴力危害性及其特点，依法迅速作出裁定，保护了家庭暴力受害人及其子女的人身安全。

（3）为了保障人身安全保护令的有效执行，法院考虑本案中两个申请人系寄宿制学校的学生，将人身安全保护令协助执行主体扩大到学校，充分保护了儿童的人身安全，实现了儿童利益最大化原则，贯彻了反家庭暴力法儿童特殊保护原则。

(4) 妇联认真贯彻“服务谁”的原则，法律化维权和社会化维权并举。一方面积极通过法律手段保障田某及其两个子女不遭受家庭暴力，另一方面心理疏导及时跟进，保障两个儿童顺利回归学校学习和生活。

4. 案件办理的启示

反对家庭暴力是国家、社会、每个家庭的共同责任。在本案中，田某的女儿所在学校发现未成年人面临家庭暴力现实危险时，及时履行强制报告义务，向当地公安机关报警，公安机关及时出警制止家庭暴力，有力保护了田某女儿的人身安全；妇联为她们伸出援助之手，为田某母子三人提供法律援助，及时为她们申请人身安全保护令；法院积极履职，准确把握人身安全保护令的审查标准，依法迅速作出裁定，并将未成年人的人身安全保护令的协助执行主体扩大到学校，切实体现了反家庭暴力法对儿童特殊保护的原则。[①]

（二）检察机关依职权支持民政局申请撤销刘某监护人资格案

本案是由北京市丰台区人民检察院金朝、余丽在2017年7月24日—10月19日办理的案件。

1. 案例基本情况

本案是一起发生在家庭成员间的性侵案件引出监护人失职失责线索，检察机关进而收集证据，在符合撤销监护人法定事由时向民政部门发出检察建议，督促支持民政部门向法院提起撤销监护人诉讼。2016年，小芳（女，2002年出生）去公安机关报案称受到家庭成员于某性侵犯，检察机关开展引导侦查，在核实刑事犯罪证据同时，发现养母刘某打骂、虐待小芳相关证据。出于小芳身心健康考虑，经多部门沟通协调，由民政部门为小芳提供临时安置。案件事实核查清楚后，北京市丰台区人民检察院一方面就于某涉嫌犯罪提起公诉，另一方面依法向北京市西城区民政局发出检

① 《全国妇联表彰维护妇女儿童权益先进集体和个人 发布“依法维护妇女儿童权益十大案例”》，载人民网，http://cpc.people.com.cn/n1/2019/1128/c64094—31480185.html.，2021年3月20日最后访问。

察建议书，建议民政局向法院提起申请撤销刘某监护人资格的诉讼，并依据民事诉讼法第十五条规定，支持起诉西城区民政局申请撤销刘某监护人资格的诉讼。法院最终依法判决撤销刘某作为小芳监护人的资格，并指定西城区民政局为小芳的监护人。目前小芳已经在救助站居住两年多时间，生活上由阿姨照顾她，社工还会带她外出参加各种活动。小芳在慢慢转变，逐渐从心理阴影中走出来，开始全新的生活。

2. 办案过程及结果

北京市丰台区人民检察院在办理被告人于某犯强奸罪一案中了解到，2002 年被申请人刘玉香捡拾孤儿小芳（女，2002 年 8 月 18 日出生，系于某强奸案被害人）并对其进行抚养，2011 年 3 月 30 日办理收养登记手续。在收养小芳期间，被申请人刘某与其同居男友张某、小芳在海淀区某保安宿舍同一居室内共同居住生活。被申请人刘某与张某从小芳幼年开始对其实施殴打、辱骂、逼迫其夜里捡拾垃圾等虐待行为。同时，由于刘某未对小芳履行监护职责，导致小芳连续多年遭受刘某之子于某性侵害，给小芳的身心造成严重伤害。丰台区检察院就于某涉嫌犯罪提起公诉，予以从严惩处，于某依法被法院判处有期徒刑十年。与此同时，丰台区检察院依法向北京市西城区民政局发出检察建议书，建议民政局向法院提起申请撤销刘某监护人资格的诉讼。北京市西城区民政局在北京市海淀区人民法院立案后，为进一步切实保护小芳的合法权益，丰台区检察院依据民事诉讼法第十五条规定，支持起诉西城区民政局申请撤销刘某监护人资格的诉讼。丰台区检察院检察官以“支持起诉人”的身份出庭，在庭审中宣读支持起诉书并发表支持意见，全程参与庭审。海淀区人民法院最终依法判决撤销刘某作为小芳监护人的资格，并指定西城区民政局为小芳的监护人。本案也是北京市检察机关办理的首例涉未支持起诉案件，并入选最高检发布的“2017 年检察机关未成年人全面综合司法保护典型十大案（事）例”。

3. 办案思路及策略

（1）积极引导侦查，全面取证。搜集于某强奸案证据同时，引导公安机关在第一时间调取留存监护人刘某实施打骂、辱骂、逼迫小芳夜里捡拾垃圾等虐待行为的相关证据，为后续民事诉讼奠定基础。

（2）通过检察建议督促立案。对在办理刑事案件过程中发现、查实监护人严重侵害未成年人合法权益的事实，应以检察建议的形式建议、督促民政等有关部门向法院立案申请撤销监护人资格。

（3）履行支持起诉职责。民政部门提出的申请撤销监护人资格诉讼，检察机关应派员出庭支持起诉，发表支持起诉意见，履行支持起诉人职责，在法律适用和证据提供等方面为起诉人提供支持，促进法律的统一正确实施。

（4）沟通协调、形成联动。检察机关履行法律监督职能，积极联系相关部门，主动参与、积极协调、合力协作，关注涉案未成年人的生活、学习、心理健康状况，切实保护未成年人合法权益。

4. 案件办理的启示

监督权是宪法赋予检察机关的一项重要权能，检察机关可以通过检察建议、督促起诉或者支持起诉等制度完善检察监督权，完善未成年人权益检察保护。近年来，监护人严重侵害被监护人权益事件频发，社会影响恶劣，不过，监护侵害往往具有持续性、隐蔽性等特点，为多方面、多渠道维护未成年人合法权益，除检察建议、督促起诉、支持起诉监督措施外，检察机关还可以积极探索未成年人公益诉讼制度，尤其是当未成年人处于监护不能或监护不力时，检察机关应积极主动提起公益诉讼。①

2020年11月25日下午，最高人民法院与全国妇联、中国女法官协会联合发布人身安全保护令十大典型案例。“此次在‘国际反家庭暴力日’由三个部门联合发布人身安全保护令十大案例，既是反家暴综合治理的阶段性成果，也是各部门进一步延伸工作内容，对家庭暴力实施组合拳打击的宣言。这次发布的十个案例包括行政处罚与人身安全保护令同时适用、依法惩罚违反人身安全保护令行为、妇联组织或村委会代限制民事行为能力人或行动不便当事人申请、破除对未成年人进行打骂教育的陋习、探索学校对发现家庭暴力的作用、同居关系及离婚后的暴力防治、放宽申请人

① 《全国妇联表彰维护妇女儿童权益先进集体和个人 发布“依法维护妇女儿童权益十大案例”》，载人民网：http://cpc.people.com.cn/n1/2019/1128/c64094—31480185.html.，2021年3月20日最后访问。

举证标准、精神暴力适用情形、面临家庭暴力现实危险、基于家庭暴力而变更直接抚养关系等多个方面。每一个案例在反家庭暴力防控方面都具有非常重要的参考作用和警示意义，是人民法院、公安机关、妇联组织、村委会等各方面力量综合治理家庭暴力的集中反映，体现了依法保障家庭暴力受害者合法权益，保障未成年人健康成长、实现老年人老有所养的重要价值理念，彰显了法治的应有之义。”[①]

三、反家庭暴力法实施中存在的问题

反家庭暴力法的实施，结束了以往行政以及司法部门难以插手家庭暴力的局面，使反家庭暴力工作真正拥有了切实可行的法律依据。同时我们也注意到，由于反家庭暴力法的实施工作在我国发展较为缓慢，从法律颁布到具体落实，其中仍存在着诸多理论与现实脱节的问题亟待解决；加之，一些民众仍受传统思想文化影响较深，使反家庭暴力工作又遇到了一些新的困境。

反家庭暴力法实施过程中仍然存在一定的问题。

1. 关于人身安全保护令的实施，存在着“地域分布呈现严重不均衡状态”。不同地区审理的人身安全保护令的案件数量差异特别大，数量最多的江苏省三年审理了296件，而数量最少的黑龙江只有1件。案件数量较少的主要是黑龙江、西藏、新疆、海南等偏远地区。申请后被驳回率较高，这从侧面反映了在家庭暴力案件中还有相当一部分受害者无法利用司法手段来保护自己的权益。人身安全保护令的实施存在着人身安全保护令举证难、人身安全保护令实际执行难、违反人身安全保护令追责难。[②]

---

① 《最高法、妇联、女法官协会联合发布人身安全保护令十大典型案例》（附全文），载中国法院网：https://www.chinacourt.org/article/detail/2020/11/id/5624494.shtml.，2020年11月25日最后访问。

② 慎先进、王海琴、陈月：《我国〈反家庭暴力法〉中人身安全保护令制度的困境与出路研究》，载《三峡大学学报（人文社会科学版）》2019年第41期。

2. 关于告诫制度的实施，在实践中，公安机关对于“告诫书”的使用较为慎重。有些公安机关至今未开具过告诫书。其主要原因集中在两个方面：一是有民警认为告诫书的法律性质较为模糊，有时受害人出于对告诫书法律后果的担忧，不愿意开具告诫书；二是有民警认为反家庭暴力法对告诫书的规定较为笼统，同样是“情节较轻”的情况，“口头教育”和“书面告诫”如何选择并没有具体说明，也没有统一、规范的处置流程可以参照。[①]

3. 关于强制报告制度的实施，文化层面的困境在于传统文化对暴力教养的认可和儿童权利本位观的弱势，以及多元文化对儿童虐待看法的不同；制度层面的困境在于虽然反家庭暴力法确立了防治家庭暴力的强制报告机制，但该法对于举报人的规定过于模糊，举报事由的界定不清晰，没有规定举报的时限，未举报的处罚可操作性欠佳，也无具体的调查和处理措施；同时还有程序指引不够完善、缺乏配套设施、缺乏主责工作人员以及强制报告制度研究的缺乏等。[②]强制报告制度在司法介入上的困境主要表现为，司法机关介入不及时，家庭暴力虐待儿童的案件在取证、起诉上较为困难，我国儿童强制报告制度在社会救助上的缺失，缺乏专项经费保证对儿童家庭暴力预防及救助的宣传，社会媒体对儿童隐私权的保护不完善，社会救助机构的职能有限。[③]

4. 关于临时庇护制度的实施，虽然反家庭暴力法规定临时庇护场所的主体是县级或者设区的市级人民政府单独或者依托救助管理机构设立，而目前的家庭暴力庇护所基本上是设置在民政部门管理的救助站，庇护所地址当然无保密性，而且我国妇女庇护所的联系方式不容易找到。在救助站里的庇护所，安保性能配套设施与救助渠道很难让受暴者在心理上接受入

① 许莹星、李军、王菊芬：《公安机关处置家庭暴力案件的实证研究》，载《上海公安高等专科学校学报》2018 年第 28 期。

② 林典：《我国推行儿童虐待强制责任报告制度的困境分析》，载《社会工作与管理》2019 年第 19 期。

③ 支荫：《我国儿童遭受家暴的强制报告制度之反思》，载《法制与经济》2019 年第 6 期。

住。此外，申请入住庇护所的条件比较严格，庇护期间也比较短。[①] 在证据制度方面，涉及家庭暴力案件的举证情况中，当事人举证能力弱、证据证明能力不足、证明标准尚不够明晰等。

反家庭暴力法实施中的不足以及在实施中面临的各种困境，其产生原因是复杂的。一方面，是由于立法本身存在的不足，如有些制度的规定原则性较强，存在主体不够明确、适用条件不够明确、程序不够严谨、责任规定不严格、监督检查问责机制不到位等问题，影响了制度的可操作性和有效性。另一方面，也是更重要的原因，是在执法和司法过程当中，执法和司法人员对反家庭暴力法的立法目的和精神理解不够深透，没有把握反家庭暴力法相关规定的核心要义，对反家庭暴力法有关制度的执行过于机械、适用条件的把握过于严苛。还有就是执法和司法人员的态度消极和能力不足也是非常重要的原因。

---

① 艾伟:《我国反家庭暴力法问题研究》，广州大学民商法学系 2017 年硕士学位论文，第 28 页。

第五节　新时代干预家庭暴力措施的完善

“三共”“三治”是《中共中央关于坚持和完善中国特色社会主义制度 推进国家治理体系和治理能力现代化若干重大问题的决定》中确定的基层社会治理的核心要求。“三共”，即共建共治共享。“三治”，即自治、法治、德治。众所周知，推进国家治理体系和治理能力现代化的基础性工作在基层，而基层的社会治理，必须建构共建共治共享的社会治理制度，必须健全自治、法治、德治相结合的治理体系。共建共治共享的社会治理制度，是我们党在长期探索中不断丰富发展形成的，被以“枫桥经验”等实践证明符合我国国情、符合广大人民群众意愿、符合现代社会治理规律的科学制度；自治、法治、德治“三治融合”基层社会治理模式，是桐乡2013年开始在全国率先探索开展的基层社会治理的新模式，后被写入党的十九大报告，“加强农村基层基础工作，健全自治、法治、德治相结合的乡村治理体系”。无论是共建共治共享的社会治理制度还是自治、法治、德治相结合的治理模式，都是习近平新时代中国特色社会主义思想的重要内容，也是我们在新时代完善和改进反家庭暴力法实施中公权力干预家庭暴力措施的根本性和方向性要求。

一、树立“三共”“三治”理念，强化公权力适度干预家庭暴力的意识

共建共治共享的社会治理制度，要求所有社会治理主体都必然有自己的责任，也必须尽到自己的责任，特别是公权力机构。反家庭暴力法在明确“反家庭暴力是国家、社会和每个家庭的共同责任”的同时，特别强调了“县级以上人民政府负责妇女儿童工作的机构，负责组织、协调、指导、督促有关部门做好反家庭暴力工作。县级以上人民政府有关部门、司

法机关、人民团体、社会组织、居民委员会、村民委员会、企业事业单位，应当依照本法和有关法律规定，做好反家庭暴力工作”。“乡镇人民政府、街道办事处应当组织开展家庭暴力预防工作，居民委员会、村民委员会、社会工作服务机构应当予以配合协助”。“各级人民政府应当支持社会工作服务机构等社会组织开展心理健康咨询、家庭关系指导、家庭暴力预防知识教育等服务”。“人民调解组织应当依法调解家庭纠纷，预防和减少家庭暴力的发生”。“用人单位发现本单位人员有家庭暴力情况的，应当给予批评教育，并做好家庭矛盾的调解、化解工作”。从反家庭暴力法的上述规定不难看出，对家庭暴力防治的主要责任主体是国家，特别是立法机关、行政机关和司法机关。国家各级立法机关应根据宪法和法律赋予的权限，制定并不断完善有关保护家庭成员权益、防治家庭暴力的法律法规，为保障家庭成员合法权益和防治家庭暴力提供充分的法律依据；国家行政机关作为国家法律的执行机关，应积极采取各种行政措施以保障有关家庭成员合法权益和防治家庭暴力规定落到实处；各级人民政府和有关部门对保障家庭成员合法权益和防治家庭暴力成绩显著的组织和个人，应给予表彰和奖励；国家司法机关应根据法律的有关规定和各自的职权，通过严格执法、公正司法有效预防和制止家庭暴力，严厉打击家庭暴力违法犯罪行为，“加强法律监督，维护司法公正，提高司法效率”[①]，为保障家庭成员合法权益和防治家庭暴力提供有效的司法保障。

从反家庭暴力法实施过程中存在的问题来看，当前影响公权力有效干预家庭暴力的诸多因素中，滞后的思想观念和认识是主要的，“法不入家门”的传统观念和防治家庭暴力主要是妇联责任的认识误区依然影响着防治家庭暴力的国家责任的落实，影响着公权力机构干预家庭暴力的积极性和主动性。树立“三共”“三治”理念，一个核心的问题就是要掌握好公权力机构介入家庭私人领域的程度以及法治在婚姻家庭领域中的地位和作用。全社会特别是公权力机构，一定要充分认识公权力介入家庭领域、干预家庭暴力的必要性和正当性，公权力机构要强化公权力适度干预家庭暴

① 参见《中国妇女发展纲要（2001—2010年）》。

力的意识，积极主动地依法处置家庭暴力行为，为家庭成员提供及时充分的法律支持和保障。同时还要破除“防治家庭暴力主要是妇联组织责任”的认识误区。在反家庭暴力法实施过程中，某些地区出现了一旦发生家庭暴力，就被推介到妇联组织的情况，妇联组织被认为是处理家庭暴力的主责机构。固然，妇联组织作为党和国家联系妇女群众的桥梁和纽带，依法代表和维护妇女的合法权益是其基本职能，并且由于家庭暴力的主要受害人是妇女，所以妇联组织在推动反家庭暴力立法、开展反家庭暴力工作方面有着更为积极的态度和更为主动的作为。但这不意味着妇联组织是防治家庭暴力的主要责任主体，防治家庭暴力是国家责任，制止家庭暴力和处置家庭暴力案件的主要责任主体是公安机关和人民法院。根据共建共治共享的社会治理制度的要求，处理家庭暴力这类社会问题，必须坚定不移走专门工作与群众路线相结合之路，必须坚持完善统揽全局、协调各方的党委领导体制和联动融合、集约高效的政府负责体制，在充分发挥公安司法机关职能作用的基础上，发挥妇联等社会组织的作用。

由于婚姻家庭是一个私人领域，也是一个伦理实体，因而树立“三治”融合理念有着极为特殊的意义。在家庭治理特别是防治家庭暴力的过程中，强化“三治”融合极为重要。自治作为家庭成员的自我治理，与自主、自觉、自律、自为等密切相关。自治贯穿于人类社会的全过程，是包括家庭治理在内的社会治理的基础。自治强调的是家庭成员的主体性与参与性，在家庭暴力的治理过程中，家庭成员既是治理的客体，也是治理的主体，更是享有免受家庭暴力侵害的受益者。每一个家庭成员都有不受家庭暴力侵害的权利，也都负有加强自律、尊重其他家庭成员权利、不侵害其他家庭成员权利的义务。家庭是家庭成员的私人领域，在绝大多数的家庭时空中都是家庭成员在一起共同生活，家庭的和谐幸福与否，主要取决于家庭成员的态度和行为，因此家庭治理中的自治是基础和根本。德治在婚姻家庭领域的作用一直被高度肯定，但是我们也要看到当前婚姻家庭领域的德治情况不容乐观。近年来，我们国家经济建设取得了伟大成就，但是社会建设相对欠缺，道德建设与之相比显得尤为薄弱，集中表现为家庭中行为规范是模糊的，以至于人们都不知道怎样为人父、为人母、为人子，造成家庭道德理解的紊乱，成为造成家庭不和甚至导致暴力的重要因素。再有就是家庭价值多元化，家庭道德建设对社会产生了不小的消极影响。比如一部分人为了房、车等个人利益，把婚姻当儿戏和工具，这种现象反映了社会上一些人的道德水准在降低。我们实现中华民族伟大复兴，除了建设经济强国，在道德上也应该成为一个强国。所以，加强家庭的道德建设尤为重要。但我们绝不能把婚姻家庭领域的德治绝对化，要克服片面强调“德治”，绝不能认为婚姻家庭是私人领域，是法外之地，反对法律介入其中。那种认为法律介入婚姻家庭领域是“残酷与虚伪”的“法律道德主义”，在“把道德的东西还给道德”强烈主张下排除和否定了法治在婚姻家庭领域的地位和作用的观点也是错误的。关于婚姻家庭领域的法治问题，从理论上讲，法治是社会治理的最优模式，是社会治理现代化的重要标志。我们要善于用法治思维推进社会治理和家庭治理，用法治方式破解社会治理、家庭治理的难题，引导家庭成员养成在法治轨道上主张权利、解决纷争的习惯，努力使循法而行成为家庭成员的自觉行动。同时也要克服和防止片面强调“法治”，希望婚姻家庭法律无微不至，希望婚姻家庭法律能够解决所有问题，列出所有答案，这种法律万能主义也是错误的，特别是在婚姻家庭领域。

树立“三治”融合理念，正确处理“法治”与“德治”的关系是关键。树立“三治”融合理念要求在婚姻家庭领域，“法治”与“德治”应该相辅相成、协调统一，并形成良性互动。婚姻家庭是一个复杂的系统，它需要法律、道德、习惯等各种力量来共同维系。法律只是人们众多行为规范中的一种，而且是最低标准的道德，只有用国家强制力保障实施不可实现时才能动用法律，否则，法律的滥用就会出现适得其反的效果。如果非要把本该由道德调整的东西纳入法律规则中，则不仅不会提高道德的权威性，反而可能导致有法不依的结果，最终损害法律本身的尊严。婚姻家庭问题需要由法律来调整，但法律不可能解决婚姻家庭中的所有问题，有些问题也不可能因民法典的出台而消亡。社会主义的伦理道德建设应该为婚姻家庭领域的立法、司法、守法提供良好的社会环境和舆论支持。而婚姻家庭领域的法律则应该反映社会主义道德的要求，为弘扬社会主义的伦理道德提供制度上的保障，对于干预家庭暴力这些在道德上具有正当性、合理性的内容，法律上就应该提倡；对于侵害家庭成员合法权益的暴力行为等违反道德特别是那些严重违反道德，民众反映强烈的行为，法律就应该否定，直至让其承担相应的法律责任。一方面，伦理道德在婚姻家庭法当中要提倡、要有导向，一个比较理想的状态是把倡导的价值观、情与理寓于法律规范中，形成操作性比较强、可执行、可裁判的规则；另一方面，婚姻家庭立法一定要立足裁判，把情、理寓于裁判的规则当中。

处理好法律与道德的关系，其核心就是要处理好法理与民意的关系。对婚姻家庭问题的规范，特别是家庭暴力问题的处理，既要借鉴国外的立法案例，又要体现婚姻家庭法的固有性和民族性，必须考虑中华民族的文化传统、风俗习惯。民法典中对公序良俗的强调，对习惯的认可，有利于把家庭美德的要求纳入法律规范或者在法律规范中体现家庭美德。我们必须树立中国特色社会主义的家庭价值观，把民法典要求的“弘扬社会主义核心价值观”落实在具体的婚姻家庭法律规范之中。民法典婚姻家庭编强调家庭应当树立优良家风，弘扬家庭美德，重视家庭文明建设，并不是对婚姻家庭法律制度权威性的削弱和否定，而是充分体现了我国新时代的家庭立法的鲜明道德导向，引导全社会崇德向善，弘扬美德义行，坚持把道德要求贯彻到法治建设中，以法治承载道德理念，把社会主义核心价值观贯穿其中，并为弘扬社会主义的伦理道德提供了制度上的保障，同时也使我国社会主义法治成为良法善治。现实生活中，人们一方面对优良家风影响个人品行、促进家庭幸福和睦、带动社会良好风尚的重要作用高度肯定和认可；另一方面，有调查显示超过半数（55.6%）的被调查者表示“家里没有明确的家风”。这表明部分家庭对家风问题存在着认识与践行的错位。民法典婚姻家庭编以法律的形式强调家庭应当树立优良家风，弘扬家庭美德，重视家庭文明建设，宣示了国家对树立优良家风，弘扬家庭美德和家庭文明建设的高度重视和强力倡导，无疑可以强化家庭和家庭成员的责任感和义务感，有助于推进家庭弘扬优良家风的知行合一，使广大家庭成员自觉培育传承优良家风，弘扬家庭美德，使我国新时代的家庭文明建设在法律的保障和促进下取得新成就。

为了提升法治在婚姻家庭领域特别是在家庭暴力防治方面的效能，全社会都应该树立对法治的信仰。对反家庭暴力法的认同和信仰是做好反家庭暴力法实施和提升公权力干预家庭暴力效果的前提。反家庭暴力法出台后，不同的人基于不同的立场和理念提出了不同的看法，这些不同的意见丰富了反家庭暴力法的理论研究，为全面、正确理解和实施反家庭暴力法提供了重要参考和理论依据。由于反家庭暴力的理念和制度之间总会有不同，防治家庭暴力的制度对其理念的体现总有局限，当我们以反家庭暴力的先进理念衡量现有制度时，总会感到有很多不足。反家庭暴力的先进理念既要指导反家庭暴力制度的制定，也要指导反家庭暴力制度的实施和落实，引导反家庭暴力制度的改变和完善。但与此同时，我们对反家庭暴力制度局限的固有性也必须有清醒的认识。反家庭暴力的理念较为单纯，而反家庭暴力制度却要权衡利弊，一个制度所要承载的思想和理念甚至是多重的，是多方利益的妥协。因此，我们在看到反家庭暴力法中某个制度的不足和缺陷时，不能简单地否定和指责，必须看到这些法律制度的确立所具有的合理性和正确性。法律的权威源自人民的内心拥护和真诚信仰。因此，我们只有对反家庭暴力法确立内心的拥护和真诚的信仰，尊重反家庭暴力法的权威地位，做反家庭暴力法的忠实崇尚者、自觉遵守者、坚定捍卫者，反家庭暴力法的实施才有了坚实的基础和前提。否则，脱离了这个基础和前提，我们就会否定反家庭暴力法应有的权威，就会失去反家庭暴力的基本依据和基本底气，反家庭暴力法的实施就会失去应有的动力，这对于反家庭暴力工作有害无益。

为了提升法治在婚姻家庭领域特别是在家庭暴力防治方面的效能，必须杜绝反家庭暴力法律资源的浪费，这是全面落实反家庭暴力法的基本要求。反家庭暴力法主要功能是以法律形式为反家庭暴力工作提供制度资源，反家庭暴力工作应当按照反家庭暴力法的制度要求来进行，两者高度匹配，供需平衡是理想状态。但在反家庭暴力法的实施中，很多人感受更多的是反家庭暴力法规定不到位、制度不够用。就反家庭暴力法提供的法律资源而言，不足之处确实存在：一是与国际标准相比，适用范围包括主体范围和行为方式上还不够广泛；二是一些制度的规定没有形成闭合系统，特别是有要求、无后果的情况并不少见；三是有些法律规定不够具体、可操作性不强、刚性不够。但与此同时，对反家庭暴力法律资源的浪费也比比皆是：一是对反家庭暴力法的基本原则认识不够，作用没有充分发挥；二是对很多反家庭暴力法条文规定的立法精神了解不够，甚至存在偏差，致使该规定没有被充分利用；三是部分执法、司法机构及人员对实施反家庭暴力法的消极态度影响了反家庭暴力法的有效实施。针对这种情况，我们认为，尽管反家庭暴力法对有些问题的规定还不是很完善，但反家庭暴力法作为国家立法机关制定的并已经生效的法律，其基本原则应在实施中得到全面贯彻，其立法精神和目的必须在实施中得到充分体现和实现。执法机关、司法机关更应当秉持有法必依、执法必严，把反家庭暴力进行到底的信念，坚定贯彻落实反家庭暴力法的决心，反家庭暴力法律资源不足与浪费所造成的困难在千方百计想办法的过程中解决，那么反家庭暴力法的规定就能真正落到实处。

为了提升法治在婚姻家庭领域特别是在家庭暴力防治方面的效能，应当掌握反家庭暴力法的核心要义和实施中的重点、难点，这是有效实施反家庭暴力法的关键。众所周知，反家庭暴力法有其立法目的，反家庭暴力工作有其出发点和工作目标，而且反家庭暴力立法和工作都有其基本理念，这些内容构成了我们反家庭暴力的初心。不忘初心，就是反家庭暴力法的实施不能背离其立法目的和立法精神，每一个具体制度的理解和每一个措施的实施，都不能背离反家庭暴力法的基本原则和基本理念，不能在实施过程中改变工作方向，模糊关注焦点，脱离反家庭暴力的既有轨道。抓住重点、聚焦难点是有效实施反家庭暴力法的关键。抓住重点、聚焦难点，就是要抓住和聚焦反家庭暴力法确立的告诫、强制报告、撤销监护、人身安全保护令等重要制度，就是要抓住和聚焦公安机关、人民法院这些最重要的实施主体，就是要抓住和聚焦那些具有高度风险的重点家庭，就是要抓住和聚焦家庭暴力关系中施暴者这个主要方面，就是要抓住和聚焦处理具体家庭暴力案件的关键环节。只要我们牢牢抓住这些重点和难点，并且能够确立先进的反家庭暴力理念，能够对反家庭暴力法规定进行整体、全面的理解，能够始终对实施反家庭暴力法抱有积极、坚决的态度，那么反家庭暴力法的实施就一定会取得预期的法律效果和社会效果。

二、落实“三共”“三治”要求，完善和充实公权力干预家庭暴力的制度机制

为了落实“三共”“三治”要求，确保反家庭暴力法的有效实施，全面提升公权力干预家庭暴力的实际效果，当务之急就是要完善和充实以下“七大体系”。

（一）完善以适用反家庭暴力法的司法解释、公安机关处置家庭暴力案件操作规程和实施反家庭暴力法的地方性法规为重点的防治家庭暴力的制度体系

完善适用反家庭暴力法的司法解释，主要是对家庭暴力案件的受理和审判要求进行规范，对家庭暴力案件的责任追究和举证责任进行规范，对人身安全保护令的适用加以具体化；完善公安机关处置家庭暴力案件的操作规程，即应当具体规范公安机关处理家庭暴力问题的流程和要求，对公安机关如何接受报案、及时出警、制止家庭暴力，如何通知并协助民政部门将需要安置的人员安置到临时庇护场所、救助机构或者福利机构，如何对施暴者进行批评教育或者出具告诫书，如何代为申请人身安全保护令，如何协助执行人身安全保护令，如何对家庭暴力行为人进行治安管理处罚，对构成犯罪的家庭暴力案件如何进行立案侦查，对渎职警察如何进行处分以及如何把预防和制止家庭暴力纳入业务培训和统计工作进行可操作性的规定；关于实施反家庭暴力法的地方性法规的制定，则应按照立法法的授权和当地反家庭暴力工作的实际需要进行有针对性的立法。

（二）完善以宣传教育培训、早期干预、家庭纠纷多元处置为重点的家庭暴力预防措施体系

防治家庭暴力，既需要阻断、终止加害人的暴力行为，又需要救助、保护受害人，这是“治”的一面；还需要预防家庭暴力的发生、蔓延，消弭家庭纷争，这是“防”的一面。在反家庭暴力的过程中，必须坚持“防治结合、重在预防”，必须把预防为主的原则贯穿于反家庭暴力法的始终。全面构建家庭暴力预防措施体系，切实把预防为主原则落到实处，就必须全面构建普遍预防与重点预防相结合、一般预防与特殊预防相结合，以宣传教育培训、早期干预、家庭纠纷多元处置为重点的预防措施体系。从反家庭暴力法的具体实施情况看，反家庭暴力法的宣传教育培训还存在薄弱环节。根据内蒙古自治区妇联 2019 年 5 月在鄂尔多斯市、兴安盟、赤峰市、乌兰察布市及所辖 9 个旗（县、区）进行执法调研发现：反家庭暴力法的宣传工作还不够广泛深入。反家庭暴力是国家、社会和每个家庭的共同责任。目前，社会上还一定程度地存在着对贯彻落实“一法一条例”工作重视不够、群众关注度不高等问题，未能有效形成全社会反对家庭暴力的浓厚氛围。特别是在部分农村牧区和较偏远地带，宣传工作仍存在一些死角和盲区。有一些群众，甚至有个别执法部门的同志，对家庭暴力的社会危害性缺乏充分认识，对国家公权力介入和干预家庭暴力案件的态度消极。还有部分群众对家庭暴力行为缺乏依靠法律维权的意识，运用法律手段预防和制止家庭暴力的理念还没有深入人心。这个问题在其他省市也存在，是共性问题，因此，做好反家庭暴力法的宣传教育和培训极为迫切。

为解决这一问题，《广东省实施〈中华人民共和国反家庭暴力法〉办法)》有了创新，它系统规定了政府的宣传教育责任，要求各级人民政府应当加强反家庭暴力宣传教育工作，结合法治宣传教育和有关妇女、儿童、老年人、残疾人的节日，利用广场、公园、车站、机场等公共活动场所，使用户外广告牌、电子显示屏、触摸屏、移动电视屏等新型载体，运用互联网、移动终端等现代信息技术，开展家庭美德宣传教育，普及反家

庭暴力知识。规定了公安、司法行政、法院、检察院的宣传教育责任，要求公安机关、司法行政机关、人民法院、人民检察院应当建立健全家庭暴力典型案例收集、整理和发布机制，开展以案释法和警示教育活动。人民警察、法官、检察官、律师以及法律工作者应当在办理家庭暴力案件或者提供法律服务过程中，向当事人和公众释法说理，引导受害人保存证据，依法维护自身合法权益。规定了妇女联合会的宣传教育责任，要求各级妇女联合会结合工作对象的特点，向广大家庭成员和社会各界大力宣传男女平等基本国策，普及反家庭暴力知识，倡扬社会主义核心价值观，弘扬中华民族家庭美德，共同维护平等、和睦、文明的家庭关系，促进家庭和谐、社会稳定。要求工会、共产主义青年团、残疾人联合会等其他人民团体在各自工作范围内，组织开展家庭美德和反家庭暴力宣传教育。媒体宣传与监督的责任，要求报刊、广播、电视、互联网信息服务提供者等媒体应当在相关频道、时段、版面、互联网平台免费刊登、播放反家庭暴力公益广告，针对社会热点和典型案例开展反家庭暴力宣传，强化对家庭暴力的舆论监督。规定了教育部门及机构的宣传教育责任，教育部门应当把家庭美德和反家庭暴力宣传教育纳入学校、幼儿园的日常教育工作，提高学生、幼儿的反家庭暴力意识。学校、幼儿园应当将家庭美德和反家庭暴力宣传教育与法治教育、心理教育相结合，区分不同年龄阶段，对学生、幼儿定期开展宣传教育，并通过家校共建活动，向其父母或者其他监护人普及反家庭暴力法律和家庭教育知识。规定了婚姻登记机关的宣传教育责任，要求民政部门指导婚姻登记机关开展家庭美德和反家庭暴力宣传教育，提供婚姻家庭辅导服务，预防家庭矛盾和纠纷。规定了有关单位的业务培训责任，要求公安、民政、司法行政、教育、卫生健康部门和人民法院、人民检察院、人民团体、社会组织安排必要的工作经费，将预防、制止和救助家庭暴力的相关知识和技能纳入业务培训。乡镇人民政府、街道办事处应当定期组织居民委员会、村民委员会、社会工作服务机构参与反家庭暴力的相关知识和技能的培训。

关于家庭纠纷多元处置，就是要认真实施《全国妇联、中央综治办、最高人民法院、公安部、民政部、司法部关于做好婚姻家庭纠纷预防化解工作的意见》，全面落实十九届四中全会提出的完善正确处理新形势下人民内部矛盾有效机制，完善人民调解、行政调解、司法调解联动工作体系，完善社会矛盾纠纷多元预防调处化解综合机制，努力将矛盾化解在基层。此外，建立早期筛查和危险评估机制，做好重点人群的一般预防也十分重要。

（三）完善以报警、控告和强制报告为主要措施的家庭暴力发现体系，为破解家庭暴力因隐蔽而难以发现的问题，鼓励积极报案、控告和举报

依照刑事诉讼法第一百零八条第一款“任何单位和个人发现有犯罪事实或者犯罪嫌疑人，有权利也有义务向公安机关、人民检察院或者人民法院报案或者举报”的规定，家庭暴力被害人及其亲属、朋友、邻居、同事，以及村（居）委会、人民调解委员会、妇联、共青团、残联、医院、学校、幼儿园等单位、组织，发现家庭暴力，有权利也有义务及时向公安机关、人民检察院、人民法院报案、控告或者举报。同时司法机关应注意发现犯罪案件。公安机关在处理人身伤害、虐待、遗弃等行政案件过程中，人民法院在审理婚姻家庭、继承、侵权责任纠纷等民事案件过程中，应当注意发现可能涉及的家庭暴力犯罪。一旦发现家庭暴力犯罪线索，公安机关应当将案件转为刑事案件办理，人民法院应当将案件移送公安机关；属于自诉案件的，公安机关、人民法院应当告知被害人提起自诉。为完善强制报告制度，2018 年年底，云南省妇联、省教育厅、省公安厅、省民政厅、省卫生健康委员会共同发布了《云南省家庭暴力强制报告制度实施办法》，该办法将应当强制报告的具体情形进行了规定，即“强制报告的具体情形包括无民事行为能力人和限制民事行为能力人遭受或疑似遭受:（一）身体暴力，包括殴打、捆绑、残害等身体侵害行为；（二）精神暴力，包括以经常性谩骂、恐吓、侮辱等方式实施的精神侵害行为；（三）性暴力，包括强迫猥亵，伤害隐私部位，向其展示色情图片、视频或出版物等侵害行为；（四）疏忽或照料不周、遗弃，包括因忽视基本生活需要，未提供基本生活保障或照顾不当，而严重影响其生存和身心健

康的行为；（五）虐待，故意以冻饿、体罚、有病不治等方式，给其身心造成严重伤害的行为；（六）强迫婚嫁，强迫或唆使乞讨、从事危险性特技表演，强迫吸毒、贩毒、偷盗等违法犯罪行为；（七）其他严重影响身心健康的行为”。

（四）完善以紧急庇护制度、法律援助、司法救助为主要内容的家庭暴力救助体系

由于在对家庭暴力受害者的法律援助和司法救助方面没有发现明显的不足，因而完善家庭暴力救助体系的重点在完善紧急庇护制度。

在庇护场所的设立方面，要进一步明确依托救助管理机构设立的临时庇护场所，应当与救助场所分设，不得将家庭暴力受害人与其他救助人员混合安置。有条件的居民委员会、村民委员会、城乡社区服务机构可以为社区内遭受家庭暴力的居民提供应急庇护救助服务。各级人民政府、妇女联合会可以通过购买服务、项目合作等方式，支持具备条件的社会组织、企业事业单位等社会力量设立公益性的临时庇护场所，为家庭暴力受害人提供救助。这就不仅可以有效地改善庇护机构的条件和管理，而且便于受害人入住。

在临时庇护的申请和协助安置方面，可以明确家庭暴力受害人因遭受家庭暴力导致人身安全受到威胁，处于无处居住等暂时生活困境可以向公安机关、民政部门、乡镇人民政府、街道办事处、妇女联合会提出临时庇护请求。公安机关、民政部门、乡镇人民政府、街道办事处、妇女联合会应当及时将受害人转介到临时庇护场所。

在庇护机构的职能方面，赋予庇护机构根据性别、年龄实行分类分区救助，妥善安排食宿，保护受害人隐私；协调社会工作服务机构、心理咨询机构等对受害人进行需求评估，提供个性化服务；协调卫生健康、司法行政等相关部门、人民法院和社会组织，为受害人提供医疗救助、司法救助、法律援助等转介服务。

（五）完善以告诫制度、人身安全保护令制度、撤销监护人制度、对施暴者的矫治为主要内容的家庭暴力干预体系

关于告诫制度的完善，进一步明确公安机关应当向实施家庭暴力的加害人出具告诫书的具体情形，例如《山东省反家庭暴力条例》第二十九条规定“家庭暴力行为具有下列情形之一，依法不给予治安管理处罚的，由公安机关对加害人给予批评教育或者出具告诫书：（一）情节特别轻微的；（二）加害人主动消除或者减轻危害后果，并取得受害人谅解的；（三）当事人自行和解并履行和解协议，双方当事人书面申请并经公安机关认可的；（四）经公安机关调解处理，当事人达成协议的；（五）其他依法不予治安管理处罚的家庭暴力行为”，明确了出具告诫书的主体、时间、内容、格式要求。又如《湖北省反家庭暴力条例》第二十一条规定“对予以告诫的家庭暴力案件，由行为发生地的公安机关自受理家庭暴力报案之日起七十二小时内出具。家庭暴力事实清楚，加害人拒不接受批评教育的，公安机关应当当场出具告诫书。告诫书应当包括加害人的身份信息、家庭暴力的事实陈述、禁止加害人实施家庭暴力等内容。具体式样由省人民政府公安机关统一规定。公安机关应当将告诫书及有关档案信息录入执法办案信息系统”。同时对告诫书送达与送交、告诫书执行的监督加以具体规定。公安机关应当将告诫书送达加害人，向加害人当场宣读告诫书内容，由其在告诫书上签名。加害人拒绝签收的，不影响告诫书的效力，公安机关应当记录在案。在实施告诫时，可以邀请居民委员会、村民委员会、妇女联合会参加。居民委员会、村民委员会、公安派出所应当对收到告诫书的加害人、受害人进行定期查访，监督加害人不再实施家庭暴力，并做好查访记录。居民委员会、村民委员会发现加害人违反告诫书再次实施家庭暴力的，应当及时报告公安机关。

关于人身安全保护令的具体措施应当进一步丰富，如可以责令被申请人停止侮辱、诽谤、宣扬隐私并采取措施消除影响、恢复申请人名誉，以及责令被申请人远离申请人的住所、学校、工作单位或者申请人经常出入的其他场所等措施。关于人身安全保护令的送达和执行，应当进一步明确

公安机关和村民委员会、居民委员会协助执行的具体内容，明确要求公安机关应当在收到人身安全保护令后二十四小时内核实被申请人情况，告知其遵守人身安全保护令，并做好记录；发现被申请人违反人身安全保护令的，及时出警处置，并向人民法院通报。居民委员会、村民委员会发现被申请人违反人身安全保护令的，应当及时向人民法院报告。

关于对施暴者的矫治，在构建防治家庭暴力的制度体系特别是针对施暴者的法律制度的过程中，由于每个施暴者都有其自身的特殊情况和个体差异性，仅从法律制裁和惩罚的角度入手不仅显得过于刻板、简单，而且效果也远远低于预期，这就要求我们必须从法律制裁、心理矫治和情绪疏导等多方面入手，在制度设计和具体干预措施中，对家庭暴力案件的处理除了司法机构介入保护外，借由矫治计划改变施暴者以暴力解决冲突的偏差观念，使暴力伤害不再重演，才是从根本上解决问题的关键。不注重对施暴者的矫治，仅仅致力于对受害者的保护和救助，家庭暴力的解决往往会事倍功半，舆论压力和法律的强制虽然会使施暴者感到畏惧，甚至其施暴行为也会迫于外界的力量和氛围而被隐藏起来，但这并没有从根本上解决问题。对施暴者的矫治才是源于施暴者自身的必要的治本措施。对家庭暴力施暴者的教育与心理辅导是各个国家的普遍做法。在美国，为了从根本上预防和制止家庭暴力的发生，建立了“男性制怒训练中心”，对那些施暴丈夫给予心理辅导和惩戒。这个中心与当地警察机构相联系，如果某个男人被妻子或其他人指证有施暴的行为，警察会将其带到法院，法院经查证属实，如果施暴者还不够被判入狱，法庭会发给他一个“培训令”，责令其去“男性制怒训练中心”接受心理辅导，每一个来这里的男性施暴者都要接受一年的辅导（一周一次，一次 3 小时），迫使其停止施虐行为，费用自理。[①] 在我国台湾地区，从制度上明确规定各主管机关要协调司法机关办理对施暴者的处遇与追踪回访工作，并规定了四类必须接受处遇治疗的施暴者：一是有酗酒或滥用

① 赵颖：《美国警察针对家庭暴力的逮捕政策及干预模式研究》，载《中国人民公安大学学报》，北京：社会科学出版社 2005 年版，第 151—156 页。

药物行为者；二是患有或疑似患有精神疾病的；三是对被害人惯常使用暴力行为；四是对被害人使用暴力情节严重者。费用初步拟定由施暴者自己支付。如果施暴者拒绝接受治疗，则会按照规定处三年以下有期徒刑、拘役或罚款。关于撤销监护人制度，民法典已经做出了积极的回应，在此不再赘述。

（六）完善以依职权调取证据、举证责任转移为主要内容的家庭暴力认定体系

家庭暴力认定中的证据问题在反家庭暴力法中没有得到很好解决，有关家庭暴力案件的特殊性在证据问题上的特殊要求没有得到充分反映。传统意义上“谁主张谁举证”的原则，与我国民事诉讼法“当事人对自己提出的主张，有责任提供证据”的规定相吻合。这意味着受害人在遭受家庭暴力行为后到公安机关或法院报案时，既要证明家庭暴力的存在，又要举证证明受害结果与家庭暴力行为之间存在关联性。这对家庭暴力受害人而言是有困难的。为解决这一问题，建议确立针对家庭暴力案件的一些特殊证据规则，鼓励和支持公权力机关及相关机构协助当事人收集和保存证据；对公权力机关及社会组织处理家庭暴力案件所形成的材料和意见的证据效力作出认定；放宽家庭暴力案件证明标准；强化公权力机关在调查、收集证据方面的职责。同时建议 2020 年 5 月 1 日起施行的《最高人民法院关于修改〈关于民事诉讼证据的若干规定〉的决定》中第八十五条规定的“审判人员应当依照法定程序，全面、客观地审核证据，依据法律的规定，遵循法官职业道德，运用逻辑推理和日常生活经验，对证据有无证明力和证明力大小独立进行判断，并公开判断的理由和结果”，能够在处理家庭暴力案件时得到充分的运用。

（七）完善以追究施暴者的法律责任、干预不力者的法律责任为主要内容的家庭暴力责任体系

可以在原有规定的基础上，明确违反告诫书的法律责任，规定加害人违反告诫书、再次实施家庭暴力的，依法给予治安管理处罚；增加家庭

暴力加害人打击报复行为的法律责任。在反家庭暴力工作中，学校、幼儿园、医疗机构、居民委员会、村民委员会、社会组织、救助管理机构、福利机构及其工作人员承担了家庭暴力报告的义务。在实践中，可能会出现家庭暴力加害人对上述主体打击报复的情况，为保障他们的权益，应增加家庭暴力加害人打击报复行为的法律责任。

第六章

劳动法对妇女权益的保障和维护

第一节　女性平等就业权的制度保障

劳动就业是任何一个有劳动能力的公民不可剥夺的一项重要权利，因为劳动（就业）对于劳动者来说，不仅是谋生的手段，也是满足人的基本需求的一种活动。我国十分重视劳动者的劳动权保护。宪法第四十二条规定："中华人民共和国公民有劳动的权利和义务。国家通过各种途径，创造劳动就业条件，加强劳动保护，改善劳动条件，并在发展生产的基础上，提高劳动报酬和福利待遇。"1994 年，我国颁布了劳动法，明确规定了劳动者的各项基本权利，构建了我国劳动权保护的基本框架，并对妇女的劳动权利作出了特别规定。1992 年制定、2005 年修改的妇女权益保障法专章规定了妇女的劳动和社会保障权益。2007 年制定的就业促进法专章规定了公平就业。通过制定实施上述法律以及劳动合同法、农村土地承包法、劳动争议调解仲裁法、工会法、职业病防治法、安全生产法、女职工劳动保护特别规定、劳动保障监察条例、集体合同规定、企业最低工资规定、未成年工特殊保护规定等法律法规，充分保障妇女的经济权益特别是平等就业权利，实行男女同工同酬，消除就业性别歧视。党的十八大以来，中国更加重视促进男女平等就业，推动妇女实现更高质量、更加充分就业，妇女参与经济社会建设的热情更加高涨，半边天作用更加凸显。2019 年，全国女性就业人员占全社会就业人员的比例为 43.2%，比 2015 年上升 0.3 个百分点。城镇单位女性从业人员达到 6684.2 万人，比 2015 年增加 157 万人。执行《女职工劳动保护特别规定》的企业占比为 69.6%，比 2018 年提高 1.2 个百分点。①

① 参见《〈国家人权行动计划（2016—2020 年）〉实施情况评估报告》，来源：中国人权网，2021—09—29 07:43:27。

虽然当前我国妇女就业情况总体较好，劳动参与率位居世界前列，但妇女就业依然面临一些难题，尤其是招聘中就业性别歧视现象屡禁不止，给妇女就业带来不利影响。

为进一步规范招聘行为，促进妇女平等就业，2019 年 2 月 18 日，人力资源社会保障部等九部门印发《关于进一步规范招聘行为促进妇女就业的通知》，提出了八项有力措施。

一是把握总体工作要求。各地要以习近平新时代中国特色社会主义思想为指导，深入贯彻男女平等基本国策，把解决就业性别歧视作为推动妇女实现更高质量和更充分就业的重要内容，坚持突出重点和统筹兼顾相结合，坚持柔性调解和刚性执法相结合，坚持积极促进和依法惩戒相结合，以规范招聘行为为重点，加强监管执法，健全工作机制，加大工作力度，切实保障妇女平等就业权利。

二是依法禁止招聘环节中的就业性别歧视。各类用人单位、人力资源服务机构在拟定招聘计划、发布招聘信息、招用人员过程中，不得限定性别（国家规定的女职工禁忌劳动范围等情况除外）或性别优先，不得以性别为由限制妇女求职就业、拒绝录用妇女，不得询问妇女婚育情况，不得将妊娠测试作为入职体检项目，不得将限制生育作为录用条件，不得差别化地提高对妇女的录用标准。国有企事业单位、公共就业人才服务机构及各部门所属人力资源服务机构要带头遵法守法，坚决禁止就业性别歧视行为。

三是强化人力资源市场监管。监督人力资源服务机构建立健全信息发布审查和投诉处理机制，切实履行招聘信息发布审核义务，及时纠正发布含有性别歧视内容招聘信息的行为，确保发布的信息真实、合法、有效。对用人单位、人力资源服务机构发布含有性别歧视内容招聘信息的，依法责令改正；拒不改正的，处 1 万元以上 5 万元以下的罚款；情节严重的人力资源服务机构，吊销人力资源服务许可证。将用人单位、人力资源服务机构因发布含有性别歧视内容的招聘信息接受行政处罚等情况纳入人力资源市场诚信记录，依法实施失信惩戒。

四是建立联合约谈机制。畅通窗口来访接待，通过 12333、12338、

12351 热线等渠道，及时受理就业性别歧视相关举报投诉。根据举报投诉，对涉嫌就业性别歧视的用人单位开展联合约谈，采取谈话、对话、函询等方式，开展调查和调解，督促限期纠正就业性别歧视行为，及时化解劳动者和用人单位间矛盾纠纷。被约谈单位拒不接受约谈或约谈后拒不改正的，依法进行查处，并通过媒体向社会曝光。

五是健全司法救济机制。依法受理妇女就业性别歧视相关起诉，设置平等就业权纠纷案由。积极为遭受就业性别歧视的妇女提供法律咨询等法律帮助，为符合条件的妇女提供法律援助。积极为符合条件的遭受就业性别歧视的妇女提供司法救助。

六是支持妇女就业。加强就业服务，以女大学生为重点，为妇女提供个性化职业指导和有针对性的职业介绍，树立正确就业观和择业观。组织妇女参加适合的培训项目，鼓励用人单位针对产后返岗女职工开展岗位技能提升培训，尽快适应岗位需求。促进 3 岁以下婴幼儿照护服务发展，加强中小学课后服务，缓解家庭育儿负担，帮助妇女平衡工作与家庭。完善落实生育保险制度，切实发挥生育保险保障功能。加强监察执法，依法惩处侵害女职工孕期、产期、哺乳期特殊劳动保护权益行为。对妇女与用人单位间发生劳动人事争议申请仲裁的，要依法及时快速处理。

七是开展宣传引导。坚决贯彻男女平等基本国策，强化男女平等意识，逐步消除性别偏见。加大反就业性别歧视、保障妇女平等就业权利法律、法规、政策宣传，引导全社会尊重爱护妇女，引导用人单位知、法守法、依法招用妇女从事各类工作，引导妇女合法、理性保障自身权益。树立一批保障妇女平等就业权利用人单位典型，对表现突出的推荐参加全国维护妇女儿童权益先进集体、全国城乡妇女岗位建功先进集体等创评活动。营造有利于妇女就业的社会环境，帮助妇女自立自强，充分发挥自身优势特长，在各行各业展示聪明才智，体现自身价值。

八是加强组织领导。各地区、各有关部门要高度重视促进妇女平等就业，履职尽责、协同配合，齐抓共管、综合施策。人力资源社会保障部门要会同有关部门加强对招用工行为的监察执法，引导合法合理招聘，加强面向妇女的就业服务和职业技能培训。教育部门要推进中小学课后服务。

司法部门要提供司法救济和法律援助。卫生健康部门要促进婴幼儿照护服务发展。国有资产监督管理部门要加强对各级各类国有企业招聘行为的指导与监督。医疗保障部门要完善落实生育保险制度。工会组织要积极推动企业依法合规用工。妇联组织要会同有关方面组织开展相关评选表彰，加强宣传引导，加大对妇女的关心关爱。人民法院要积极发布典型案例、指导性案例，充分发挥裁判的规范、引导作用。人力资源社会保障部门、工会组织、妇联组织等部门对涉嫌就业性别歧视的用人单位开展联合约谈。

第二节　女职工劳动保护的制度保障

女职工劳动保护是妇女人权保障的重要组成部分。国务院2012年4月18日公布的《女职工劳动保护特别规定》，成为我国女职工劳动保护的一个新的历史起点，是我国亿万女职工的福音和维权保障，它的出台对于保护女职工的劳动能力，促进其平等就业和全面发展，维护其体面劳动和人格尊严，进一步调动女职工参与经济建设的积极性和创造性，推进劳动关系和谐和社会稳定具有重要的现实意义。

一、《女职工劳动保护特别规定》的新增内容

1988年，国务院颁布了《女职工劳动保护规定》（以下简称“88年规定”）。“88年规定”施行24年来，对于保障女职工的身心健康发挥了重要作用。随着经济体制改革的不断深化，特别是所有制结构的调整和用工制度的改革，劳动关系发生了重大变化，呈现出复杂化、市场化、契约化以及利益需求多样化特征。“88年规定”的保护标准、生育待遇、禁忌劳动范围等内容滞后于现实需求。因此，建议修正“88年规定”的议案和提案逐年递增。国务院组织多部门历经5年多的调研和论证，制定了《女职工劳动保护特别规定》（以下简称“特别规定”）。“特别规定”通过明确用人单位预防和制止性骚扰义务、创新女性职业禁忌相关制度、强化女性在孕期和哺乳期的劳动保护、完善女职工生育保险制度、理顺各部门保护女职工权益的职责等规定，进一步使妇女人权获得了国家强制力的保障。

（一）增设用人单位预防和制止性骚扰义务，强化了对女职工的人格尊严和体面劳动的权利的保护

“特别规定”第十一条明确规定“在劳动场所，用人单位应当预防和

制止对女职工的性骚扰”。其中，“应当”一词表明这是一种强制性规范，用人单位如果违反此项义务，就应当承担相应的法律责任。这一规定不仅使《中华人民共和国妇女权益保障法》中“禁止对妇女实施性骚扰。受害妇女有权向单位和有关机关投诉”的规定在行政法规中得以落实，而且为地方、部门立法和司法解释予以细化提供了具体依据，从而使女职工的人格尊严和体面劳动的权利有了更切实的保障。

（二）以附录列示方式，较好处理了女职工职业禁忌问题，强化了孕期和哺乳期女职工的劳动保护

职业禁忌是个较为复杂的问题，如何确定女职工的职业禁忌范围，既涉及对女职工身心健康的保护，也涉及对女职工从业范围的限制。“特别规定”在制定过程中，对于职业禁忌经历了从严格管制到留有余地的变化。最终将“女职工禁忌从事的劳动范围”列为附录，并规定：“国务院安全生产监督管理部门会同国务院人力资源社会保障行政部门、国务院卫生行政部门根据经济社会发展情况，对女职工禁忌从事的劳动范围进行调整。”这一立法技术创新符合“与时俱进”原则，便于在相关国际公约变化后，及时调整女职工禁忌从事的劳动范围，更好地保障女职工身心健康，更好地履行繁衍健康后代的天职。

与“88 年规定”相比，“特别规定”突出保护孕期和哺乳期的女职工。例如，增加规定女职工在孕期和哺乳期禁忌从事“非密封源放射性物质的操作，核事故与放射事故的应急处置”以及“第四级体力劳动强度的作业”；增加规定在孕期禁忌从事“冷水”“低温”“高温”“噪声”等作业。此外，“特别规定”第六条规定：“女职工在孕期不能适应原劳动的，用人单位应当根据医疗机构的证明，予以减轻劳动量或者安排其他能够适应的劳动。对怀孕 7 个月以上的女职工，用人单位不得延长劳动时间或者安排夜班劳动，并应当在劳动时间内安排一定的休息时间。”这体现了国家对孕期和哺乳期女职工的关怀，有利于优生优育。

为了避免用人单位因经期禁忌从事的劳动范围广而拒绝录用妇女，“特别规定”附录缩小了经期禁忌从事的劳动范围。

（三）增加产假天数，明确生育津贴，完善了女职工生育保障制度

针对“88 年规定”规定的产假天数低于国际劳工标准的情况，“特别规定”第七条明确规定：“女职工生育享受 98 天产假，其中产前可以休假 15 天；难产的，增加产假 15 天；生育多胞胎的，每多生育 1 个婴儿，增加产假 15 天。女职工怀孕未满 4 个月流产的，享受 15 天产假；怀孕满 4 个月流产的，享受 42 天产假。”这不仅提高了女职工生育待遇中的产假标准，使我国的女职工产假天数达到了国际劳工组织《保护生育公约（修订）》（第 183 号公约）第四条规定的要求，还增强了法律规定的可操作性。

“特别规定”第五条规定：“用人单位不得因女职工怀孕、生育、哺乳降低其工资、予以辞退、与其解除劳动或者聘用合同。”这一规定把“88 年规定”不得降低“基本工资”变成了不得降低“工资”，在实践中意义重大。随着工资改革的逐步深入，基本工资所占比例越来越低，此次修正取消了“基本”二字，提高了对“三期”女职工特殊保护的标准。

“特别规定”第五条规定：“女职工产假期间的生育津贴，对已经参加生育保险的，按照用人单位上年度职工月平均工资的标准由生育保险基金支付；对未参加生育保险的，按照女职工产假前工资的标准由用人单位支付。女职工生育或者流产的医疗费用，按照生育保险规定的项目和标准，对已经参加生育保险的，由生育保险基金支付；对未参加生育保险的，由用人单位支付。”这一规定把带薪产假明确为“生育津贴”，解决了“88 年规定”及其解释与社会保险法相抵触的问题。随着生育保险的推广，产假工资已经逐渐改为“生育津贴”，支付主体也由用人单位改为生育保险基金。这有利于均衡企业负担，促进企业公平竞争，更有助于通过减少“性别亏损”而促进女性就业。

(四)理顺了各部门保护女职工权益的职责,明确了保护女职工权益的责任主体

经过1998年、2003年、2008年三次机构改革,劳动行政部门、安全生产监管部门、卫生行政部门保护女职工权益的职责有了较大调整。卫生部门主要负责有毒有害作业查处,拟定职业卫生标准。安全监管部门主要负责体力强度、高处作业、低温作业等事项的查处。人力资源和社会保障部门主要负责工时、休假、工资保障、生育保险、劳动保障监察等事项。为此,“特别规定”明确了“县级以上人民政府人力资源社会保障行政部门、安全生产监督管理部门按照各自职责负责对用人单位遵守本规定的情况进行监督检查。工会、妇女组织依法对用人单位遵守本规定的情况进行监督”,并在法律责任的规定中明确了县级以上人民政府人力资源社会保障行政部门和安全生产监督管理部门的具体执法权力。这样就理顺了各部门保护女职工权益的具体职责,明确了保护女职工权益的责任主体。

二、《女职工劳动保护特别规定》的正确实施

法的生命在于运行,法的价值也只有在其运行中才能充分实现,因而,《女职工劳动保护特别规定》只有通过在现实生活中实施,才能发挥其应有的功能,真正惠及我国亿万女职工。

(一)正确理解制度内容是“特别规定”顺利实施的基础

同其他的法律法规一样,尽管制定者在制定“特别规定”时力求全面、明确、易懂和实用,但具体的条文毕竟是抽象的、概括的,而且受到制定者对当时社会事物认识的局限,加之社会生活的复杂多变以及不同的人从不同的角度会有不同的认识,因此正确理解和解释相关制度内容就成为“特别规定”顺利实施的基础,“特别规定”的抽象规定通过解释者的解释变得实际有效,并与复杂多变的现实生活实现对接。“特别规定”是我国保障妇女权益、促进妇女发展法律体系的重要组成部分,是践行国

家人权行动计划的具体措施，是我国政府履行国际公约义务的具体行动，因而我们在理解和解释“特别规定”的制度内容时就必须注意以下几个问题。

1. 应当注意进行整体解释

“特别规定”作为我国保障妇女权益、促进妇女发展法律体系的重要组成部分，它的功能的发挥或实现是以与其他规范相互配合为条件的。因此，为了正确理解和适用“特别规定”的制度内容，就必须把“特别规定”放在整个法律体系中来理解，放置在整个法律的目的或价值体系中来进行解释，同其他法律规范联系起来，才能更好地了解其真实内容和含义，从而保证法律体系的融贯性、一致性，防止法律的前后矛盾，避免拘泥于具体条文而忽视立法精神。

在对“特别规定”制度内容进行整体解释过程中，必须高度重视保障妇女权益、促进妇女发展法律体系所共同遵循的基本原则。在保障妇女权益方面，应遵守的基本原则就是妇女权益保障法所确立的男女平等原则，对妇女实行特殊保护的原则和禁止歧视、虐待、残害妇女的原则；在促进妇女发展方面，应遵守的基本原则就是《中国妇女发展纲要（2021—2030年)》所提出的坚持党的领导，坚持妇女事业与经济社会同步协调发展，坚持男女两性平等发展，坚持促进妇女全面发展，坚持共建共治共享。

这些基本原则是保障妇女权益、促进妇女发展法律体系基本价值和基本精神的高度概括和集中体现，在整个法律体系中发挥着极其重要的作用。“法的基本原则在法的体系结构中居于核心地位，起到最根本的指导作用。”[①] 这种指导作用具体表现为：(1) 这些基本原则不仅要贯彻在“特别规定”的始终，而且应贯彻到有关女职工劳动保护的全部法律规范之中，特别是有关落实“特别规定”的部颁规章和地方立法中。由于妇女权益保障法是我国妇女权益保障方面的基本法，因此它确立的基本原则对有关保障妇女权益的其他法律、法规也具有统摄作用，凡是涉及妇女权益，包括涉及女职工劳动保护的法律法规和政策，都必须以妇女权益保障法的基本

① 邹瑜、顾明：《法学大辞典》，北京：中国政法大学出版社 1991 年版，第 1043 页。

原则为准则，不得同妇女权益保障法的基本原则相抵触。(2）这些基本原则是判定对“特别规定”制度内容解释正确与否的根本标准。对于“特别规定”具体条文的解释，不同的人从不同的视角或因为不同的目的会有不同的认识。对于这些不同的认识如何判断其对错，根本标准就是哪种认识更加符合基本原则的要求，而不能完全拘泥于“特别规定”条文的字面含义。(3）这些基本原则对“特别规定”内容具有弥补作用。“特别规定”的具体规范，都是根据基本原则创制的，是基本原则的具体化，而且具有可操作性，因此，无论是用人单位行为，还是有关部门进行执法和司法活动，“特别规定”有明确规定的应直接依照“特别规定”处理。但是，“特别规定”的具体内容是有限的和相对稳定的，而其所要调整的女职工劳动保护问题则是无限的、不断变化的。以有限的、相对稳定的条文，不可能穷尽无限的、不断变化的女职工劳动保护关系，何况“特别规定”仅有16个条文，它对有关女职工劳动保护问题的规定必然有一定的局限性，这样“特别规定”就同其他法律法规一样，不可能提供完备无缺的行为规则。在“特别规定”的实施过程中，如果具体的条文规范没有对有关的问题作出规定，人们就可以遵循上述基本原则，解决女职工劳动保护问题。

2. 应当具有国际视野

女职工劳动保护问题，既是我国存在的问题，也是一个世界性问题。通过专门立法解决这个世界性难题，需要我们具备国际视野和胸怀，更需要我们具有顺应并引领国际潮流的理念和思想。女职工权益作为妇女人权的重要组成部分，同样引起了国际社会和世界各国的高度重视。就国际社会而言，无论是联合国第一个人权问题国际文件《世界人权宣言》，还是后来联合国大会通过的《经济、社会、文化权利国际公约》《消除对妇女一切形式歧视公约》，对女职工权益保护问题都有相应的规定和要求。1995年第四次世界妇女大会通过的《北京宣言》和《行动纲领》也重申了这些要求。在女职工权益国际保护方面，需要特别指出的是国际劳工组织为此作出了极其重要的努力和贡献，国际劳工组织通过公约和建议书的形式，对劳动者的劳动报酬，劳动条件（工作时间、安全保护等），劳动福利（休息、医疗保健、教育、生活待遇等）及其他公民权利（如结社、集会、罢工、言论等自由）作出了相关规定与要求。“围绕女工保护，国际劳工组织制定了一些公约和建议书，其中，核心公约和建议书、时新公约和建议书（Up-to-date instruments）是我们关注的重点。这些公约和建议书主要涉及男女工人就业机会均等与待遇平等、有家庭责任的男女工人机会和待遇平等、生育保护和家政工人保护等主题，其主线是争取工作中的性别平等以及如何理解对妇女的特殊保护。此外，在其他国际劳工标准中，如有关最低工资、缩短工时、职业安全卫生等主题的劳工标准中，也含有关于保护女工的专门条款。”①

3. 应当纳入社会性别视角

社会性别主流化是联合国所确定的一项提高两性平等的全球性策略，“作为一种策略方法，它使男女双方的关注和经验成为设计、实施、监督和评判政治、经济和社会领域所有政策方案的有机组成部分，从而使男女双方受益均等，不再有不平等发生。纳入主流的最终目标是实现男女平等”。②为了推进我国的社会性别主流化，《中国妇女发展纲要（2011—2020年）》在其总目标中，特别强调“将社会性别意识纳入法律体系和公共政策，促进妇女全面发展，促进两性和谐发展，促进妇女与经济社会同步发展”。“特别规定”作为专门规定女职工劳动保护的行政法规，作为我国保障妇女权益、促进妇女发展法律体系的重要组成部分，它的制定和实施理所当然地需要纳入社会性别意识，我们对“特别规定”制度内容的理解，也应当纳入社会性别视角。

从社会性别角度分析，“特别规定”总体上坚持了对女职工的特殊保护，体现了有利于性别平等、公正、和谐发展的先进性别文化，并且与先进性别文化之间在目标、核心价值方面保持一致。但与此同时，对“特别规定”中的一些规定也有重新审视的必要。如关于女职工禁忌劳动的范围的规定，尽管其初衷是对女职工的关爱，但是这些规定是在特定历史条件

① 林燕玲：《国际劳工标准：女工和童工保护》，载《中国劳动》2012年第3期。

② 联合国—日常议题—妇女—社会性别主流化，http://www.un.org/zh/globalissues/women/mainstreaming.shtml。

下产生的。从未来的发展趋势和有利于妇女发展，有利于打破职业隔离的角度看，未来这方面的立法不是要着眼于禁止妇女从事什么职业，而是要立足于特定职业需要为妇女从业创造何种条件。

（二）用人单位自觉履行守法义务是“特别规定”顺利实施的关键

“特别规定”能否有效地实施，最关键的是用人单位能否全面地遵守“特别规定”的要求，自觉履行法定义务。守法是法律运行的重要环节，也是法律实施的基本形式之一。古希腊著名思想家亚里士多德曾说：“邦国虽有良法，要是人民不能全部遵循，仍然不能实现法治。”[①] 根据“特别规定”的规定，守法的义务主体主要是用人单位。“特别规定”第二条明确规定：“中华人民共和国境内的国家机关、企业、事业单位、社会团体、个体经济组织以及其他社会组织等用人单位及其女职工，适用本规定。”这一规定，彻底打破了“88年规定”所划定的国家机关、人民团体、企业、事业单位这一较为狭小的范围，特别是将“个体经济组织以及其他社会组织”加以规定意义重大。这种开放式列举的规定，意味着将所有用人单位尽皆纳入，既包括现有的各类用人单位，也包括以后出现的新型用人单位。从员工的角度看，“特别规定”保护的女职工范围远远大于劳动法和劳动合同法调整的范围，不仅适用于建立“劳动关系”的女职工，也适用于建立“干部委任关系”“人事聘用关系”的女职工，同时适用于劳务派遣女工群体以及与用人单位建立“事实劳动关系”的非全日制女职工。这一突破，顺应了我国目前已经形成的以公有制为主体、多种所有制经济共同发展的格局的新形势，满足了劳动关系更加多样化、复杂化，女职工利益诉求也呈现出多层次、多样化的现实需求，体现了国家对全体女职工的关心和保护。

用人单位的守法，最核心的要求就是一方面不做“特别规定”中禁止性规范所禁止的事情，另一方面要积极履行“特别规定”中命令性规范所

① 亚里士多德：《政治学》，商务印书馆1965年版，第199页。

要求的内容。具体说来就是要自觉履行下列法定义务：加强女职工劳动保护，采取措施改善女职工劳动安全卫生条件的义务；对女职工进行劳动安全卫生知识培训的义务；遵守女职工禁忌从事的劳动范围的规定并负责通知的义务；对怀孕、生育、哺乳期的女职工予以特殊保护的义务；保障女职工产假的义务；缴纳生育保险费或支付生育津贴、医疗费用的义务；妥善解决女职工在生理卫生、哺乳方面困难的义务；预防和制止对女职工性骚扰的义务。

（三）政府及其有关部门积极履行法定职责是“特别规定”顺利实施的保证

“徒法不足以自行。”执法主体及其职责的明确与否，对于法律法规的实施具有十分重要的作用。为了保证“特别规定”的顺利实施，理顺各部门保护女职工权益的职责，明确保护女职工权益的责任主体是十分必要的。这其中政府及其有关部门是“特别规定”实施的责任主体，各级人民政府应当为“特别规定”的实施创造必要的条件。

为了保证“特别规定”的顺利实施，各级人民政府及其职能部门还应当以各种方式对女职工保护措施做进一步细化和深化的规定。例如，上海市人民政府于2013年1月19日发布了《关于贯彻实施〈女职工劳动保护特别规定〉调整本市女职工生育保险待遇有关规定的通知》，在通知中对上海市女职工产假期限、产假期间的待遇作了适当的调整，为“特别规定”在上海市的实施扫清了制度上的障碍。当然，各地人民政府及其职能部门除了依职权作出相关规定外，还可以支持和推动本级的权力机构创造性地将“特别规定”有关原则性的规定加以具体化。例如，2012年6月28日，深圳市通过的《深圳经济特区性别平等促进条例》，对“特别规定”中相关内容给予了跟进和具体化，除了明确规定“基于生理原因或者因为怀孕、分娩和哺育，为了保护女性而采取的特别措施”不构成性别歧视外，还就有关禁止职场性骚扰问题作了具体规定。上海市、深圳市的做法，为把“特别规定”的制度内容落到实处创造了必要的制度方面的条件。

三、各级人民政府应当严格依法制裁违反“特别规定”的行为

“有法可依，有法必依，执法必严，违法必究”是社会主义法治的基本要求，其中“执法必严，违法必究”是对执法机关和执法人员提出的基本要求。“特别规定”在法律责任的规定中明确了县级以上人民政府人力资源社会保障行政部门和安全生产监督管理部门的具体执法权力，这就要求县级以上人民政府人力资源社会保障行政部门和安全生产监督管理部门及其工作人员要严格按照“特别规定”的要求，尽职尽责地打击和制裁一切违反“特别规定”的行为。

四、对新时代女职工劳动保护立法的新期待

随着2020年全面建成小康社会宏伟目标的实现，与之相适应的女职工劳动保护立法理应对女职工的权益有更全面的保障。

（一）更加全面地关注女职工的健康

健康是一项基本的人权。早在1948年12月10日，联合国大会通过并颁布的《世界人权宣言》中，就明确指出“人人有权享受为维持他本人和家属的健康和福利所需的生活水准，包括食物、衣着、住房、医疗和必要的社会服务；在遭到失业、疾病、残废、守寡、衰老或在其他不能控制的情况下丧失谋生能力时，有权享受保障”。联合国大会1966年12月16日通过的《经济、社会和文化权利国际公约》进一步强调：“本公约缔约各国承认人人有权享有能达到的最高的体质和心理健康的标准。”2006年10月31日，中国政府签署并经立法机关批准了《职业安全和卫生及工作环境公约》（第155号公约），承诺采取措施保障劳动者的身心健康，包括旨在保护劳动者的生命与健康、工作能力、人道工作环境的任何措施，尤其是法律措施。该公约规定：“与工作有关的‘健康’一词，不仅指没有疾病或并非体弱，也包括与工作安全和卫生直接有关的影响健康的身心因素。”

但这一要求在《女职工劳动保护特别规定》中尚未得到充分体现。今后，应特别强调健康领域也要纳入性别意识并将性别意识主流化的问题，更加全面地关注女职工的健康，对女职工的健康问题从多层次、多方面加以规定，为女职工健康权获得有效实现提供更加完备的法律政策保障。

（二）完善遏制职场性骚扰的法律规范

通过完善立法，建立起遏制性骚扰的各项机制，是防治职场性骚扰的根本途径。完善遏制职场性骚扰的法律规范主要有两个途径：一个是在制定或修改完善有关法律法规，如劳动法、妇女权益保障法时，加入相关内容，另一个是制定专门的法律法规。修改完善现行的法律法规简便快捷，但面临思想认识上、学理上和技术上等一系列的障碍，而且由于现有法律法规的属性不同，加之防治性骚扰的法律措施具有特殊性，导致很多防治职场性骚扰的法律制度难以被纳入这些法律法规之中。因此，针对性骚扰特别是职场性骚扰这一特定社会问题而制定一部社会性、综合性法律法规势在必行。这不仅能够契合公众的预期，进一步凝聚全社会的共识，形成全社会反对性骚扰的良好氛围和环境，而且能够建立起多层面的、协调的防治性骚扰的法律机制，实现防治性骚扰法律制度的体系化。在制定防治职场性骚扰法律法规时，要突出下列重要内容：准确界定职场性骚扰的概念及其构成要件；完善多渠道的遏制职场性骚扰工作机制，加大防治力度；协调与完善各类法律对职场性骚扰的调节机制，增加法律的操作性与针对性；疏通职场性骚扰的多种救济途径，及时有效地处理性骚扰案件。

（三）完善生育休假与生育保险制度

完善生育休假与生育保险制度，最重要的就是要兼顾男性生育护理假的需求，倡导养育子女是男女和整个社会的共同责任。

2009 年，中央党校妇女研究中心在北京、南京、郑州、西安等地所做的 796 份问卷调查中，有 92.1% 的人赞成有关法律明确规定男性护理假的内容。同年，凤凰资讯网就赞成有关法律明确规定男性护理假所做的调查，获得 94% 以上的支持率。可见，男性有产假的需求。

基于联合国《消除对妇女一切形式歧视公约》中序言所倡导的“养育子女是男女和整个社会的共同责任”的理念，欧洲许多国家都规定了生育护理假，如法国和英国规定生育护理假为带薪休假 14 天，比利时、瑞典的生育护理假为 10 天，丹麦、爱沙尼亚的生育护理假为 14 天，芬兰的生育护理假为 18 天。在美洲，绝大多数国家也规定了生育护理假，如危地马拉、阿根廷规定带薪生育护理假为 2 天；巴西带薪生育护理假为 5 天；智利劳动法规定父亲享有 4 ～ 8 天产假权利；加拿大男职工在妻子生育时可请 5 天的产假，其中 2 天是带薪的，3 天是不带薪的。

我国除了西藏外，其他各省、直辖市和自治区的计划与生育条例都规定了“男方照顾假”或称“配偶护理假”“男方看护假”等。从享受条件来看，立法的初衷主要是调动公民计划生育积极性，生育护理假实质是对晚育和独生子女家庭的一种奖励手段。计划生育条例的有关规定客观上为男性照顾护理妻子并尽早进入育儿角色创造了条件，提供了时间保证。但仅给晚育和独生子女的家庭奖励来鼓励男性参与，具有很大的局限性和弊端。如果立法增设男性产假，将成为贯彻男女平等基本国策和履行《消除对妇女一切形式歧视公约》的重要举措。

《中共中央　国务院关于优化生育政策促进人口长期均衡发展的决定》于 2021 年 7 月 20 日公布。决定明确了实施三孩生育政策及配套支持措施，“完善生育休假与生育保险制度。严格落实产假、哺乳假等制度。支持有条件的地方开展父母育儿假试点，健全假期用工成本分担机制。继续做好生育保险对参保女职工生育医疗费用、生育津贴待遇等的保障，做好城乡居民医保参保人生育医疗费用保障，减轻生育医疗费用负担。”“维护好计划生育家庭合法权益。对全面两孩政策调整前的独生子女家庭和农村计划生育双女家庭，继续实行现行各项奖励扶助制度和优惠政策。探索设立独生子女父母护理假制度。加强立法，保障响应党和国家号召、实行计划生育家庭的合法权益。”

第三节　建立健全预防和制止职场性骚扰的法律机制

《女职工劳动保护特别规定》明确要求“在劳动场所，用人单位应当预防和制止对女职工的性骚扰”。这一规定不仅使《中华人民共和国妇女权益保障法》有关“禁止对妇女实施性骚扰”的规定在行政法规中得以落实，而且使女职工的人格尊严和体面劳动的权利有了充分的保障。然而，由于职场性骚扰问题由来已久，不会因“特别规定”的出台而立刻全部隐退或消失，因此，继续深入研究遏制职场性骚扰的法律对策，对于“特别规定”的完善及女职工合法权益的维护，均具有重要意义。

一、现有法律资源在防治职场性骚扰方面的浪费与不足

我国以前出台的宪法、民法通则、刑法等法律中虽有保障公民人格尊严、性权利的相关规定，却没有直接禁止性骚扰的明确规定。如宪法第三十三条规定：“国家尊重和保障人权。”第三十八条规定：“中华人民共和国公民的人格尊严不受侵犯。禁止用任何方法对公民进行侮辱、诽谤和诬告陷害。”又如，民法通则第一百零一条规定：“公民享有名誉权，公民的人格尊严受法律保护，禁止用侮辱、诽谤等方式损害公民的名誉。”再如，我国刑法第二百三十六条规定的强奸罪和第二百三十七条规定的强制猥亵、侮辱罪，这些规定虽然有遏制性骚扰的实质内容，但未能将各种类型的性骚扰全部纳入法律调整的范围。2005 年修改的《中华人民共和国妇女权益保障法》首次将禁止“性骚扰”明确写进法律之中[①]，这一规定尽管

---

① 妇女权益保障法第四十条规定：“禁止对妇女实施性骚扰。受害妇女有权向单位和有关机关投诉。”

是原则性的，但在我国反性骚扰立法史上却有里程碑意义，不仅清楚地表明了国家对性骚扰否定、谴责的态度，而且为其他法律特别是下位的行政法规、地方性法规及规章的制定提供了立法依据。之后，一些地方开始了法规具体化的进程，如2008年《河北省实施〈中华人民共和国妇女权益保障法〉办法》中界定了性骚扰及预防措施。[1] 国务院2012年通过的《女职工劳动保护特别规定》第十一条进一步将“职场性骚扰”纳入法律调整的范畴，即“在劳动场所，用人单位应当预防和制止对女职工的性骚扰”。“特别规定”不仅明确了用人单位防治职场性骚扰的职责与义务，而且将对女职工的保护范围扩大到个体经济组织及其他社会组织。2020年颁布的《中华人民共和国民法典》第一千零一十条进一步规定：“违背他人意愿，以言语、文字、图像、肢体行为等方式对他人实施性骚扰的，受害人有权依法请求行为人承担民事责任。机关、企业、学校等单位应当采取合理的预防、受理投诉、调查处置等措施，防止和制止利用职权、从属关系等实施性骚扰。”上述有关禁止性骚扰法律规定的演进过程，表明了我国法律法规对妇女权益保护程度的不断提升。当然，就我国遏制性骚扰法律法规的总体规定来看还不尽如人意，存在着法律资源不足与浪费并存的现象。

（一）现有法律资源在遏制职场性骚扰方面的不足

从我国现有法律法规对性骚扰的规定来看，还存在着种种不足。

1. 现有的法律规定在不同法律之间衔接不够

我国遏制性骚扰的现行法律规定散见于不同的法律法规之中，相关法律规定不完备，且相互之间缺乏联系，不够周延、不够系统。从法律的衔接看，妇女权益保障法规定的相关行政责任在治安管理处罚法中找不到相应的处罚措施；行政责任、民事责任和刑事责任三方责任的设计

---

① 《河北省实施〈中华人民共和国妇女权益保障法〉办法》第三十五条规定：“禁止违背妇女意愿，以带有性内容或者与性有关的肢体行为、语言、文字、图片、电子信息等形式，对妇女实施性骚扰。用人单位和公共场所管理单位应当采取必要措施，制定相应的调查投诉制度，预防和制止对妇女的性骚扰。”

上也缺乏衔接。

2. 缺乏有效遏制职场性骚扰的工作机制

现有法律只是表明了禁止职场性骚扰的基本态度，对于如何发挥各部门、各机构的职责，遏制性骚扰，缺乏具体规定，尚未形成动用全社会力量遏制职场性骚扰的良性循环状态。由此导致职场性骚扰发生后，受害对象不知向何处投诉，用人单位不知应如何处理，政府部门对于防治性骚扰的职责不明，工、青、妇等社会组织的作用无法发挥，公、检、法机关接到该类报案不能及时妥善受理等。各部门、各机构在干预性骚扰方面的责任不明，有关处理职场性骚扰的法律机构缺乏，一来导致各自职能无法得以充分发挥，二来会使多机构联手遏制职场性骚扰的合力作用受限，最终很可能致使防治职场性骚扰的宣言性规范成为一纸空文。

3. 对职场性骚扰的侵权责任规定不够明确

当性骚扰案件发生后，骚扰人应当承担什么样的侵权责任，虽然民法典有了规定，但对于机关、企业、学校等单位如何承担民事责任没有明确规定。职场性骚扰是个宽泛的概念，就性骚扰案件的侵权程度而言，有危害大小和责任轻重之别，因此，所对应的侵权责任类型亦有所区别，如民事、行政、刑事责任，单位的行政、纪律处分等。侵权责任不明确，会带来骚扰人承担什么样的责任不好确定、司法机关适用法律困难、法律可操作性差、案件管辖模糊等一系列的困扰。同时，由于责任不明，一方面，法律对骚扰人的一般预防的作用减弱，法律制止不力无异于对骚扰人的纵容，可能会导致职场性骚扰屡禁不止的局面；另一方面，对受害人的保护程度也大打折扣，受害人心里没底儿而不敢投诉，更无法运用法律武器维护自己的合法权益。

4. 缺乏有关解决职场性骚扰纠纷救济途径的规定

由于目前法律对性骚扰纠纷的处理缺乏强制性规定，被害人受到骚扰后，不知道是通过劳动争议仲裁机构仲裁还是到人民法院起诉，来保护自己的合法权益，使得多起性骚扰案件不能得到有效制止，不法侵害人逍遥法外，甚至有恃无恐、变本加厉。用人单位尚未将职场性骚扰作为劳动争议进行调解或者处理的内容，单位规则制度对于防范职场性骚扰是个盲区，这些问题导致单位防治性骚扰的作用无从发挥；此外，由于性骚扰案件大多发生在双方独处的工作场所或者相对封闭的交往环境之中，证据多半是一对一的，即使有知情的第三者在场，一般也出于顾虑不肯出庭作证，证据收集较为困难，而证据是认定案件事实的唯一依据。如果上述问题不解决，职场性骚扰问题就不可能得到有效的治理。

（二）现有法律资源在遏制职场性骚扰方面的浪费

我国现有法律资源关于防治职场性骚扰，也存在多种形式的浪费。

1. 观念的滞后影响了有关法律法规在遏制职场性骚扰方面的适用

从公众的角度看，一些人还没认识到职场性骚扰的违法性，认为这不过是同事之间开玩笑，谈不上违法，把性骚扰视为违法乃至犯罪行为是小题大做。还有些人把性骚扰的发生归罪于受害者，认为“苍蝇不叮无缝的蛋”。这些观念的存在，一方面不利于遏制职场性骚扰的社会氛围的形成，使人们不能全面认识到职场性骚扰的危害性和违法性，还有可能助长性骚扰的滋生；另一方面大大弱化了公众对受害者的支持，在舆论中缺少对受害者的同情、对骚扰者的谴责，使受害者缺乏对法律制裁骚扰者的信心，而最终退却。更为严重的是，这种舆论氛围也大大降低了证人在诉讼中出庭作证的道德动力，使本来就难以收集的证据更加缺乏，而没有证据支持的诉讼，最终只能让法律无用，让正义蒙羞。

2. 拘泥于具体条文而忽视立法精神的做法妨害了有关法律法规作用的充分发挥

在现实生活特别是司法实践中，一些司法人员在处理性骚扰案件时，常常感觉没有具体的法律依据。毋庸讳言，我国目前现有的法律中对性骚扰特别是职场性骚扰的规定少之又少，而且多为原则性的规定，这确实使司法人员在处理具体案件时很难依据具体的针对性很强的条文进行处理。然而，任何事物都有两面性。我国法律对于性骚扰特别是职场性骚扰的原则性规定，同时也为司法机关依据法律的基本原则和立法精神灵活处理性骚扰案件创造了条件。正是由于一些司法人员拘泥于具体条文而忽视了立法精神，导致在性骚扰的司法干预方面采取了谦抑态度，而非积极的态度，这就使很多本来可以立案的案件没有立案，使本来可以依职权调取的证据没有调取，使本来可以从重处罚的没有落实，使本来可以追究责任的没有追究。

3．法律法规之间的衔接协调不够造成了遏制职场性骚扰不应有的障碍

性骚扰问题是个社会问题，形成的原因有多方面。这个问题的解决当然也需要采取多种手段和措施，特别是不同的法律手段和措施。目前我国直接或间接规定性骚扰问题的法律并不少，但这些法律规定本身却缺乏必要的衔接。如，我国妇女权益保障法规定“禁止对妇女实施性骚扰。受害妇女有权向单位和有关机关投诉”，并强调“违反本法规定，对妇女实施性骚扰或者家庭暴力，构成违反治安管理行为的，受害人可以提请公安机关对违法行为人依法给予行政处罚，也可以依法向人民法院提起民事诉讼”，然而在我国的治安管理处罚法中却没有任何关于处罚性骚扰的条款，甚至连性骚扰的概念都没有出现，在民事诉讼方面，不仅民事诉讼法没有任何关于性骚扰案件的特别规定，而且司法实践中性骚扰问题根本没有成为独立立案的案由。这种情况就使得看似有力的法律规定成了“拳头打进棉花里”，无处着力，法律的作用也就谈不到有效地发挥。

二、制定专门的法律法规，完善遏制职场性骚扰的法律规范

通过完善立法，建立起遏制性骚扰的各项机制，是防治性骚扰的根本途径。在制定防治职场性骚扰的法律法规时，要突出下列重要内容。

（一）准确界定职场性骚扰的概念及其构成要件

关于性骚扰问题，美国著名女权主义者凯瑟琳·麦金农于20世纪70年代曾将其界定为“在权力不平等关系下强加的讨厌的性要求，如淫秽言语的性暗示或挑逗；经常性地抛媚眼；强制性拥抱接吻；采用使员工失去工作或者恶化工作环境等手段，提出下流的性要求并强迫与之发生性关

系”。虽然该定义有其特定的时代背景，但其中的“在权力不平等关系下”所揭示的环境因素及行为方式，已经勾勒出性骚扰特别是职场性骚扰的大致轮廓。

迄今为止，职场性骚扰除了在一些地方性法规中有所定义外，在全国性法律中尚无法定概念，由此导致人们对其的不正确理解和主管单位、司法机关处理该类案件时的模糊态度及法律适用的困难。因此，有必要在专门的法律文件中，以立法的形式明确职场性骚扰行为的概念及类型，如人大代表提交的建议制定《工作场所性骚扰防治法》议案中，建议把工作场所性骚扰界定为“下列违背他人意愿，在工作场所以肢体行为、语言、文字、音像、电子信息等方式实施的与性或性别有关的行为：（一）明示或暗示地将提供性好处或者性行为作为雇用、晋升、薪酬条件；（二）违背对方意愿的性提议及实际行为；（三）触摸或抓捏对方身体的行为；（四）在不受欢迎的情况下展示或传播具有性暗示的图片、物体、信件、纸条、电子信息等；（五）在不受欢迎的情况下使用具有性特征的名字、绰号，有性意味的笑话、粗俗语言；（六）其他与性或性别有关的骚扰行为”。如果我们在法律文件中用这种方式界定职场性骚扰，既可以有效纠正人们对职场性骚扰认识上的误区，也为相关单位与司法机关正确认定职场性骚扰案件提供明确的指引。

“性骚扰”作为一种违背他人意志，使用语言、动作、文字等手段，对他人实施的与性有关程度不同的侵害行为，它在职场的表现就是发生在职业或者职务活动范围内的以女职工为主要侵害对象的性骚扰行为。据此，职场性骚扰的构成可以从以下几个方面认定。

（1）“职场性骚扰”的侵害对象主要是女职工。虽然也存在男职工被骚扰的情形，但相对来说属于少数现象。这里所谓“女职工”，根据《女职工劳动保护特别规定》的规定，是指中华人民共和国境内国家机关、企业、事业单位、社会团体、个体经济组织等单位工作或者服务的女性职工。

（2）“职场性骚扰”发生地点为职场。所谓职场，即工作场所或者与其业务范围相关的场所。笔者认为，对职场范围的理解不能过于狭窄，它除了女职工经常出入的工作场所、工作单位外，还包括与其工作范围、职务、职责密切相关的其他地方，如开会学习的场所，洽谈业务的场所，招聘场所，出差途中及出入的宾馆、饭店等其他业务场所。在上述场所或者交往中，一切公开的和隐秘的场合，都可能有职场性骚扰的“幽灵”在游荡。

（3）“职场性骚扰”违背女职工的意志，具有不受欢迎的特征。《杜拉拉升职记》中有一句经典台词，即彼此都愿意的挑逗那是谈恋爱或者调情，一方不愿意才是性骚扰。这句话道出了职场性骚扰违背女职工意志的基本特点，也揭示了职场性骚扰与异性之间恋爱调情的区别。因此，判断某一行为是否为性骚扰的关键并非在于该行为是否出于受害人自愿，而在于它是否违背其意志、是否受欢迎。有些职场性骚扰案件中的骚扰人往往利用自己的优势与制约地位骚扰女职工，女职工为了保全自己的现有利益往往只能同意，但是从主观上看，这些行为是不受欢迎的、令人反感的，有的甚至是被迫的。所以，职场性骚扰的显著特点是具有不受欢迎性。此外，职场性骚扰与其他性骚扰所不同的是：后者由于双方不存在利害关系，被害人往往进行力所能及的反抗，而前者受到骚扰的女职工，出于面子等其他原因，很多人选择默默忍受，不敢站出来维护自己的合法权益，只有在忍无可忍的情况下，才选择揭发或者诉讼。

（4）在客观方面，行为人实施了某种带有性内容的骚扰行为，这种行为具体可以表现为当面语言调戏、讲黄色笑话、发骚扰短信、打骚扰电话、发骚扰邮件、在他人面前展示色情图片和刊物、经常询问他人的隐私和性生活隐私、身体被不必要的触摸或摩擦、强行亲吻或搂抱、向他人表白自己的性需要或提出性要求、在他人面前露体，等等。

（5）在客体方面，职场性骚扰侵害了女职工的人格尊严、性自由等权利，具有侵权客体复杂性的特点。职场性骚扰类型的多样性，决定了其侵权的复杂性。如强奸女职工的性骚扰行为侵犯了女职工的性自由权，而猥亵女职工的行为侵犯了女职工的人格尊严权。

（二）完善多渠道的防治职场性骚扰工作机制，加大防治力度

职场性骚扰是一个社会问题，防治职场性骚扰需要社会共同的行动与配合，完善多途径防治职场性骚扰的工作机制，使各用人单位、司法机关、社会组织、律师、舆论部门等多方合作，分工负责，互相配合，形成合力。如工、青、妇等社会组织应积极开展防治职场性骚扰的宣传、培训、咨询等工作；社会舆论部门应加大防范职场性骚扰宣传的力度，提升公众反对职场性骚扰的意识；用人单位应明确职场性骚扰的责任，采取积极有效措施加以防治，不得歧视被害人，为广大职工提供健康、安全、平等的工作环境；公、检、法机关应当提高社会性别意识，妥善处理这类案件，发挥预防职场性骚扰的特殊功能，为防范其发生守好最后的屏障；律师也应积极为受害人提供法律服务，维护受害人的合法权益等。在全社会范围内形成防范职场性骚扰的机制，协调一致开展工作。

为推动用人单位建立防治职场性骚扰机制，营造平等、文明、安全的工作环境，2021 年 8 月，全国妇联权益部推出了《防治职场性骚扰指导手册》。《防治职场性骚扰指导手册》中明确了什么是职场性骚扰、用人单位如何防治职场性骚扰、如何避免对他人造成性骚扰、遭遇职场性骚扰怎么办等内容，提出了具体指导。

（1）建立健全防治职场性骚扰规章制度。明确什么是职场性骚扰并明令禁止职场性骚扰行为，明确防治职场性骚扰专门机构及其具体职责，以及投诉电话，明确单位管理人员对防治职场性骚扰的义务，明确单位预防性骚扰的措施，明确对性骚扰的投诉受理、调查取证、认定处理程序，明确处罚措施，防止打击报复，对受害人实施救助。

（2）教育培训。以公开方式发布相关规章制度，确保全体员工知悉，员工入职培训以及管理层培训。

（3）创建文明、安全的工作环境。尽量避免设置独立或私密性过强的办公空间，合法合规安装监控设备，避免在举办年会、员工培训时出现低俗化现象。

（4）建立防治职场性骚扰专门机构。

（5）规范处理职场性骚扰程序。投诉与受理。采取行动，进行初步了解，调查。尤其需要注意了解职场性骚扰发生的“人”“事”“时”“地”“物”五要素，寻找直接证据和间接证据。认定和处理。对于存在职场性骚扰行为的，应当根据情节轻重，分别给予批评教育、警告、解雇等处罚。涉嫌违法犯罪的，移交公安机关处理。复核。当事人对处理结果有异议的，可以提供新证据，申请复核。告知处理结果。①

此外，《消除工作场所性骚扰指导手册》（修订版）也在2021年6月正式出版。该修订版是在2020年出版的全国首本关于预防和制止工作场所性骚扰的指导手册——《消除工作场所性骚扰指导手册》基础上，根据《中华人民共和国民法典》相关规定，由全国总工会女职工部对其进行修订，中国企业联合会雇主工作部、国际劳工组织中国和蒙古局联合推荐。修订版手册详细解读工作场所性骚扰的基本概念及类型，阐释用人单位应建立的制度机制、工会组织应发挥的作用，分析点评实践案例，帮助职工了解用人单位的法律义务和自身权益，清楚识别性骚扰，采取积极措施应对性骚扰，并参与、促进、监督用人单位建立和执行消除工作场所性骚扰制度机制。②

（三）协调与完善各类法律对职场性骚扰的调节机制，增加法律的操作性与针对性

民法典、妇女权益保障法与《女职工劳动保护特别规定》把禁止职场性骚扰作为原则性规范在法律中予以规定，但是性骚扰是个较为宽泛的概念，其类型各不相同，一旦发生这类案件，仅靠上述规定是无法操作的，必须将原则规定变为可操作性的立法，才能提高法律的可操作性与权威性。因此，要协调相关法律的规定，使之相互衔接，明确性骚扰案件的民

① 参见国务院妇女儿童工作委员会网站，http://www.nwccw.gov.cn/2021—06/22/content_293373.htm，2021—06—22 09:56:22，来源：《中国妇女报》。

② 参见国务院妇女儿童工作委员会网站，http://www.nwccw.gov.cn/2021—06/22/content_293373.htm，2021—06—22 09:56:22，来源：《中国妇女报》。

事、行政、刑事责任，使之有法可依，形成遏制性骚扰的完整链条。对于轻微的性骚扰，用民事法律加以调整，应当在民法典或者侵权行为法中，明确这种性骚扰的民事侵权责任，如停止侵害、赔礼道歉、赔偿损失等；对于较为严重的性骚扰，则由行政法规加以调整，可以在治安处罚法中增加职场性骚扰的处罚类型，加大行政处罚法对性骚扰的调整力度，以衔接比民事违法更严重的性骚扰案件的责任问题；对于已经触犯刑律，构成刑事违法的性骚扰案件，依照刑法第二百三十六条强奸罪，第二百三十七条强制猥亵、侮辱罪追究刑事责任。总之，只有衔接相关法律对职场性骚扰的调整范围，才能满足干预各种形式的性骚扰案件的需要，堵塞法律漏洞，提高法律遏制职场性骚扰案件的力度与范围。

（四）疏通职场性骚扰的多种救济途径，及时有效地处理性骚扰案件

意大利法理学家贝卡利亚在论述刑罚的及时性时指出，“刑罚应当在犯罪发生后，尽可能短的时间迅速到来”。贝卡利亚认为刑罚的适用越迅速及时，就越公正有效。尽管性骚扰案件不一定都承担刑事责任，但是，案件的及时处理，是防范其继续发生的关键，也是司法公正的体现。因此，完善遏制性骚扰的法律体系，疏通下列救济渠道非常关键：其一，明确性骚扰案件的投诉机关，如受害人可以向公安机关报案，也可以向所在单位或者相关组织投诉；其二，完善性骚扰案件的调解机制，如规定性骚扰案件可申请向用人单位劳动争议调解委员会或者其设置的性骚扰防治机构调解，也可以申请基层人民调解组织等调解；其三，增设性骚扰案件的仲裁程序，如受害人可以依法向当地劳动争议仲裁机构申请仲裁等；其四，充分发挥司法干预职能，如受害人有权向人民法院提起诉讼，对于证据的取得，受害人可以自己提供证据，有困难的可以由人民法院依法调取，解决取证难的问题，认定案件时适用优势证据标准，受理案件时将性骚扰问题作为独立的立案理由，鉴于性骚扰案件的特殊性，审理时适用专门的诉讼程序等；其五，强化法律援助与司法救助措施保障等。

第七章

刑法对妇女权益的保障和维护

第一节　我国刑法是保护妇女合法权益的重要法律武器

刑法是掌握国家政权的统治阶级为了维护本阶级的利益和统治秩序，根据本阶级的意志，由国家立法机关制定并颁布的关于什么行为是犯罪以及如何惩罚犯罪的法律规范的总称。简言之，刑法就是由国家立法机关制定的，用刑罚方法同犯罪行为作斗争的法律。

从古至今，每个国家都有自己的刑法，而且任何国家的刑法都是统治阶级的意志的体现。在我国历史上，自进入阶级社会以后，无论是奴隶社会、封建社会，还是近代半封建半殖民地社会，虽然其私有制的形式各有不同，但在有关妇女问题的立法上则是基本一致的，男尊女卑是其共同准则。在刑事立法方面，苛责妇女、偏袒男子是金科玉律，亘古未变。如《唐律》中规定，“夫殴妻，不为罪”，妻殴夫则判强制劳役一年，即使丈夫殴打妻子致伤，也较一般“折伤”罪减二等，若是妻殴伤其丈夫，要比“斗伤”罪加三等论处。《唐律疏议》中更直言不讳地指出这样规定的原因，是因为“妻之言齐，与夫齐体，义同于幼”。也就是说，妻子在名义上虽处在同丈夫对等平齐的地位，但实际上身份却同幼辈是一样的，所以在定罪量刑问题上，要比照当时有关长幼尊卑之间的原则处理。在我国数千年的封建历史长河中，当时的刑事法律只是维护封建专制制度和封建家族统治的工具，是压迫、奴役妇女，限制其发展的枷锁，当然谈不到维护妇女合法权益的问题。

中华人民共和国刑法是建立在社会主义生产资料公有制基础上的上层建筑的一部分，体现着无产阶级和广大劳动人民的根本意志和利益，是保护人民和惩罚、改造极少数犯罪分子的锐利武器，是人民民主专政的重要工具。其任务是通过打击犯罪，有效维护社会主义制度和社会主义社会秩序，维护广大人民，包括广大妇女的合法权益。保护占我国人口半数的妇女的合法权益，使之不受犯罪行为的侵害，这是我国社会主义刑法的一个显著特征。

在保护人民方面，中华人民共和国成立后，国家颁布了一系列适合人民需要、保护人民利益的法律，这些法律中贯穿了男女平等、对妇女实行特殊保护的原则。作为国家根本大法的宪法明确规定：“中华人民共和国妇女在政治的、经济的、文化的、社会的和家庭的生活等各方面享有同男子平等的权利。国家保护妇女的权利和利益。”“婚姻、家庭、母亲和儿童受国家的保护。”“禁止破坏婚姻自由，禁止虐待老人、妇女和儿童。”刑法是以宪法为根据制定的，通过惩罚侵犯妇女合法权益的犯罪行为，实现对妇女权益的保护，保证宪法原则的贯彻实施。根据宪法原则和妇女的特殊性，刑法对妇女权益的保护作了专门的规定。例如，刑法分则通过对强奸妇女犯罪严厉打击，保护妇女性不可侵犯的权利；通过惩治强制猥亵他人、侮辱妇女的行为，维护妇女的人格尊严；通过惩治拐卖妇女等犯罪，保护妇女的人身自由等权利；通过打击主要以妇女为侵害对象的强迫他人卖淫、组织他人卖淫等与卖淫相关的犯罪，维护妇女的合法权益；通过制裁虐待、遗弃妇女的犯罪，有效地保护妇女在家庭中的平等权利；等等。在刑法总则部分也有保护妇女的原则性规定，如审判时怀孕的妇女不适用死刑等，这充分体现刑法的社会主义人道主义精神。

刑法作为规定犯罪、刑事责任与刑罚的法律规范的总称，在维护妇女权益时，是通过把严重危害妇女合法权益的行为规定为犯罪，并予以刑罚处罚来实现其对妇女的特殊保护的。犯罪是严重危害社会、触犯刑法，依法应当受刑罚处罚的行为。侵害妇女合法权益的犯罪，则表现为严重危害妇女的合法权益、依法应当承担刑事责任的行为。一种行为如果没有危害社会，没有危害妇女的任何权益，或者危害尚未达到被刑法所禁止，尚未达到受刑罚处罚的严重程度，不认为是犯罪，刑法则不予干预。如果未触犯刑法，而是违反了行政法、民法等其他法律，则属于一般违法行为，可以分别依照有关法律予以制裁，这是由刑法的谦抑原则所决定的。

与其他法律不同，刑法调整社会关系、维护妇女权益的范围最为广泛。其他部门法只是调整或保护某一方面的社会关系或社会权益。例如，行政法调整的是国家行政机关在行使国家行政权力时发生的各种行政关系，维护的仅限于行政管理领域中可能被侵害的妇女权益；民法典调整和维护的主要是平等主体间的人身关系和财产关系等。刑法是使用刑罚的方法与犯罪作斗争的法律，犯罪是性质严重的违法行为，其可能侵害的社会关系和利益是多方面的，不仅严重危害个别公民，包括妇女的合法权益（如妇女的人身权利、民主权利、财产权利等），而且也会严重危害国家的政治、经济利益，乃至国家安全，从而侵害广大人民的最根本利益。可见，刑法所调整和维护的并不局限于某一方面的社会关系和权益，而是根据行为对各种社会关系和权益危害程度的大小来确定其调整范围。而且，其他法律调整和保护的社会关系和妇女合法权益，都可能借助于刑法的保护和调整，刑法是其他部门法的保障法。以侵犯婚姻家庭关系为例，不履行婚姻登记手续、非暴力阻挠妇女行使婚姻自由权，或者一般的不支付扶养费等行为，属于违反民法典婚姻家庭编的一般违法行为，由民法典婚姻家庭编来调整；如果有配偶又与他人结婚或明知他人有配偶而与之结婚的、使用暴力干涉妇女婚姻自由的，以及对妇女负有扶养义务而拒绝扶养，情节恶劣的，则触犯了刑法，分别构成重婚罪、暴力干涉婚姻自由罪和遗弃罪，就应依照刑法的规定定罪量刑。又如，一般性的卖淫、嫖娼，属于违反治安行政管理法规的行政违法行为，应由公安机关依照治安管理处罚法的规定，予以行政处罚；如果明知自己患有严重性病仍然卖淫、嫖娼则构成传播性病罪，应由司法机关依照刑法第三百六十条的规定，予以刑罚处罚。由此可见，刑法通过与犯罪作斗争，维护着多方面的社会关系和妇女的合法权益。运用刑法同这些犯罪作斗争，是全面贯彻实施其他法律的保障，是执行其他法律的后盾。

与其他法律不同，刑法对侵害妇女合法权益的犯罪分子的制裁措施最为严厉。任何违法行为都必须承担相应的法律后果，受到国家的强制制裁，但不同的法律因其性质和调整的范围不同而对于违法者规定的制裁方法在轻重程度上也有所不同。民事违法行为要承担民事责任，受到民事制裁（主要是财产方面的，如停止侵害、排除妨害等）；行政违法行为要承担行政责任，受到行政制裁（如行政拘留、罚款、警告等）；触犯刑律，构成犯罪，则要受到刑罚处罚。由于犯罪是性质最严重的违法行为，所以对犯罪分子刑罚的制裁也最为严厉，不仅可以剥夺犯罪分子的政治权利、人身权利和财产权利，而且对罪大恶极的犯罪分子可以剥夺其生命权，判处死刑。

综上可见，刑法是保护妇女权益的重要法律武器。司法部门必须牢牢掌握这一武器与侵犯妇女合法权益的犯罪行为作斗争，做到有法必依、执法必严、违法必究。只有这样才能有效地发挥刑法的权威作用，与其他部门的工作密切配合，使妇女的合法权益得到切实的保护。

第二节 刑法对妇女正当防卫权的保护

一、妇女正当防卫权的概念

为了确保公民的合法权益免遭正在进行的不法侵害，国家在为受害公民提供司法保障的同时，还赋予公民一定的防卫权，以使受害公民可以获得自我救济和社会救济。刑法第二十条第一款规定："为了使国家、公共利益、本人或者他人的人身、财产和其他权利免受正在进行的不法侵害，而采取的制止不法侵害的行为，对不法侵害人造成损害的，属于正当防卫，不负刑事责任。"该项规定明确了正当防卫是我国公民享有的一项权利，正当地行使这一权利不负刑事责任。妇女的正当防卫权是刑法赋予公民的正当防卫权的有机组成部分，妇女的正当防卫权是指妇女为了使本人或者他人的人身和其他权利免受正在进行的不法侵害，而采取必要防卫措施的权利。从这一概念可以看出，正当防卫权是主观上的防卫意图和客观上的防卫行为的统一。

（一）在主观上具有防卫意图

正当防卫的目的是为了抵御和制止正在进行的不法侵害，是对不法侵害者的一种还击，使合法权益免受不法侵害。行为人主观上不具备犯罪的故意或过失。

（二）在客观上具有防卫行为

这种防卫行为是在合法权益遭到不法侵害的情况下而实施的，行为人造成不法侵害者某种损害，旨在维护本人、他人的合法权益，防卫行为本质是同侵害妇女合法权益的不法行为作斗争的形式，其本身不但不危害社会，而且有利于社会，是保护妇女合法权益的一种必要措施，因而是正当的、合法的。

从上述主观与客观特征的统一来看，行使正当防卫权的行为是一种貌似犯罪，但并不危害社会，而且有利于社会和他人的合法行为，它与危害国家、社会利益的犯罪行为有本质的区别。所以刑法规定，行使正当防卫权不负刑事责任。

正当防卫是法律赋予公民的一项权利，也是公民应尽的道义上的义务，对妇女而言亦是如此。当国家、集体的利益和公民的合法权益受到不法侵害时，每一个公民都有义务去制止，妇女也不例外。在我们社会主义国家，勇于同不法侵害作斗争是一种美德，而见死不救、听任犯罪分子胡作非为的则要受到道义上的谴责，情节严重的还可能会受到党纪、团纪、政纪的处分。当然，我们在强调正当防卫是公民的道德义务的时候，应该充分考虑妇女的具体情况。一般说来，妇女无论是体力上或心理上都与成年男子有一定的差别，这在一定程度上不利于她们同违法犯罪分子作斗争，因此，社会对她们履行正当防卫义务方面不应过于苛求，提倡和鼓励是基本出发点。

在强调妇女应积极行使法律赋予的正当防卫权，保护自己和他人、社会的利益不受侵犯的同时，还应当看到妇女的正当防卫权的行使并不是孤立的，为了切实保障妇女的合法权益免受正在进行的不法侵害，仅仅有妇女自身防卫是不够的，还必须有社会救助，需要其他人能够挺身而出，勇于同侵害妇女合法权益的违法犯罪作斗争。事实证明，这种疾恶如仇、临危不惧、见义勇为的行为，对于维护妇女的合法权益，弘扬社会正气，打击违法犯罪分子的嚣张气焰起到了不可低估的作用，受到了法律的肯定和社会的赞扬。我国妇女权益保障法第七条明确规定，对保障妇女合法权益成绩显著的组织和个人，各级人民政府和有关部门给予表彰和奖励。

二、妇女行使正当防卫权的条件

如同其他权利一样，正当防卫权的行使也是有条件的。正当防卫作为法律赋予公民在特定条件下保护合法权益的紧急措施，并不意味着在任何时间、任何情况下都可以任意实施。妇女在行使正当防卫权的时候，必须严格遵守正当防卫的法定条件。

（一）实施正当防卫必须存在不法侵害，这是妇女行使正当防卫权的基本前提

不法侵害，是指危害社会，侵犯法律所保护的合法权益的行为。不法侵害的实际存在，是妇女行使正当防卫权的必要前提。如果客观上不存在不法侵害，行为人误以为是不法侵害而实施防卫行为，这种情况在刑法理论上叫假想防卫。假想防卫不是正当防卫，如果因假想防卫造成严重危害后果，应负过失犯罪的刑事责任，如属意外事件则不负刑事责任。

正当防卫行为是对不法侵害所进行的反击。从理论上来讲，对一切不法侵害都应制止，妇女都有权进行正当防卫。但不法侵害表现多种多样，有积极的作为，也有消极的不作为；有暴力型的，也有非暴力型的；有的具有紧迫性，也有的不具有紧迫性；有的事前可以防范，也有的事后才被发现。对于这些纷繁复杂的不法侵害，事实上我们不可能也没有必要都实行正当防卫，只有对那些带有暴力性、破坏性并且使合法权益处于危险状态的不法侵害才能实行正当防卫，例如，故意杀人、伤害、强奸、抢劫等。实践中针对一些过失犯罪、不作为犯罪，也是很难实施防卫的。

（二）正当防卫必须针对正在进行的不法侵害才能实施，即防卫必须适时

不法侵害正在进行，是指不法侵害处于实行阶段，即不法侵害已经着手实行，或者合法权益已面临紧迫的实际的威胁，而且尚未结束。因为在这种情况下，法律所保护的妇女的合法权益完全处于危险状态，如不及时、有效地制止，妇女的利益就会受到实际的损害。根据这个条件的要

求，对于尚未开始的不法侵害不能实行正当防卫，因为不法侵害尚未开始，行为人对合法权益的直接威胁还不存在，可以采取预防的措施加以制止。如果在这种情况下采取了防卫的措施就属于防卫不适时（事前防卫）。对已经结束的不法侵害行为也不能实行正当防卫。因为正当防卫的目的是保护妇女合法权益免受正在进行的不法侵害，不法侵害既已结束，说明对妇女权益的直接威胁已经消失，或者侵害已经造成，从而失去了进行正当防卫的必要，如果再进行事后的报复，不仅不能保护妇女的合法权益，而且会造成不必要的损害，所以事后报复的行为不能认定为正当防卫，也属于防卫不适时。

关于判断不法侵害是否结束的标准主要有不法侵害既遂说、不法侵害人被制服说、不法侵害主动停止说、不法侵害人离开侵害现场说等。案件不同，判断标准也不相同，应综合案发当时的实际情况来确定不法侵害是否结束。对防卫要适时这一条件的认定，山东省聊城的于欢案具有典型意义。

于欢案是指 2016 年 4 月 14 日 14 时，发生在山东省聊城冠县的刑事案件。2016 年 4 月 13 日，吴学占在苏银霞已抵押的房子里，将苏银霞的头按进马桶里，要求其还钱。当日下午，苏银霞四次拨打 110 和市长热线，但并没有得到帮助。2016 年 4 月 14 日，由社会闲散人员组成的 10 多人催债队伍多次骚扰女企业家苏银霞的工厂，辱骂、殴打苏银霞。苏银霞的儿子于欢目睹其母受辱，从工厂接待室的桌子上摸到一把水果刀乱捅，致使杜志浩等四名催债人员被捅伤。其中，杜志浩因未及时就医导致失血性休克死亡，另外两人重伤、一人轻伤。2017 年 2 月 17 日，山东省聊城市中级人民法院一审以故意伤害罪判处于欢无期徒刑。原告杜洪章、许喜灵、李新新等人和被告于欢不服一审判决，分别提出上诉，山东省高级人民法院于 2017 年 3 月 24 日立案受理。2017 年 6 月 23 日，山东省高级人民法院认定于欢属防卫过当，构成故意伤害罪，判处于欢有期徒刑 5 年。2018 年 1 月 6 日，于欢故意伤害案入选 2017 年度人民法院十大刑事案件。2018 年 2 月 1 日，案件入选“2017 年推动法治进程十大案件”。这个案件中，聊城市中级人民法院一审之所以没有认定于欢属于防卫过当，一个重要的理由就是于欢的防卫是否具有适时性，是否存在防卫的紧迫性。对此，最高人民检察院公诉厅负责人在接受记者采访时明确表示：“防卫适时，是正当防卫的时间性条件。本案中，出警民警离开接待室是案件的转折点。民警出警本应使事态缓和，不法侵害得到有效制止。但在案证据证实，杜志浩一方对于欢的不法侵害行为，没有因为民警出警得到控制和停止，相反又进一步升级。在苏银霞、于欢急于随民警离开接待室时，杜志浩一方为不让于欢离开，对于欢又实施了勒脖子、按肩膀等强制行为，并将于欢强制推搡到接待室的东南角，使于欢处于更加孤立无援的状态。于欢持刀捅刺杜志浩等人时，不法侵害的现实危险性不仅存在，而且不断累积升高，于欢面对的境况更加危险。如果他不持刀制止杜志浩一方的不法侵害，他遭受的侵害行为将会更加严重。于欢在持刀发出警告无效后，捅刺了围在身边的人。一审判决书认定‘不存在防卫的紧迫性’，显然是对矛盾激化的原因做出了错误的判断，这也是在认定事实不全面情况下得出的错误认定。”

（三）正当防卫必须针对不法侵害者本人进行

防卫的对象必须具有确定性，不能对不法侵害者以外的第三者进行防卫。

正当防卫的目的是制止不法侵害，只有对不法侵害者造成一定的损害，才能制止不法侵害的继续。如对第三人实行防卫，非但达不到防卫的目的，反而丧失了防卫的性质，构成相关犯罪。

在共同犯罪中，由于共同犯罪人主观上都有共同的犯罪故意，客观上都实施了共同犯罪行为，共同犯罪人都是不法侵害者，因此，受害者可以对其中的任何人实行正当防卫。

对于儿童、精神病人所实施的侵害行为能否进行正当防卫，法律没有明文规定。笔者认为由于儿童和精神病人不能辨认、控制自己的行为，无责任能力，其侵害行为不是出于故意或过失，不属于不法侵害，因而原则上不能对之实行正当防卫，但在防卫者不知其为儿童或精神病人，或者在万分紧急的情况下，防卫者不能采取其他方法避免损害而实施了防卫，则应认为是合法的，因为如不这样就不足以保护受害者的合法权益。

（四）防卫者主观上必须具有正当的防卫意图

防卫意图是指防卫人意识到公共利益、本人或他人的合法权益正在遭受不法侵害，为了保护该合法权益而决意制止不法侵害的心理状态。防卫意图的正当性对正当防卫的成立具有决定性的意义。某些行为从形式上看似乎完全符合正当防卫的客观条件，但因其主观上并不具有正当的防卫意图，这种行为就不能视为正当防卫。例如，现实中存在的相互斗殴、防卫挑拨和“黑吃黑”就属于这类情况。

（五）妇女行使正当防卫权不能明显超过必要限度，造成重大损害

防卫明显超过必要限度，造成重大损害的，属于防卫过当，现行刑法完善了正当防卫的限度条件，只有明显超过必要限度而且造成重大损害的，才属于防卫过当。

以上五个要件必须同时具备，正当防卫才能成立，妇女行使防卫权才是正当的、合法的。

妇女行使正当防卫权不能明显超过必要的限度，造成重大损害，否则就属于防卫过当。防卫过当同正当防卫既有联系又有区别。防卫过当成立必须以正当的防卫意图为前提，其基本出发点必须是为了保护公共利益、本人或他人的合法权益，必须是对正在进行的客观上确实存在的不法侵害，而且是针对不法侵害者本人实施，这都与正当防卫相同。防卫过当与正当防卫的不同之处在于，防卫过当是防卫明显超过了必要限度，造成了重大损害。因此，确定防卫是否过当，应以防卫行为是否明显超过必要限度，造成重大损害为标准。所谓“正当防卫的必要限度”应当理解为，既足以制止正在进行的不法侵害，又未给不法侵害者造成不应有的损害，即有效制止不法侵害所必需的强度。这是因为，正当防卫的目的就是要制止不法侵害，如果防卫的强度不能有效地制止不法侵

害，那么，防卫就失去了其应有的作用。强调不应给不法侵害者造成不应有的损害，主要是防止正当防卫权的滥用，破坏社会主义法制。这种“必要限度”实践中应注意以下几点：

（1）能用较缓和的手段，足以制止住不法侵害时，不应采取激烈的防卫手段，造成不应有的危害；

（2）为了避免较轻的不法侵害，不应造成严重的危害后果；

（3）对于没有明显立即危及人身安全或国家和人民重大利益的不法侵害，不应采取重伤、杀害的手段去防卫。

至于如何确认“必要限度”是个极其复杂的问题，刑法上没有规定统一标准，刑法理论对此也众说纷纭。笔者认为，正当防卫是否超过必要限度，应从具体的情况出发，对不法侵害的强度、缓急以及所侵害权益的大小进行判断，同时对防卫的手段、强度、损害的后果以及当时的时间、地点、环境全面分析，综合判断。在认定是否超过必要限度时，从鼓励同不法侵害作斗争出发，考虑到实施防卫的妇女的自身特点，对其防卫行为不宜要求过苛，只要防卫强度是为了制止不法侵害所必需，同侵害强度相差不悬殊，不是明显的超过侵害行为的强度和受侵害的权益性质，就不能认为超过必要限度。

防卫过当虽然同正当防卫存在一定的联系，但由于这种行为明显超过必要的限度，造成了重大损害，因而具有社会危害性，尽管行为人在防卫时主观防卫意图是制止不法侵害，但当防卫行为超过法定的必要限度时，其主观内容也就发生了变化，具备了罪过。这种罪过多表现为过失，也就是说，防卫人在实行正当防卫过程中，应当预见自己的防卫行为可能明显超过必要限度，造成重大损害，由于疏忽大意而未预见；或者虽然已经预见，但因为轻信能够避免，而导致不应有的危害发生。在个别情况下，防卫过当也可能是出于间接故意，即防卫人在实行正当防卫的过程中明知自己的防卫行为可能明显超过必要限度，造成重大损害而放任危害结果发生。

三、防卫过当的法律责任

防卫过当本身不是罪名，不能笼统定为“防卫过当罪”。对防卫过当的定罪，应根据防卫过当者的犯罪行为和其主观罪过形式，依照刑法有关条款的规定确定罪名，如过失致人重伤罪、过失致人死亡罪、故意伤害罪等。根据刑法的有关规定，防卫过当应负刑事责任，但是应当减轻或者免除处罚；量刑时要考虑过当的程度、起因、性质、社会舆论、防卫的目的等情节，决定刑罚的减轻或免除，一般情况下首先考虑减轻情节。在具备缓刑的条件下适用缓刑。根据刑法第二十条第三款的规定，对正在进行行凶、杀人、抢劫、强奸、绑架以及其他严重危及人身安全的暴力犯罪，采取防卫行为，造成不法侵害人伤亡的，不属于防卫过当，不负刑事责任。这是关于“无过当防卫权”的规定，本规定的适用除无限度要求外，其他与普通的正当防卫成立条件是相同的。对严重危及人身安全的暴力犯罪以外的其他违法犯罪行为进行防卫，依然有限度条件要求，其防卫行为明显超过必要限度造成重大损害的，应当负刑事责任，但是应当减轻或者免除处罚。

正当防卫作为排除社会危害性的行为，只要在必要的限度内，不仅不承担刑事责任，而且不承担民事责任。我国民法典规定，因正当防卫造成损害的，不承担民事责任。

第三节　刑法对女性犯罪主体适用刑罚的特殊规定

在刑法规定的各类犯罪中，除了强奸罪的实行犯必须是男子外，其他的犯罪既可以由男子实施，也可以由女子实施。女性犯罪，同男性犯罪一样，都是严重危害社会的行为。国家出于维护社会秩序、预防犯罪的需要，必须给犯罪的妇女以必要的刑罚处罚。但考虑到女性的生理、心理方面存在着不同于男性的特点，从革命的人道主义出发，刑法对于犯罪的妇女在适用刑罚方面做了一些特殊的规定。

一、对审判时怀孕的妇女不适用死刑

死刑是剥夺犯罪分子生命的刑罚。刑法第四十八条明确规定："死刑只适用于罪行极其严重的犯罪分子。"这里所说的犯罪分子既包括男性罪犯，也包括女性罪犯。但对女性来说，由于她们在参与物质生产的同时，还肩负着人类自身生产的重任，怀孕是她们特有的一种生理现象。怀孕的妇女实施了犯罪行为，承担刑事责任是理所应当的，但其体内的胎儿是无辜的。如果对审判时怀孕的妇女也适用死刑，那就不可避免地要株连到她体内的胎儿，这种做法是不符合革命人道主义精神的。因此，早在1951年11月15日华东司法部关于孕妇判处死刑及宣判执行办法的批复中就明确指出："为确保胎儿之生命及正常发育，对于孕妇罪犯一般不宜判处死刑，但遇有非杀不足以平息民愤者，应俟其分娩满1年后宣判，并经过一定程序再予执行。"在1979年7月1日通过的《中华人民共和国刑法》中进一步规定：审判的时候怀孕的妇女，不适用死刑。1997年修订后的刑法重申了这一规定。对刑法的这一规定，理解时应注意以下几个问题。

第一，审判的时候怀孕的妇女不适用死刑，是指对审判时怀孕的妇女绝对地不能判处死刑，而不是指暂时不判处死刑，待其分娩以后再予判处

死刑或执行死刑。

第二，“审判的时候”既包括人民法院审判期间，也包括公安机关，检察机关羁押审查期间。也就是说，只要妇女在被拘留或被逮捕时已怀孕，那么对她就不能判处死刑。此外，对于应当逮捕的犯罪嫌疑人、被告人，如果是怀孕的妇女、哺乳自己婴儿的妇女可以采取取保候审或者监视居住的办法；对已经逮捕的被告人，如果是怀孕、哺乳自己婴儿的妇女，司法机关可以变更强制措施。

第三，对审判的时候怀孕的妇女不适用死刑，既包括不能适用死刑立即执行，又包括不适用死刑缓期二年执行。由于死刑缓期二年执行不是一个独立的刑种，而是死刑变通执行的方式，它的存在是以死刑的存在为前提的，因此，对于不能适用死刑的罪犯，当然就不存在适用死刑缓期二年执行的问题。所以对审判时怀孕的妇女，理应不能判处死刑缓期二年执行。

第四，对在关押期间做了人工流产的女犯也不能适用死刑。对此，最高人民法院在有关的司法解释中明确要求：“无论是关押期间，或者是在法院审判的时候，对怀孕的妇女，都不应当为了要判处死刑，而给进行人工流产，已经人工流产的，仍应视同怀孕的妇女，不适用死刑。”“如果人民法院在审判时发现，在羁押受审时已是孕妇的，仍应依照上述法律规定，不适用死刑。”

第五，对在羁押中自然流产的妇女是否按审判时怀孕的妇女对待？对此法律没有明确规定。一种观点认为，“如果是因被体罚、虐待或者刑讯逼供等引起流产的，则应视同审判时怀孕的妇女；如果纯属自身生理条件引起的流产，则不能按审判时怀孕的妇女对待”。笔者认为这种观点值得商榷，因为羁押中自然流产的妇女只是因自然原因中止了妊娠，这种情况并没有改变在羁押受审时已是孕妇这个事实，而羁押受审时已怀孕的妇女应包括在“审判的时候怀孕的妇女”之列，因此笔者认为羁押中自然流产的，不论出于何种原因，都应视为审判时怀孕的妇女，不适用死刑。1998年8月7日公布的《最高人民法院关于对怀孕妇女在羁押期间自然流产审判时是否可以适用死刑问题的批复》中明确指出：“怀孕妇女因涉嫌犯罪在羁押期间自然流产后，又因同一事实被起诉、交付审判的，应当视为‘审判的时候怀孕的妇女’，依法不适用死刑。”

第六，对犯罪时怀孕而拘捕时已流产或分娩的，应否视为“审判的时候怀孕的妇女”？笔者认为，这种情况一般说来不应包括在“审判的时候怀孕的妇女”范围之内。因为法律明文规定是“审判的时候”而不是犯罪的时候，犯罪时与审判时是两个不同的时间概念。但是，如果这种情况是为了判处女犯死刑而故意拖延拘捕时间所造成的，则另当别论，应该将其视为审判的时候怀孕的妇女。

第七，如果审判的时候没有发现罪犯怀孕而作了死刑判决，在执行死刑时才发现罪犯怀孕，则应当停止执行，并报请核准死刑的上级人民法院依法变更死刑判决。修改后的刑事诉讼法第二百六十二条规定，“下级人民法院接到最高人民法院执行死刑的命令后，应当在七日以内交付执行。但是发现有下列情形之一的，应当停止执行，并且立即报告最高人民法院，由最高人民法院作出裁定：

（一）在执行前发现判决可能有错误的；

（二）在执行前罪犯揭发重大犯罪事实或者有其他重大立功表现，可能需要改判的；

（三）罪犯正在怀孕。

前款第一项、第二项停止执行的原因消失后，必须报请最高人民法院院长再签发执行死刑的命令才能执行；由于前款第三项原因停止执行的，应当报请最高人民法院依法改判”。

二、对被判处无期徒刑、有期徒刑或者拘役的怀孕或正在哺乳自己婴儿的妇女，可以暂予监外执行

监外执行，是指对被判处有期徒刑或拘役的罪犯，出现了法定的特殊情形，经批准其刑罚不在监狱或其他劳动改造场所执行，而暂时在监外执行的一种变通的执行办法。刑事诉讼法第二百六十五条规定，“对被判处有期徒刑或者拘役的罪犯，有下列情形之一的，可以暂予监外执行：

（一）有严重疾病需要保外就医的；

（二）怀孕或者正在哺乳自己婴儿的妇女；

（三）生活不能自理，适用暂予监外执行不致危害社会的。对被判处无期徒刑的罪犯，有前款第二项规定情形的，可以暂予监外执行。

对适用保外就医可能有社会危险性的罪犯，或者自伤自残的罪犯，不得保外就医。

对罪犯确有严重疾病，必须保外就医的，由省级人民政府指定的医院诊断并开具证明文件。

在交付执行前，暂予监外执行由交付执行的人民法院决定；在交付执行后，暂予监外执行由监狱或者看守所提出书面意见，报省级以上监狱管理机关或者设区的市一级以上公安机关批准”。

暂予监外执行适用于被判处有期徒刑或者拘役的罪犯，被判处无期徒刑的罪犯，只有怀孕或者哺乳自己婴儿的妇女，才能适用暂予监外执行。被判处有期徒刑或者拘役的女性罪犯，人民法院决定暂予监外执行的，应当制作《暂予监外执行决定书》，载明罪犯基本情况、判决确定的罪名和刑罚、决定暂予监外执行的原因、依据等内容，并抄送人民检察院和罪犯居住地的公安机关。

决定或者批准暂予监外执行的机关应当将暂予监外执行决定抄送人民检察院。人民检察院认为暂予监外执行不当的，应当自接到通知之日起一个月以内将书面意见送交批准暂予监外执行的机关，批准暂予监外执行的机关接到人民检察院的书面意见后，应当立即对该决定进行重新核查。

暂予监外执行的情形消失后，罪犯刑期未满的，负责执行的派出所应当及时与监狱、看守所、拘役所联系，以便及时收监。罪犯在暂予监外执行期间死亡的，应当及时通知监狱、看守所、拘役所。

第四节　专以妇女为侵害对象的犯罪

一、强奸罪

强奸罪作为一种严重侵犯妇女性自由权的刑事犯罪，它不仅给受害妇女的身心健康乃至生命安全造成极大危害，而且严重破坏社会的良好秩序与道德风尚。因此，为了保护妇女的人身安全，维护社会治安，我国司法机关历来都把强奸罪作为“严打”的重点犯罪之一。《中华人民共和国刑法》第二百三十六条从刑事立法角度对强奸罪作了科学的规定，为及时有效地打击强奸犯罪提供了有力的法律依据。

（一）强奸罪的概念和主要特征

1. 强奸罪的概念

强奸罪是指以暴力、胁迫或其他手段，违背妇女的意志，强行与其发生性关系的行为。

2. 强奸罪的主要特征

（1）本罪侵犯的客体是妇女的性自由权。妇女的性自由权，是指妇女在法律允许的范围内，自由选择性对象的权利。也就是说，妇女有权在不违反法律和社会道德的前提下，按照自己的意愿决定自己的性行为。在我国，妇女的性自由权主要表现在妇女有权拒绝与其合法配偶以外的任何男子发生性行为的权利。对于妇女的性自由权，社会必须予以充分尊重，任何人都不得无视妇女的人格尊严，违背妇女的意志，强行与之发生性行为。而强奸妇女的行为却恰恰是使用暴力、胁迫或其他手段，违背妇女的意志，强行与妇女发生性行为的行为，这种行为的社会危害性最直接的表现就是使妇女的性自由权遭受严重的践踏和侵犯。

(2)强奸罪在客观方面表现为使用暴力、胁迫或其他手段，违背妇女意志，强行与妇女发生性行为的行为。本罪在客观方面包括以下要件：

①行为人使用了暴力、胁迫或其他手段。“暴力手段”，是指犯罪分子对被害妇女施加的强制力或者打击力，如殴打、捆绑、卡脖子、伤害、按倒等危及人身安全或者人身自由，使妇女不能抗拒的手段。“胁迫手段”，是指犯罪嫌疑人对被害妇女实施威胁、恫吓等精神上的强制手段，迫使妇女就范。例如，扬言行凶报复，以揭发隐私、加害亲属等相威胁，利用迷信进行恐吓，利用教养关系、从属关系、职权以及利用妇女处于孤立无援的环境条件，进行挟制、迫害，迫使妇女忍辱屈从，不敢抗拒。“其他手段”，是指暴力、胁迫以外的，使被害妇女无法抗拒或不知抗拒的手段。例如，利用妇女患重病、熟睡之机，进行奸淫；以醉酒、药物麻醉以及利用或者假冒治病等方法对妇女进行奸淫。

②强行与妇女发生性行为。强行与妇女发生性行为，是强奸罪在客观方面的重要表现之一。是否与妇女发生性关系，决定着本罪是否成立。如果行为人虽然使用了暴力、胁迫或其他手段，但并未借助这些手段去强行与妇女发生性行为，或者说他使用这些手段的目的，并不是要与妇女发生性行为，而是出于其他的目的，则不构成强奸罪。这里应该注意的是，是否发生性行为与是否完成了性行为要区别对待。如果行为人意图与妇女发生性行为，客观上也实施了暴力、胁迫或其他手段，但由于其意志以外的原因而没有得逞，这种情况就属于强奸未遂。当行为人违背妇女意志，意欲与妇女发生性行为，客观上使用暴力、胁迫或其他手段迫使妇女与其完成了性行为时，则构成强奸既遂。不论是强奸既遂还是未遂，在客观上都有强行与妇女发生性关系的行为存在，则构成犯罪；反之，不构成强奸罪。

③性行为违背了妇女的意志。违背妇女意志，是指违背妇女的真实意愿，这是构成强奸罪的本质特征。认定是否违背妇女意志，不能以妇女当时是否反抗为标准，而应当综合当时的各种客观情况及妇女的性格状况整体考虑。

这里的违背妇女意志，是指违背精神正常的妇女的意志。对于同患有精神病的妇女发生性行为的，应区别不同情况加以处理。

①行为人明知妇女是不能正确表达自己意志的精神病患者（或者严重痴呆者）而与之发生性行为的，不论行为人采用何种手段，也不论该精神病妇女是否同意，均视为违背妇女意志，以强奸罪论处；

②行为人与患有间歇性精神病的妇女在她未发病期间发生性行为的，如妇女本人同意的，不构成强奸罪；

③行为人与患有轻微的精神病，没有丧失辨别、控制自己行为能力的妇女或精神病基本治愈的妇女，在女方自愿的情况下发生性行为的，不构成强奸罪；

④行为人确实不知道妇女是精神病患者，在女方的主动勾引、挑逗下与之发生性行为的，一般不宜以强奸罪论处。

客观方面的三个特征是相互联系、相辅相成的，它们紧密结合，构成了强奸罪的客观方面的全部内容。

（3）强奸罪在主观方面只能由直接故意构成，并且具有明确强行奸淫的目的。有无强行奸淫的目的，既是强奸罪与非罪的界限，也是划清本罪与强制猥亵、侮辱罪的界限。

（4）强奸罪的主体，根据刑法第十七条第二款和第二百三十六条的规定，一般为年满 14 周岁以上的具有刑事责任能力的男子，但这是仅就实行犯而言的。妇女因其生理上的原因，不可能成为本罪的实行犯。如果妇女教唆或帮助男子实施强奸犯罪的，应当按照她在强奸犯罪活动中所起的作用，分别定为强奸罪的教唆犯或从犯，依照刑法有关条款论处。

在多数强奸案件中，都是一个罪犯单独实施强奸行为，也有少数案件是两个以上男子同时轮流强奸同一妇女，这就是轮奸。轮奸是强奸罪的一种严重共同犯罪形式，应当从重处罚，但它不是一个独立的罪名。

对于丈夫能否成为强奸罪的主体，笔者认为，丈夫强行与妻子发生性行为，一定情况下构成强奸罪。一定情况是指：一是男女双方已进行了婚姻登记，在同居前，女方反悔；二是双方感情破裂，已经分居或提起离婚诉讼。

（二）认定强奸罪应划清的几个界限

（1）要把强奸罪与未婚男女在恋爱过程中的性行为区别开来。未婚男女青年在恋爱过程中如出于双方自愿发生的性行为，并不违背妇女意志，这种行为没有触犯刑法，因而是不构成犯罪的。倘若女方在恋爱过程中不同意发生性行为，或者已明确与男方中断恋爱关系，男方仍继续纠缠不休，最后以暴力、胁迫等手段将女方强行奸淫的，应以强奸罪论处。

（2）划清强奸罪与通奸的界限。通奸是指双方或一方有配偶的男女自愿发生不正当的性行为。在理论上，通奸与强奸是很好区别的。强奸是违背妇女的意志，采取暴力、胁迫等强制手段迫使妇女就范，而通奸则是两相情愿，无须任何强制手段；强奸是一种严重侵犯妇女人身权利的犯罪行为，应追究刑事责任，通奸是一般的违法行为，只有在有关破坏军婚的案件中，经常性通奸行为才有可能构成犯罪。在实践中区分强奸与通奸的界限时，应当注意以下几点。

①有的妇女最初与人通奸，一旦翻脸，关系恶化，或者事情暴露后，怕丢面子，或者出于推卸责任、嫁祸于人等情况，把通奸说成强奸的，不能定强奸罪。

②第一次性行为违背妇女意志的，但事后妇女并未告发，又多次自愿与该男子发生性行为的，一般不宜以强奸罪论处。

③犯罪分子强奸妇女后，对被害妇女实施精神上的威胁，迫使其继续屈从的，应以强奸罪论处。

④男女双方先是通奸，后来女方不愿继续通奸，而男方纠缠不休，使用暴力方法或败坏名誉等进行胁迫，强行与女方发生性行为的，以强奸罪论处。

（3）把轮奸同男女之间的聚众淫乱加以区别。前者是两个以上男子，违背妇女意志共同轮流强奸同一妇女的行为，后者则是指男女多人在同一时间、地点自愿发生性行为的行为。有的既有男女之间的聚众淫乱，又挟持女青年进行强奸的，应定强奸罪。

（4）要把强奸妇女同男女双方基于互相利用发生的性行为区别开来。

行为人利用其与被害妇女之间特定的关系进行挟制迫使就范，如养父以虐待、克扣生活费迫使养女容忍其奸淫的；或行为人利用职权，乘人之危，奸淫妇女的，构成强奸罪。行为人利用职权引诱女方，女方基于互相利用自愿与之发生性行为的，不构成犯罪。

（三）奸淫幼女的定性问题

所谓奸淫幼女，是指与不满 14 周岁的幼女发生性关系的行为。刑法第二百三十六条第二款规定："奸淫不满十四周岁的幼女的，以强奸论，从重处罚。"刑法最初的立法本意是把奸淫幼女作为强奸罪从重处罚的一个情节。刑法施行后，最高人民法院关于执行《中华人民共和国刑法》确定罪名的规定（1997 年 12 月 9 日最高人民法院审判委员会第 951 次会议通过），又将刑法第二百三十六条的内容概括为两个罪名，即强奸罪和奸淫幼女罪。而在 2002 年 3 月 15 日最高人民法院公告发布的《最高人民法院最高人民检查院关于执行〈中华人民共和国刑法〉确定罪名的补充规定》中，又明确规定取消奸淫幼女罪罪名，即刑法第二百三十六条只包含一个罪名———强奸罪，奸淫幼女又被作为强奸罪的一个从重处罚的情节。几经变化，又回归了立法的本意。

奸淫幼女犯罪的主要特征是：

（1）奸幼行为侵犯的是幼女的身心健康。幼女遭受性侵后，其身体方面的严重损伤只是一个方面，其心灵受到严重摧残，长期笼罩在被性侵的阴影中，则是另一方面。这些伤害导致幼女不能像别的孩子一样健康成长，危害相当严重。奸淫幼女的对象必须是不满 14 周岁的幼女。这是奸淫幼女情节区别于普通强奸罪的主要特征之一。

（2）奸淫幼女在客观方面表现为，与幼女发生性关系的行为，不论行为人采用什么手段，也不论幼女是否同意，均构成犯罪。

（3）奸淫幼女的主体，是一般主体。

（4）奸淫幼女犯罪主观方面是出于直接故意，但对行为人是否要以"明知"作为构成要件有不同看法。2013 年 10 月 23 日发布的《最高人民法院、最高人民检察院、公安部、司法部关于依法惩治侵害未成年人犯罪的意见》（以下简称《意见》）中提出严厉惩处性侵幼女的行为，该《意见》第十九条规定："知道或者应当知道对方是不满十四周岁的幼女，而实施奸淫等性侵害行为的，应当认定行为人'明知'对方是幼女。对于不满十二周岁的被害人实施奸淫等性侵害行为的，应当认定行为人'明知'对方是幼女。对于已满十二周岁不满十四周岁的被害人，从其身体发育状况、言谈举止、衣着特征、生活作息规律等观察可能是幼女，而实施奸淫等性侵害行为的，应当认定行为人'明知'对方是幼女。"从该《意见》规定的精神看，"知道""应当知道""可能知道"均属于明知的范畴，这一解释扩大了"明知"的范围，加大了对幼女的保护力度。

此外，《中华人民共和国刑法修正案》（九）删除了第三百六十条第二款的嫖宿幼女罪，这里所谓嫖宿幼女，是指明知对方是不满14周岁的幼女而嫖宿的行为。嫖宿幼女的行为与奸淫幼女无异，直接按照强奸罪从重处罚。

（四）强奸罪的法定刑

根据刑法第二百三十六条的规定，以暴力、胁迫或者其他手段强奸妇女的，处三年以上十年以下有期徒刑。

奸淫不满十四周岁的幼女的，以强奸论，从重处罚。

强奸妇女、奸淫幼女，有下列情形之一的，处十年以上有期徒刑、无期徒刑或者死刑：

（1）强奸妇女、奸淫幼女情节恶劣的；

（2）强奸妇女、奸淫幼女多人的；

（3）在公共场所当众强奸妇女、奸淫幼女的；

（4）二人以上轮奸的；

（5）奸淫不满十周岁的幼女或者造成幼女伤害的；

（6）致使被害人重伤、死亡或者造成其他严重后果的。

《最高人民法院、最高人民检察院、公安部、司法部关于依法惩治侵害未成年人犯罪的意见》第二十八条规定："对于强奸未成年人的成年犯罪分子判处刑罚时，一般不适用缓刑。"

二、 拐卖妇女、儿童罪

（一）拐卖妇女、儿童罪的概念和主要特征

1. 拐卖妇女、儿童罪的概念

拐卖妇女、儿童罪，是指以出卖为目的，拐骗、绑架、收买、贩卖、中转、接送妇女、儿童之一的行为。

2. 拐卖妇女、儿童罪的主要特征

（1）本罪的客体是复杂客体，即妇女、儿童的人身自由等权利和婚姻家庭关系。犯罪对象是已满 14 周岁的妇女及不满 14 周岁的儿童。根据《最高人民法院关于审理拐卖妇女案件适用法律有关问题的解释》的规定，拐卖妇女罪中的“妇女”，既包括具有中国国籍的妇女，也包括具有外国国籍和无国籍的妇女。被拐卖的外国妇女没有身份证明的，不影响对犯罪分子的定罪处罚。

（2）本罪的客观方面表现为行为人实施了拐骗、绑架、收买、贩卖、接送或者中转妇女、儿童的行为。所谓拐骗，是指以利诱、欺骗等非暴力手段使妇女、儿童脱离家庭或监护人，置于行为人控制之下的行为。人贩子拐骗妇女的骗术多种多样，如利用一些妇女急于离开农村，脱贫、向往美好生活、追求美满婚姻、开阔视野等心理，以介绍对象、招工招生、合伙经商、结伴旅游、帮助解决某种困难为诱饵，使妇女上当受骗。对儿童则主要采取冒充亲友认领，带出游玩、供给吃喝、帮助寻师学艺等手法欺骗其离开家庭或监护人；有的以收养、领养为名在农村、医院、福利院骗取儿童。这种拐骗行为，不论其表现的具体手法如何，都具有非暴力性的特点。所谓绑架，是指以出卖为目的，使用暴力、胁迫或麻醉方法劫持妇女、儿童的行为。所谓收买，是指行为人为了出卖，将被拐骗的妇女低价买进，伺机高价出售；有的则结成团伙，形成一个固定的“一条龙”作案方式，由“一道”贩子向“二道”“三道”贩子“批发”。后者先低价买进被害妇女，然后再加价出售，从中牟利。可见，这类犯罪分子买进妇女的目的都是为了再卖出。如果不是为了出卖而收买被拐卖、绑架的妇女、儿

童的，则构成收买被拐卖的妇女、儿童罪。所谓贩卖，是指行为人将被害妇女作为商品，出售给第三人的行为。实践中，有的是自拐自卖，目前发展到先“批发”给人贩子，再由人贩子“销售”，在这类犯罪猖獗之处，甚至出现了专门从事推销妇女的“专业户”。近年来，实践中“亲卖亲”的案件也时有发生，如夫卖妻、子女卖母亲、父母卖亲生子女等。这种案件原则上讲，属于贩卖妇女的一种表现形成，应当定罪处刑。但“亲卖亲”的案件情况比较复杂，要具体分析，分情况定罪。所谓接送、中转，是指行为人明知是被拐骗的妇女而进行接送或为犯罪分子提供交通工具、食宿或窝藏点等行为。接送、中转是拐卖妇女罪整个犯罪过程中的两个阶段，是连接拐骗、绑架与贩卖的中间环节。在一些结伙拐卖妇女的案件中，这些行为人并不直接负责“拐”和“卖”，而是分工负责接送和中转，其行为属于拐卖妇女共同犯罪中的有机组成部分，因而也构成拐卖妇女罪。以上六种行为，是拐卖妇女、儿童犯罪活动这一完整链条上的不同环节，其中拐骗、绑架和贩卖是主要的行为方式，接送、中转则是介于拐骗、绑架和贩卖行为之间的辅助性行为。在以上六种行为中，只要实施任何一种行为，即构成本罪。

根据《最高人民法院关于审理拐卖妇女儿童犯罪案件具体应用法律若干问题的解释》第一条、第二条的规定：对婴幼儿采取欺骗、利诱等手段使其脱离监护人或者看护人的，视为刑法第二百四十条第一款第（六）项规定的“偷盗婴幼儿”。医疗机构、社会福利机构等单位的工作人员以非法获利为目的，将所诊疗、护理、抚养的儿童出卖给他人的，以拐卖儿童罪论处。

根据刑法规定，拐卖妇女、儿童罪属于行为犯，只要行为人以出卖为目的，实施了拐骗、绑架、收买、贩卖、接送、中转妇女、儿童行为之一的，就具备了本罪的全部构成要件，构成本罪的既遂。至于行为人出卖的犯罪目的是否实现，不影响既遂的成立。如果行为人的上述行为尚未实行终了，即被他人阻止或者自动放弃未完成预期的犯罪，可视具体情节，认定为本罪的未遂或者犯罪中止。

（3）本罪的主体为一般主体，任何达到法定刑事责任年龄，具有刑事责任能力的人，只要实施了拐骗、绑架、收买、贩卖、中转、接送妇女、儿童中任何一种行为的，都可以成为本罪的主体。明知是拐卖妇女的犯罪分子而事先通谋，为其拐卖行为提供资助或者其他便利条件的，应当以拐卖妇女罪的共犯处理。

（4）本罪的主观方面是故意，并且具有出卖的目的。这一主观目的是本罪成立的必备要件，也是本罪与收买被拐卖的妇女、儿童罪，绑架罪（对象为妇女）的重要区别。实践中，行为人出卖妇女、儿童，一般是为了营利。但是，法律没有把“以营利为目的”作为本罪的构成要件，只要求以出卖为目的。至于是否将被害妇女、儿童卖出，是否获利，均不影响本罪的成立。营利只是推动这一目的实现的内心起因之一。以勒索财物为目的偷盗婴幼儿的，以绑架罪立案侦查。

（二）处理拐卖妇女、儿童案件相关程序问题

1．关于拐卖妇女、儿童案件的立案、管辖问题

（1）根据公安部《关于打击拐卖妇女儿童犯罪适用法律和政策有关问题的意见》（公通字〔2000〕25号）的规定，对发现的拐卖妇女案件，拐出地（即妇女、儿童被拐骗地）、拐入地或者中转地公安机关应当立案管辖。两个以上公安机关都有管辖权的，由最先立案地公安机关侦查。必要时，可以由主要犯罪地或者主要犯罪嫌疑人居住地公安机关管辖。有关公安机关不得相互推诿。对管辖有争议的案件，应报请争议双方共同的上一级公安机关指定管辖。

铁路、交通、民航公安机关按照《公安机关办理刑事案件程序规定》第二十条的规定立案侦查拐卖妇女、儿童案件。在运输途中查获的拐卖妇女、儿童案件，可以直接移送拐出地公安机关处理。

（2）对于公民报案、控告、举报与拐卖妇女、儿童有关的犯罪嫌疑人、犯罪线索或者材料，扭送的犯罪嫌疑人，或者犯罪嫌疑人自首的，公安机关都应当接受。对于接受的案件或者发现的犯罪线索，应当迅速进行审查。对于需要采取解救被拐卖的妇女、儿童等紧急措施的，应当先采取紧急措施。

（3）经过审查，认为有犯罪事实，需要追究刑事责任的，应当区别情况，作出如下处理：①属于本公安机关管辖的案件，应当及时立案侦查。②属于其他公安机关管辖的案件，应当在二十四小时内移送有管辖权的公安机关办理。③不属于公安机关管辖的案件，如属于人民检察院管辖的不解救被拐卖、绑架妇女、儿童案和阻碍解救被拐卖、绑架的妇女、儿童案等，属于人民法院管辖的重婚案等，应当及时将案件材料和有关证据送交有管辖权的人民检察院、人民法院，并告知报案人、控告人、举报人到人民检察院、人民法院报案、控告、举报或者起诉。

2. 关于办理拐卖妇女涉外案件

（1）外国人或者无国籍人拐卖外国妇女到我国境内被查获的，应当适用刑法，以拐卖妇女罪立案侦查。

（2）拐卖妇女犯罪中的“妇女”，既包括具有中国国籍的妇女，也包括具有外国国籍和无国籍的妇女。被拐卖的外国妇女没有身份证明的，不影响对犯罪分子的立案侦查。

（3）对外国人依法作出取保候审、监视居住决定或者执行拘留、逮捕后，由有关省、自治区、直辖市公安厅、局在规定的期限内，将外国人的有关情况、涉嫌犯罪的主要事实、已采取的强制措施及其法律依据，通知该外国人所属国家的驻华使、领馆，同时报告公安部。

（4）对于外国籍犯罪嫌疑人身份无法查明或者其国籍国拒绝提供有关身份证明的，也可以按其自报的姓名依法提请人民检察院批准逮捕、移送审查起诉。

（5）对非法入出我国国境、非法居留的外国人，应当依照《中华人民共和国外国人入境出境管理条例》进行处罚；情节严重，构成犯罪的，依法追究刑事责任。

3. 拐卖妇女、儿童罪的认定问题

（1）拐卖妇女、儿童罪与非罪的界限。实践中，有一种替他人介绍婚姻或介绍收养子女从中牟利的行为，其行为表现形式与拐卖妇女、儿童罪有一定的相似之处，它们的主要区别是：①目的不同。前者以出卖妇女、儿童为目的，而后者是通过介绍婚姻、介绍收养子女的手段，从中牟利为目的。②前者被拐卖的妇女、儿童往往带有被欺骗和违背其意志的因素，所以经常使用欺骗和绑架等方法；而后者在客观上并没有违背妇女、儿童以及监护人的意志，被介绍的男女双方或收养双方对介绍婚姻或收养的事实是明知的，当行为人索要财物时，给付财物也是自愿的，所以，介绍婚姻、介绍收养子女从中索取财物的行为，不以犯罪论处。

（2）拐卖妇女罪与诈骗罪的界限。诈骗罪是侵犯财产罪的一种，根据刑法第二百六十六条的规定，它是指以非法占有为目的，采用虚构事实或隐瞒真相的方法，骗取数额较大的公私财物的行为。一般说来，拐卖妇女罪与诈骗罪不难区分，但实践中经常发生一种貌似贩卖妇女，实为骗取钱财的诈骗犯罪案件，即行为人与妇女合谋，假意把妇女“卖”给他人为妻，钱财到手后，就与妇女一起潜逃（实践中俗称“放鹰”或“放飞鸽”）。拐卖妇女罪与这种形式的诈骗罪的主要区别是：①犯罪客体不同。拐卖妇女罪的客体是他人的人身自由等权利，而诈骗罪的客体是公私财产所有权。②客观方面不同。前者采用欺骗等方法，将妇女卖给他人，后者是卖者与被卖者合谋，共同骗取他人的财物的行为。③犯罪目的不同。前者的目的是将被拐来的妇女出卖后获得财物，后者则以直接骗取对方财物为目的。④犯罪对象不同。前者的犯罪对象是妇女，而后者不以妇女为侵害对象，所谓被“拐卖”的妇女是犯罪嫌疑人。

（3）拐卖儿童罪与绑架罪（以偷盗婴幼儿形式构成的）、拐骗儿童罪的界限。这三种犯罪均属侵犯公民人身权利的犯罪，都以儿童为犯罪对象，其主要区别是：①犯罪对象不尽相同。拐卖儿童罪的对象是不满十四周岁的未成年人，绑架罪（以偷盗婴幼儿形式构成的）的对象是不满六周岁的婴幼儿，拐骗儿童罪的对象也是不满十四周岁的未成年人。②犯罪目的不同。拐卖儿童罪以出卖为目的，绑架罪以勒索财物为目的，而拐骗儿童罪以收养、奴役为目的。

（4）对拐卖过程中奸淫被拐卖妇女的；诱骗、强迫被拐卖的妇女卖淫或者将被拐卖的妇女卖给他人迫使其卖淫的；以出卖为目的，使用暴力、胁迫、麻醉等方法绑架妇女、儿童的；以出卖为目的，偷盗婴幼儿的；造成被拐卖的妇女、儿童或者其亲属重伤、死亡或者其他严重后果的，均以拐卖妇女、儿童罪论处。

（5）教唆他人实施拐卖妇女、儿童犯罪的，以拐卖妇女、儿童罪的共犯处理。向他人传授拐卖妇女、儿童的犯罪方法的，以传授犯罪方法罪处理。明知是拐卖妇女、儿童的犯罪分子，而在其实施犯罪后为其提供隐藏处所、财物，帮助其逃匿或者作假证明包庇的，以窝藏、包庇罪处理。

（6）出卖亲生子女的，由公安机关依法没收非法所得，并处以罚款；以营利为目的，出卖不满十四周岁子女，情节恶劣的，以拐卖儿童罪处理。出卖十四周岁以上女性亲属或者其他不满十四周岁亲属的，以拐卖妇女、儿童罪处理。

（7）借收养名义拐卖儿童的，出卖捡拾的儿童的，均以拐卖儿童罪处理。

（8）犯组织他人偷越国（边）境罪，对被组织的妇女有拐卖犯罪行为的，以组织他人偷越国（边）境罪和拐卖妇女罪处理；收买别拐卖的妇女、儿童后又组织、强迫卖淫或者组织乞讨、进行违反治安管理活动等构成其他犯罪的，依照数罪并罚的规定处罚。

（9）教唆被拐卖、拐骗、收买的未成年人实施盗窃、诈骗等犯罪行为的，应当以盗窃罪、诈骗罪等犯罪的共犯立案侦查。

（三）法定刑

根据刑法第二百四十条的规定，拐卖妇女、儿童的，处五年以上十年以下有期徒刑，并处罚金；有下列情形之一的，处十年以上有期徒刑或者无期徒刑，并处罚金或者没收财产；情节特别严重的，处死刑，并处没收财产：（1）拐卖妇女、儿童集团的首要分子；（2）拐卖妇女、儿童三人以上的；（3）奸淫被拐卖的妇女的；（4）诱骗、强迫被拐卖的妇女卖淫或者将被拐卖的妇女卖给他人迫使其卖淫的；（5）以出卖为目的，使用暴力、胁迫或者麻醉方法绑架妇女、儿童的；（6）以出卖为目的，偷盗婴幼儿的；（7）造成被拐卖的妇女、儿童或者其亲属重伤、死亡或者其他严重后果的；（8）将妇女、儿童卖往境外的。

三、收买被拐卖的妇女、儿童罪

（一）收买被拐卖的妇女、儿童罪的概念和主要特征

1. 收买被拐卖的妇女、儿童罪的概念

收买被拐卖的妇女、儿童罪，是指不以出卖为目的，对被拐卖的妇女、儿童予以收买的行为。

几年来，在全国一些地区拐卖妇女、儿童的犯罪活动仍很猖獗，虽然经过多次“严打”，但屡禁不止，有的甚至成群结伙，专门从事拐卖妇女、儿童的犯罪活动。这种现象的存在，除了犯罪分子唯利是图、见利忘义等主观原因以外，主要是客观上存在着一个庞大的“买方市场”对妇女、儿童存在特殊需求。当前，在许多地方，特别是偏僻、贫穷地区，大办婚礼盛行，礼金数目惊人，使很多人难以承受，相比之下收买被拐卖的妇女为妻较为经济、方便；也有人渴望儿孙满堂、传宗接代，基于计划生育等政策限制，便把希望寄托于收买儿童，特别是男童；还有一些地方，收买被拐卖的妇女从事卖淫等违法活动。上述需求，客观上为人贩子倾销妇女、儿童这种特殊“商品”提供了强大的“市场”，而“买方市场”的存在，又直接刺激一大批人贩子铤而走险，助长拐卖妇女、儿童犯罪活动蔓延。因此，我国刑法在规定拐卖妇女、儿童罪的同时，还规定了收买被拐卖的妇女、儿童罪，其目的是从两个方面堵塞漏洞，以便更有效地预防和打击拐卖妇女、儿童的犯罪活动。

2. 收买被拐卖的妇女、儿童罪的主要特征

（1）本罪侵犯的客体是被拐卖的妇女、儿童的人身权利

在我们社会主义国家里，公民的人身权利受到法律的保护，妇女和儿童享有同成年男子平等的人身权利，不容许任何人非法侵犯，作为商品被收买的妇女、儿童失去了人身自由，处于任人支配的地位，有的遭受奸淫，甚至被视为从事人口再生产的奴隶，有的受到侮辱、奴役，有的则被折磨致残、致死，这种行为不仅严重侵犯了妇女、儿童的人身权利，同样给被拐卖的妇女、儿童及其亲人带来极大的伤害，必须予以严

厉打击。

本罪收买的对象仅限于被拐卖的妇女、儿童。由于妇女、儿童的自身条件和特点决定，他们比成年男子更容易被拐卖，而拐卖妇女、儿童的犯罪都是以出卖为目的，因此被拐卖的妇女、儿童也就更易于成为收买者的收买对象。刑法把被拐卖的妇女、儿童规定为本罪的特定对象，一方面体现了刑法对被拐卖的妇女、儿童的特殊保护，另一方面是考虑到实践中一般都是收买妇女、儿童，这与拐卖妇女、儿童罪互相呼应。

（2）本罪在客观方面表现为实施了收买被拐卖的妇女、儿童的行为

所谓收买，是指行为人以货币或其他具有经济价值的物品为媒介，从出卖者手中将被拐卖的妇女、儿童买回的行为。这种收买行为情节比较复杂。有的是为自己收买，有的是为亲属收买；多数是现金交换，少数以实物换取；有的直接从人贩子手中买进，也有的经人贩子牵线到卖地买进；妇女被收买后，有的用于奴役或被逼为娼，受尽摧残、虐待，有的被收养或为人妻，予以善待。无论具体表现如何，均不影响本罪的成立。

本罪属于结果犯，只要被拐卖的妇女、儿童已在收买者控制之下，就属于犯罪既遂。实施了收买行为，但并未成交，视为情节显著轻微，危害不大，一般不以犯罪论处。

（3）本罪的主体是一般主体

任何达到法定刑事责任年龄，具有刑事责任能力，实施了收买被拐卖的妇女、儿童行为的人，都可成为本罪的主体。根据刑法第十七条第二款的规定，本罪承担刑事责任的年龄起点为已满十六周岁。

（4）本罪在主观方面只能故意构成

即收买人明知对方是被拐卖的妇女、儿童，而仍然予以收买。这里收买者的“明知”，可能是人贩子明确告知，也可能是通过人贩子的神态、暗示，或者从被拐卖的妇女、儿童的处境、表情得知。如果收买者因受人贩子的欺骗，确实不知是被拐卖的妇女、儿童，不构成本罪。有人认为，不论收买人是否明知，只要对被拐卖的妇女实施了收买行为，就可成立本罪。这种客观归罪的观点，有悖于我国刑法主客观统一的刑事责任的原则，不符合刑法的立法精神。

（二）收买被拐卖的妇女、儿童罪的处罚原则

根据刑法第二百四十一条的规定：收买被拐卖的妇女、儿童的，处三年以下有期徒刑、拘役或者管制。

刑法之所以对本罪规定较轻的法定刑，主要是考虑到本罪大多发生在经济、文化比较落后的地区，收买者绝大多数是农民，收买妇女的目的，大都是为了结婚或收养，行为人主观恶性不大，广大群众长期以来不知其为罪，因而有一定的可宽宥性。根据当前的实际情况，对这种犯罪无须处以重刑，同样可以实现刑罚的目的。

实践中，收买被拐卖的妇女、儿童的犯罪案件，情况十分复杂，要认真分析，区别对待。

（1）有的收买者在收买被拐卖的妇女、儿童后，又对该妇女、儿童实施了其他的行为，这些行为虽与收买被拐卖的妇女、儿童有关，却超出了本罪的范围，则为本罪所不能包容。因而，对收买人这些收买行为之外的侵害行为，如果构成犯罪的，必须依法惩罚。这些行为主要有：

①收买被拐卖的妇女、儿童后又出卖的，以拐卖妇女、儿童罪处理。

②收买被拐卖的妇女后，违背被拐卖妇女的意志，强行与其发生性关系的；或者明知收买的妇女是精神病患者（间歇性精神病患者在发病期间）或者痴呆者（程度严重的）而与其发生性关系的；或者与收买的不满十四周岁的幼女发生性关系的，不论被害人是否同意，均应以收买被拐卖的妇女罪和强奸罪，分别定罪判刑，实行数罪并罚。

③在收买被拐卖的妇女、儿童后，非法剥夺、限制被拐卖的妇女、儿童人身自由的，或者对其实施伤害、侮辱、猥亵等犯罪行为的，以非法拘禁罪，或者伤害罪、侮辱罪、强制猥亵罪、猥亵儿童罪与收买被拐卖妇女、儿童罪并罚。如果这些侵害行为情节显著轻微，不构成犯罪，则应以收买被拐卖的妇女、儿童罪定罪，上述行为作为量刑的情节予以考虑。

（2）收买被拐卖妇女、儿童的犯罪目的，一般来说，是为了与妇女、

儿童建立一定的相对稳定的社会关系，如婚姻关系、收养关系、劳务关系等。如果收买妇女、儿童是为了其他犯罪目的，并实施了这种犯罪行为，那么这种目的行为就与收买妇女、儿童的行为发生牵连关系，属于牵连犯罪，应当按照处理牵连犯的原则处理。如为了组织卖淫而收买被拐卖的妇女，并组织她们从事卖淫活动，行为人出于一个主要犯罪目的实施组织卖淫和收买被拐卖的妇女两种犯罪行为。前者目的行为和后者手段行为具有牵连关系。按照牵连犯罪的处理原则应从一重罪论处。两罪相比，组织卖淫罪为重罪，因此应按组织卖淫罪处罚。如果明知被拐卖的妇女是现役军人的妻子而与之同居或者结婚的，则应以收买被拐卖的妇女罪和破坏军婚罪处理。

（3）在收买被拐卖的妇女、儿童的犯罪案件中，有的收买者收买妇女以后，对被害人以家人相待，没有任何侵害行为，并按照被买妇女的意愿，不阻碍其返回原居住地；对被买儿童没有虐待行为，不阻碍对其进行解救。例如，当被买妇女向收买者提出返回原居住地，或被买儿童被解救时，收买者没有对被害人进行殴打、威胁、刁难、藏匿等阻拦的行动，听任被买妇女、儿童离去。这种情况是犯罪分子认罪悔罪、积极补救的表现，表明收买者人身危险性不大，其收买行为的社会危害程度相应减小，所以刑法明确规定，可以从轻处罚或者减轻处罚。

（4）出于结婚的目的收买被拐卖的妇女，或者出于抚养的目的收买被拐卖的儿童，涉及多名家庭成员、亲友参加的，对其中起主要作用的人员，根据《最高人民法院关于审理拐卖妇女儿童犯罪案件具体应用法律若干问题的解释》第八条的规定，应当依法追究刑事责任。对于其他参与者，如果是情节显著轻微，危害不大的，则根据刑法第十三条的规定，不认为是犯罪，不追究刑事责任。但是，如果帮助买主实施强奸、伤害、非法拘禁被拐卖的妇女、儿童等犯罪行为的，应当分别以强奸罪、伤害罪、非法拘禁罪等犯罪的共犯处理。

四、聚众阻碍解救被收买的妇女、儿童罪

（一）聚众阻碍解救被收买的妇女、儿童罪的概念及主要特征

1. 聚众阻碍解救被收买的妇女、儿童罪的概念

聚众阻碍解救被收买的妇女、儿童罪，是指组织、指挥多人，聚众阻碍国家机关工作人员解救被收买的妇女、儿童的行为。

2. 聚众阻碍解救被收买的妇女、儿童罪的主要特征

（1）本罪侵犯的客体是国家机关工作人员依法解救被收买的妇女、儿童的正常公务活动。这里所说的公务活动，不是指一般的公务活动，而是专指为了切实保护妇女、儿童的合法权益，而进行解救被收买的妇女、儿童的特种公务活动。犯罪嫌疑人聚众阻碍解救被收买的妇女、儿童，妨害了国家机关工作人员解救妇女、儿童的合法公务活动。本罪的对象必须是正在依法执行解救公务的国家机关工作人员。这一表述包括两层含义：①必须是依法负有解救被收买妇女、儿童职责的国家机关工作人员。②必须是正在执行解救职务的国家机关工作人员，虽然有解救职责，但未执行解救职务的国家机关工作人员不属于本罪的对象。

（2）本罪的主体是一般主体。只要年满 16 周岁，具有刑事责任能力，实施了聚众阻碍解救被收买的妇女、儿童行为的首要分子，均可成为本罪主体。实践中，犯罪嫌疑人可能是收买人及其家属、亲友，也可能是群众、族长、村干部等。在处理这类案件中要注意区分“首要分子”和“其他参加者”。首要分子是指在聚众阻碍解救被收买的妇女、儿童的犯罪活动中起组织、策划、指挥、煽动作用的犯罪分子。根据具体案件不同，首要分子可能是一个人，也可能有几个人；首要分子不一定亲自出现在阻碍解救的现场，只要是从中起组织、策划、指挥、煽动的重要作用，就应予以认定。“其他参加者”是指参加聚众阻碍国家机关工作人员依法解救被收买的妇女、儿童的行为人。本罪的主体只限于聚众阻碍解救的首要分子，其他参加者不构成本罪，这也是刑法谦抑性原则的体现。如果以暴力、威胁方法阻碍国家机关工作人员解救被收买的妇女、儿童，符合刑法

第二百七十七条规定的，应以妨害公务罪论处。

（3）本罪客观方面表现为聚众阻碍解救被收买的妇女、儿童的行为。这里“聚众阻碍”是指组织、领导、聚集多人进行阻碍解救的行为。至于纠集多少人才算是“聚众”，法律未明文规定。司法实践一般认为聚众须达到3人以上，2人共同实施阻碍解救的行为，不构成本罪。聚众阻碍的具体行为表现多种多样，可以表现为纠集、指挥多人扣押、毁坏用于执行解救公务的车辆、器械、文件等；也可以表现为纠合、煽动多人威胁、谩骂、围攻执行解救公务的国家机关工作人员，或者转移、隐藏被解救的妇女、儿童等。无论行为人采取何种行为方式，不论其是否亲身参与实施具体的阻碍解救行为，也不论其行为是否实际上阻碍了解救工作，只要行为人实施了聚众阻碍国家机关即构成本罪。这里所说的阻碍解救的行为，必须具备聚众的形式，即必须在首要分子的组织、策划、指挥、煽动下纠集多人共同进行，如果是单个人阻碍国家机关工作人员解救被收买的妇女，引起多人围观，不应视为聚众阻碍，不构成本罪；如果使用暴力手段对执行解救公务的国家机关工作人员进行殴打、拘禁，依照妨害公务罪论处。

（4）本罪在主观方面必须是出于故意，即行为人明知所阻碍的对象是正在依法执行解救被收买的妇女、儿童任务的国家机关工作人员，为达到阻碍其执行解救公务的目的，而故意组织、策划、指挥、煽动多人阻碍其执行解救公务。如果行为人不知道对方是正在执行解救公务的国家机关工作人员，而聚众进行阻碍其解救工作，不构成本罪，可根据具体情节酌情处理。如因聚众阻碍、殴打国家机关工作人员致其伤残、死亡，可以故意伤害罪、故意杀人罪论处。本罪的动机多种多样，动机如何不影响本罪的成立。

（二）聚众阻碍解救被收买的妇女、儿童罪与几种近似犯罪的界限

1. 聚众阻碍解救被收买的妇女、儿童罪与妨害公务罪的界限

（1）犯罪的直接客体和犯罪对象略有不同。二者虽然都侵犯了国家机关工作人员的正常公务活动，但是前者仅限于解救被收买的妇女、儿童的

特定公务活动，而后者侵犯的直接客体则是包括解救公务在内的国家机关工作人员的一切公务活动。与此相适应，前者侵害的对象专指正在依法履行解救职责的国家机关工作人员，后者侵害的对象包括一切正在执行公务的国家机关工作人员。

（2）犯罪的客观表现不同。两罪虽都表现为阻碍国家机关工作人员依法执行公务的行为，但是妨害公务罪在实施阻碍解救行为时有暴力、威胁的方法要求，无聚众要求；而聚众阻碍解救被收买的妇女、儿童罪，则必须实施聚众阻碍解救的行为，“聚众”为必备要件，但是没有暴力、威胁的要求。

（3）犯罪主体不同。两罪的主体均属一般主体，但前者必须是聚众阻碍解救被收买的妇女、儿童的首要分子，不包括其他参加者，其他参加者如果使用暴力、威胁方法阻碍国家机关工作人员执行解救职务的，构成妨害公务罪；而妨害公务罪的犯罪主体没有首要分子的要求。

（4）犯罪故意的内容不同。前者必须明知国家机关工作人员正在执行解救被收买的妇女、儿童的公务活动而故意聚众阻碍；后者只要是国家机关工作人员正在依法执行公务，而采取暴力、威胁方法进行阻碍即可定罪，不问其执行的何种公务。

2. 聚众阻碍解救被收买的妇女、儿童罪与聚众扰乱社会秩序罪的界限

聚众扰乱社会秩序罪，根据刑法第二百九十条的规定，是指聚众扰乱社会秩序，情节严重，致使工作、生产、营业和教学、科研、医疗无法进行，造成严重损失的行为。它与聚众阻碍解救被收买的妇女、儿童罪都是故意聚众实施的扰乱性质犯罪活动，有一定的相似之处，但也有明显的区别。

（1）犯罪客体和行为对象不同。聚众扰乱社会秩序罪的客体是社会公共秩序，具体是指工作、生产、营业秩序和教学、科研等秩序，行为对象可能是这些单位的工作人员。聚众阻碍解救被收买的妇女、儿童罪的客体则是国家机关工作人员依法解救被收买的妇女、儿童的正常公务活动，侵害的对象只限于正在依法执行解救职责的国家机关工作人员。

（2）犯罪的客观表现不同。聚众扰乱社会秩序罪表现为行为人聚众以各种手段扰乱社会秩序，情节严重，致使工作、生产、营业和教学、科研无法进行，造成严重损失的行为。这种犯罪一般发生在企事业单位、人民团体的办公地。而聚众阻碍解救被收买的妇女、儿童罪则表现为聚众阻止、妨碍国家机关工作人员依法履行解救被收买的妇女、儿童职责的行为，犯罪地点多为收买者的居住地。

（3）犯罪目的不同。聚众扰乱社会秩序罪的目的是通过聚众扰乱活动，给有关单位及其领导施加压力，以实现闹事者的不合理要求；而聚众阻碍解救被收买的妇女、儿童罪的犯罪目的是阻止对妇女、儿童的解救，以实现收买者的不法利益。

（4）追究刑事责任的范围略有不同。前者仅限于聚众阻碍解救被收买的妇女、儿童活动的首要分子；后者既可以是首要分子，也可以是其他积极参加者。

3. 聚众阻碍解救被收买的妇女、儿童罪与阻碍解救被拐卖、绑架的妇女、儿童罪的界限

阻碍解救被拐卖、绑架的妇女、儿童罪，根据刑法第四百一十六条第二款的规定，是指负有解救职责的国家机关工作人员利用职务阻碍解救被拐卖、绑架的妇女、儿童的行为。它与聚众阻碍解救被收买的妇女、儿童罪虽都表现出阻碍解救的行为，但二者的区别也是较为明显的。

（1）犯罪主体不同。聚众阻碍解救被收买的妇女、儿童罪的主体是达到刑事责任年龄，具有刑事责任能力，实施了聚众阻碍解救被拐卖的妇女、儿童的首要分子，即一般主体。而阻碍解救被拐卖、绑架的妇女、儿童罪的主体必须是负有解救职责的国家机关工作人员，即特殊主体。

（2）客观方面的表现不同。聚众阻碍解救被收买的妇女、儿童罪以“聚众”为必备要件，而阻碍解救被拐卖、绑架的妇女、儿童罪以“利用职务”为必备要件，无“聚众”要求。

（三）聚众阻碍解救被收买的妇女、儿童罪的处罚原则

根据刑法第二百四十二条的规定，聚众阻碍国家机关工作人员解救被

收买的妇女、儿童的首要分子，处五年以下有期徒刑或者拘役；其他参与者使用暴力、威胁方法的，依照第二百七十七条妨害公务罪的规定处罚。

在适用上述条款的规定处理这类案件时应当注意以下几点。

（1）本罪的主体仅限于聚众阻碍解救被拐卖的妇女、儿童的首要分子，只有首要分子才构成本罪，才能依照刑法第二百四十二条第二款规定论处。

（2）对于聚众阻碍解救被拐卖的妇女、儿童的其他参与者，则主要根据是否使用暴力、威胁的方法，分别定性处理：

在聚众阻碍解救过程中使用了暴力或威胁的方法，依照刑法第二百七十七条的规定，定为妨害公务罪，处三年以下有期徒刑、拘役、管制或者罚金。这里“暴力”是指对国家机关工作人员的身体实行打击或强制，如殴打、捆绑等。“威胁”是指以杀害伤害、毁坏财产、损坏名誉等相威胁，以迫使国家机关工作人员放弃依法执行解救被收买的妇女、儿童的职务。

其他参与者在聚众阻碍解救过程中未使用暴力、威胁方法，而是采取“协助转移、隐藏”或者其他方法阻碍解救被收买的妇女的，不构成犯罪，依照治安管理处罚法第十九条的规定，处十五日以下拘留、二百元以下罚款或者警告。这里“协助转移、隐藏”是指协助收买人把被收买的妇女转移他处，或者藏匿起来，逃避国家机关工作人员依法解救。“其他方法”是指除协助转移、隐藏以外的非暴力、威胁阻碍国家机关工作人员解救行为。例如，恐吓被害人使其不敢讲实话和真实意愿，以及借口索要费用进行阻碍解救等。

至于在聚众阻碍解救中，大多数受蒙蔽而参与围观起哄的群众，其行为情节显著轻微，危害不大的，不应以犯罪论处，可给予必要的教育。这样有利于扩大教育面，缩小打击面。

（3）行为人在聚众阻碍解救的过程中，又构成其他的犯罪，如对执行解救公务的国家机关工作人员施暴，造成国家机关工作人员死亡和重伤；抢夺执行解救公务的国家机关工作人员的枪支、毁坏其财物或交通工具等，应分别以故意杀人、故意伤害等罪与聚众阻碍解救被收买妇女、儿童罪实行数罪并罚。

（4）在处理有关“解救”的案件时，对收买妇女、儿童的犯罪分子必须坚持“人财两空”的原则，既要保护被收买的妇女、儿童重返家园，使收买者无所获，又要使之经济上受到损失，使其收买妇女、儿童的费用得不到补偿。

五、不解救被拐卖、绑架妇女、儿童罪

（一）不解救被拐卖、绑架妇女、儿童罪的概念与特征

1. 不解救被拐卖、绑架妇女、儿童罪的概念

不解救被拐卖、绑架妇女、儿童罪，是指对被拐卖、绑架的妇女、儿童负有解救职责的国家机关工作人员，接到被拐卖、绑架的妇女、儿童及其家属的解救要求或者接到其他人的举报，而对被拐卖、绑架的妇女、儿童不进行解救，造成严重后果的行为。

2. 不解救被拐卖、绑架妇女、儿童罪的特征

（1）本罪的犯罪主体是特殊主体。只能由负有解救职责的国家机关工作人员构成。在我国，负有解救被拐卖、绑架的妇女、儿童职责的国家机关工作人员是指各级行政机关特别是公安机关和司法机关中依照法律法规规定从事解救被拐卖、绑架妇女、儿童职责的国家机关工作人员。

（2）本罪在客观方面表现为对被拐卖、绑架的妇女、儿童负有解救职责的国家机关工作人员，接到被拐卖、绑架的妇女、儿童及其家属的解救要求或者其他人的举报，而对被拐卖、绑架的妇女、儿童不进行解救，造成严重后果的行为。具体如下。

①对被拐卖、绑架的妇女、儿童负有解救职责的国家机关工作人员，是以当为而不为的不作为方式实施本罪的；

②不解救行为人接到当事人或其亲属的解救要求或其他人的举报；

③其不解救的对象是被拐卖、绑架的妇女、儿童；

④客观上造成了严重后果，也就是说，本罪的构成要求必须有严重的后果出现，这些严重后果通常是指被害人再次被贩卖，被害人自杀、自

残，被害人被强奸、强迫卖淫，被害人被杀、致残等。

（3）本罪的主观方面出于故意。由于对被拐卖、绑架的妇女、儿童负有解救职责的国家机关工作人员已经接到当事人或其亲属的解救要求或其他人的举报，在这种情况下仍不进行解救，其主观故意是显而易见的。

（4）本罪侵害的客体是国家机关的威信、正常活动和被拐卖、绑架的妇女、儿童的人身权利。

（二）不解救被拐卖、绑架妇女、儿童罪的认定

对被拐卖的妇女、儿童负有解救职责的公安、司法等国家机关工作人员接到被拐卖的妇女、儿童及其家属的解救要求或者接到其他人的举报，而对被拐卖的妇女、儿童不进行解救，未造成严重后果的，不构成不解救被拐卖、绑架妇女、儿童罪，但要交由其主管部门进行党纪、政纪、警纪处分，因此，本罪的构成以“造成严重后果”为必备要件。

（三）不解救被拐卖、绑架的妇女、儿童罪的处罚

根据刑法第四百一十六条第一款的规定，犯不解救被拐卖、绑架妇女、儿童罪的，处五年以下有期徒刑或者拘役。

六、 阻碍解救被拐卖、绑架妇女、儿童罪

（一）阻碍解救被拐卖、绑架妇女、儿童罪的概念和特征

1. 阻碍解救被拐卖、绑架妇女、儿童罪的概念

阻碍解救被拐卖、绑架妇女、儿童罪，是指对被拐卖、绑架的妇女、儿童负有解救职责的国家机关工作人员，利用职务阻碍解救被拐卖、绑架的妇女、儿童的行为。

2. 阻碍解救被拐卖、绑架妇女、儿童罪的特征

（1）本罪的犯罪主体是特殊主体。只能由负有解救职责的国家机关工作人员构成。在我国，负有解救被拐卖、绑架的妇女、儿童职责的国家机

关工作人员是指各级行政机关特别是公安机关和司法机关中依照法律法规规定从事解救被拐卖、绑架的妇女、儿童职责的国家机关工作人员。如果不是负有解救被拐卖、绑架的妇女、儿童职责的国家机关工作人员，但与负有解救被拐卖、绑架的妇女、儿童职责的国家机关工作人员相勾结，利用负有解救职责的国家机关工作人员的解救职务之便进行阻碍解救行为的，以本罪的共犯处理。

（2）本罪在客观方面表现为利用职务阻碍解救被拐卖、绑架的妇女、儿童的行为。这种阻碍可能是直接指向被拐卖、绑架的妇女、儿童，也可能直接指向进行解救的人员，还可能直接指向其他人。无论其阻碍对象是谁，但其目的是阻碍对被拐卖、绑架的妇女、儿童的解救，而且这种阻碍是利用自己的职务之便实施的。本罪与不解救被拐卖、绑架的妇女、儿童罪的客观方面表现不同，本罪为作为，后者为不作为。

（3）本罪的主观方面只能由故意构成。

（4）本罪侵害的客体是国家机关的威信、正常活动和被拐卖、绑架的妇女、儿童的人身权利。

（二）阻碍解救被拐卖、绑架妇女、儿童罪的认定

对被拐卖的妇女、儿童负有解救职责的公安、司法等国家机关工作人员利用职务阻碍解救被拐卖的妇女、儿童，构成犯罪的，应当以阻碍解救被拐卖、绑架妇女、儿童罪追究刑事责任。如果行政执法人员徇私情、私利，伪造材料，隐瞒情况，弄虚作假，对依法应当移交司法机关追究刑事责任的拐卖、绑架妇女、儿童犯罪案件不移交司法机关处理，构成犯罪的，则应以徇私舞弊不移交刑事案件罪追究刑事责任。如果有查禁拐卖、绑架妇女、儿童犯罪活动职责的国家机关工作人员，向拐卖、绑架妇女、儿童的犯罪分子通风报信、提供便利，帮助犯罪分子逃避处罚，构成犯罪的，应以刑法第四百一十七条帮助犯罪分子逃避处罚罪追究刑事责任。

（三）阻碍解救被拐卖、绑架妇女、儿童罪的处罚

根据刑法第四百一十六条第二款的规定，犯阻碍解救被拐卖、绑架妇

女、儿童罪的，处二年以上七年以下有期徒刑；情节较轻的，处二年以下有期徒刑或者拘役。

七、引诱幼女卖淫罪

（一）引诱幼女卖淫罪的概念和特征

1. 引诱幼女卖淫罪的概念

引诱幼女卖淫罪，是指引诱不满 14 周岁的幼女卖淫的行为。

2. 引诱幼女卖淫罪的特征

（1）本罪侵犯的是幼女的身心健康和社会风化。引诱幼女卖淫罪被规定在妨害社会管理秩序罪一章，虽然此种犯罪的行为会损害社会秩序，妨害社会风化，但笔者认为，我国刑法设置本罪的主要意图是为了保护幼女的身心健康，因而，该罪侵犯的主要客体应是幼女的身心健康。

（2）本罪的客观方面表现为引诱幼女从事卖淫的行为。至于以何种手段引诱并无限制，但行为人必须实施以下行为。

①实施的是引诱行为，而不是强迫或者是介绍、容留行为，这也是引诱幼女卖淫罪与强迫幼女卖淫罪不同之处。

②引诱的对象必须是不满 14 周岁的幼女。

③引诱的目的是使幼女从事卖淫活动。

④本罪的主体是一般主体，凡年满 16 周岁、具有刑事责任能力的自然人均可成为本罪的主体。

（3）本罪的主观方面出于故意。

（二）引诱幼女卖淫罪的处罚

根据刑法第三百五十九条第二款的规定，引诱不满十四周岁幼女卖淫的，处五年以上有期徒刑，并处罚金。根据刑法第三百六十一条的规定，旅馆业、饮食服务业、文化娱乐业、出租汽车业等单位的主要负责人引诱幼女卖淫的，从重处罚。

第五节　主要以妇女为侵害对象的犯罪

一、强制猥亵、侮辱罪

强制猥亵、侮辱罪，是指以暴力、胁迫或其他方法强制猥亵他人、侮辱妇女的行为。修订后的刑法第二百三十七条规定："以暴力、胁迫或者其他方法强制猥亵他人或者侮辱妇女的，处五年以下有期徒刑或者拘役。聚众或者在公共场所当众犯前款罪的，或者有其他恶劣情节的，处五年以上有期徒刑。"原刑法第二百三十七条规定的猥亵与侮辱的对象都是妇女，《中华人民共和国刑法修正案》（九）将猥亵的对象改为"他人"，侮辱的对象依然为妇女，扩大了刑法保护范围，为维护妇女权益提供了更有力的法律武器。

二、非法进行节育手术罪

非法进行节育手术罪，是指未取得医生执业资格的人擅自为他人进行节育复通手术、假节育手术、终止妊娠手术或者摘取宫内节育器，情节严重的行为。根据刑法第三百三十六条第二款的规定，未取得医生执业资格的人擅自为他人进行节育复通手术、假节育手术、终止妊娠手术或者摘取宫内节育器，情节严重的，处三年以下有期徒刑、拘役或者管制，并处或者单处罚金；严重损害就诊人身体健康的，处三年以上十年以下有期徒刑，并处罚金；造成就诊人死亡的，处十年以上有期徒刑，并处罚金。

三、组织卖淫罪

组织卖淫罪，是指以招募、雇佣、引诱、容留等手段，纠集、指挥、控制多人从事卖淫活动的行为。根据刑法第三百五十八条的规定，组织他人卖淫、强迫他人卖淫的，处五年以上十年以下有期徒刑，并处罚金；情节严重的，处十年以上有期徒刑或者无期徒刑，并处罚金或者没收财产。这里所谓“情节严重”，根据有关司法解释的规定：组织他人卖淫，具有下列情形之一的，应当认定为刑法第三百五十八条第一款规定的“情节严重”：(1) 卖淫人员累计达十人以上的；(2) 卖淫人员中未成年人、孕妇、智障人员、患有严重性病的人累计达五人以上的；(3) 组织境外人员在境内卖淫或者组织境内人员出境卖淫的；(4) 非法获利人民币一百万元以上的；(5) 造成被组织卖淫的人自残、自杀或者其他严重后果的；(6) 其他情节严重的情形。

犯前两款罪，并有杀害、伤害、强奸、绑架等犯罪行为的，依照数罪并罚的规定处罚。组织强迫未成年人卖淫的，依照前款规定从重处罚。

根据刑法第三百六十一条的规定，旅馆业、饮食服务业、文化娱乐业、出租汽车业等单位的人员，利用本单位的条件，引诱、容留、介绍他人卖淫的，依照刑法第三百五十八条的规定定罪处罚。

前款所列单位的主要负责人，犯前款罪的，从重处罚。

四、协助组织卖淫罪

协助组织卖淫罪，是指为组织卖淫的人招募、运送人员或者有其他协助组织他人卖淫的行为。就刑法理论而言，协助组织卖淫的人员是组织卖淫行为的帮助犯，即从犯，由于协助组织卖淫行为的存在，为组织卖淫行为提供帮助，从而便于组织卖淫罪的顺利进行。因此，刑法将这种帮助犯行为作为一个独立的罪名来设置，使这种协助组织行为从组织卖淫行为中脱离出来。刑法规定了这种行为具体的罪状和单独的法定刑，协助组织卖淫行为不适用刑法总则关于从犯的处罚原则。实践中，为组织卖淫者充当护卫、打手、看门人的，均属于协助组织卖淫行为。根据刑法第三百五十八条第四款的规定，协助组织他人卖淫的，处五年以下有期徒刑，并处罚金；情节严重的，处五年以上十年以下有期徒刑，并处罚金。根据《最高人民法院　最高人民检察院关于办理组织、强迫、引诱、容留、介绍卖淫刑事案件适用法律若干问题的解释》（法释〔2017〕13号）第五条的规定，协助组织他人卖淫，具有下列情形之一的，应当认定为刑法第三百五十八条第四款规定的“情节严重”：招募、运送卖淫人员累计达十人以上的；招募、运送的卖淫人员中未成年人、孕妇、智障人员、患有严重性病的人累计达五人以上的；协助组织境外人员在境内卖淫或者协助组织境内人员出境卖淫的；非法获利人民币五十万元以上的；造成被招募、运送或者被组织卖淫的人自残、自杀或者其他严重后果的；其他情节严重的情形。

根据刑法第三百六十一条的规定，旅馆业、饮食服务业、文化娱乐业、出租汽车业等单位的人员，利用本单位的条件，引诱、容留、介绍他人卖淫的，依照刑法第三百五十八条的规定定罪处罚。

前款所列单位的主要负责人，犯前款罪的，从重处罚。

五、强迫卖淫罪

强迫卖淫罪，是指以暴力、胁迫、虐待等强制手段，违背他人意愿，迫使他人卖淫的行为。我国刑法第三百五十八条规定，强迫他人卖淫的，处五年以上十年以下有期徒刑，并处罚金；情节严重的，处十年以上有期徒刑或者无期徒刑，并处罚金或者没收财产。根据〔2017〕13号司法解释第六条的规定，强迫他人卖淫，具有下列情形之一的，应当认定为刑法第三百五十八条第一款规定的“情节严重”：卖淫人员累计达五人以上的；卖淫人员中未成年人、孕妇、智障人员、患有严重性病的人累计达三人以上的；强迫不满十四周岁的幼女卖淫的；造成被强迫卖淫的人自残、自杀或者其他严重后果的；其他情节严重的情形。

行为人既有组织卖淫犯罪行为，又有强迫卖淫犯罪行为，且具有下列情形之一的，以组织、强迫卖淫“情节严重”论处：(1) 组织卖淫、强迫卖淫行为中具有本解释第二条、本条前款规定的“情节严重”情形之一的；(2) 卖淫人员累计达到本解释第二条第一、二项规定的组织卖淫“情节严重”人数标准的；(3) 非法获利数额相加达到本解释第二条第四项规定的组织卖淫“情节严重”数额标准的。

根据刑法第三百五十八条第二款的规定，组织、强迫未成年人卖淫的，应当从重处罚。

根据刑法第三百六十一条的规定：旅馆业、饮食服务业、文化娱乐业、出租汽车业等单位的人员，利用本单位的条件，引诱、容留、介绍他人卖淫的，依照刑法第三百五十八条的规定定罪处罚。

前款所列单位的主要负责人，犯前款罪的，从重处罚。

六、引诱、容留、介绍卖淫罪

引诱、容留、介绍卖淫罪，是指以金钱、物质等诱惑手段勾引、诱骗他人卖淫，或者为他人卖淫提供场所和方便，或者为卖淫进行介绍的行为。根据刑法第三百五十九条的规定，引诱、容留、介绍他人卖淫的，处五年以下有期徒刑、拘役或者管制，并处罚金；情节严重的，处五年以上有期徒刑，并处罚金。根据〔2017〕13号司法解释第九条的规定，引诱、容留、介绍他人卖淫，具有下列情形之一的，应当认定为刑法第三百五十九条第一款规定的“情节严重”：引诱五人以上或者引诱、容留、介绍十人以上卖淫的；引诱三人以上的未成年人、孕妇、智障人员、患有严重性病的人卖淫，或者引诱、容留、介绍五人以上该类人员卖淫的；非法获利人民币五万元以上的；其他情节严重的情形。

根据〔2017〕13号司法解释第十条的规定，引诱、容留、介绍他人卖淫的次数，作为酌定情节在量刑时考虑。

根据刑法第三百六十一条的规定，旅馆业、饮食服务业、文化娱乐业、出租汽车业等单位的人员，利用本单位的条件，引诱、容留、介绍他人卖淫的，依照刑法第三百五十九条的规定定罪处罚。

前款所列单位的主要负责人，犯前款罪的，从重处罚。

七、传播性病罪

传播性病罪，根据刑法第三百六十条的规定，是指明知自己患有梅毒、淋病等严重性病而卖淫、嫖娼的行为。根据刑法第三百六十条的规定，犯本罪的，处五年以下有期徒刑、拘役或者管制，并处罚金。

八、聚众淫乱罪、引诱未成年人聚众淫乱罪

聚众淫乱罪，根据刑法第三百零一条的规定，是指公然藐视国家法纪和社会公德，聚众淫乱的行为。犯本罪的，对首要分子或者多次参加者，处五年以下有期徒刑、拘役或者管制。

引诱未成年人聚众淫乱罪，是指引诱未成年人参加聚众淫乱活动的行为。

根据刑法第三百零一条第二款的规定，引诱未成年人参加聚众淫乱活动的，依照聚众淫乱罪的处罚规定，从重处罚。

九、暴力干涉婚姻自由罪

暴力干涉婚姻自由罪，是指以暴力手段干涉他人行使婚姻自由，阻挠、破坏他人婚姻自主的行为。根据刑法第二百五十七条的规定，以暴力干涉他人婚姻自由的，处二年以下有期徒刑或者拘役。犯前款罪，致使被害人死亡的，处二年以上七年以下有期徒刑。第一款罪，告诉的才处理。由此可见，本罪的处罚分为以下两个档次。

一是暴力干涉他人婚姻自由的，处二年以下有期徒刑或者拘役。本罪第一款须被害人亲自向法院告诉，才予处理。这是因为这种犯罪相对来说较轻，同时干涉者与被害人大多具有一定的亲属关系，干涉者往往出于“爱护”子女的目的，而被害人大多只是希望干涉者认识错误、不再干涉即可，并不都要求司法机关惩罚干涉者。因此法律规定，对一般的暴力干涉婚姻自由罪，“告诉的才处理”。

二是暴力干涉婚姻自由，致使被害人死亡的，处二年以上七年以下有期徒刑。这里所谓致使被害人死亡，是指被害人因实现婚姻自由而受到阻挠，无力反抗、悲观失望而自杀身亡，或者行为人在实施捆绑、吊打等暴力干涉过程中导致被害人死亡。行为人对被害人的死亡结果不是出于故意，其主观上并不希望发生死亡结果。暴力干涉婚姻自由致使被害人死亡的案件，情节比较严重，因而不适用“告诉才处理”的规定。

十、重婚罪

重婚罪，是指自己有配偶而与他人结婚，或者明知他人有配偶而与之结婚的行为。根据我国刑法第二百五十八条的规定，犯本罪的，处二年以下有期徒刑或者拘役。

十一、破坏军婚罪

破坏军婚罪，是指明知是现役军人的配偶而与之同居或者结婚的行为。我国刑法将那些明知是现役军人配偶而与之同居或结婚的犯罪分子绳之以法，从严惩处，旨在对现役军人的婚姻关系的安全予以特殊保护。根据刑法第二百五十九条的规定，明知是现役军人的配偶而与之同居或者结婚的，处三年以下有期徒刑或者拘役。利用职权、从属关系，以胁迫手段奸淫现役军人的妻子的，依照本法第二百三十六条（强奸罪）的规定定罪处罚。

十二、虐待罪

虐待罪，是指经常以打骂、冻饿、禁闭、强迫超体力劳动、有病不给治疗或其他方法折磨、摧残家庭成员，情节恶劣的行为。根据刑法第二百六十条的规定，虐待家庭成员，情节恶劣的，处二年以下有期徒刑、拘役或者管制。犯前款罪，致使被害人重伤、死亡的，处二年以上七年以下有期徒刑。第一款罪，告诉才处理，但被害人没有能力告诉，或者因受到强制、威吓无法告诉的除外。

十三、遗弃罪

遗弃罪，是指对于年老、年幼、患病，负有扶养义务而拒绝扶养，情节恶劣的行为。根据刑法第二百六十一条的规定，犯本罪的，处五年以下有期徒刑、拘役或者管制。根据司法实践经验，对于一贯玩弄女性而遗弃妇女或儿童的，由于遗弃而引起遗弃人精神失常、伤残、自杀、死亡等严重后果的，均酌情从严惩处。在对犯罪人定罪判刑时，对被扶养人以后的生活问题也一并考虑解决，做出妥善安排。

十四、拐骗儿童罪

拐骗儿童罪，是指用蒙骗、利诱或其他方法，使不满十四周岁的儿童脱离家庭或监护人的行为。依照刑法第二百六十二条的规定，拐骗不满十四周岁的未成年人，脱离家庭或者监护人的，处五年以下有期徒刑或者拘役。

第八章

保障和维护妇女权益的工作机制

第一节　保障和维护妇女权益的机制

一、对妇女权益保障与维护的理解

妇女权利是法律赋予的，也是由法律保护的。为了保证妇女权利的客观实在性，法律必须为妇女权利的实现设立相应的保障，一方面要预防侵害妇女权益行为的发生，另一方面还应有在预防失效情况下的救济措施。所谓救济措施，就是当作为权利主体的妇女在实现自己权利过程中遇到障碍或受到侵害时，法律允许妇女或有关机关依法采取的各种旨在保护或恢复权利的手段和方法。

无救济则无权利。这句古老的法律谚语告诉我们：法律对包括妇女在内的公民权利、自由规定得再完备，列举得再全面，如果在这些权利和自由受到侵犯之后，权利主体无法获得有效的法律救济的话，那么这些法律上的权利和自由都将成为一纸空文。因此，对于妇女的各项合法权益而言，保障与维护是其权益实现的必要途径，没有保障和救济，法律规定的妇女各项权益也将失去存在的意义。

保障妇女权益与维护妇女权益，经常出现在各种报告、文件、文章中，有时使用“保障妇女权益”，有时使用“维护妇女权益”，有时也使用“保障和维护妇女权益”。在 1992 年制定的妇女权益保障法和 2005 年修改的妇女权益保障法中，对于妇联组织的定位方面实现了由“保障”到“维护”的转变。1992 年制定的妇女权益保障法要求妇联“代表和维护各族各界妇女的利益，做好保障妇女权益的工作”，而 2005 年修改的妇女权益保障法中则强调妇联“代表和维护各族各界妇女的利益，做好维护妇女权益的工作”。立法中对妇联组织职能从“保障妇女权益”到“维护妇女权益”的转变，体现了立法者对妇联职能的再认识，对国家责任的再明确。

"保障妇女权益"与"维护妇女权益"是妇女权益实现中不可或缺的两个方面，两者的目的是相同的，都是服务于妇女权利和利益的实现，但两者在主体、作用、立场和表现形式等方面又是有区别的。

	保障妇女权益	维护妇女权益
目的	妇女权益实现	
主体	国家机关特别是政府	妇女组织及其他社会组织
作用	基础性	补充性
立场	公平、效率	妇女本位
表现形式	立法保障、司法保障、政策保障、组织保障、经济保障、物质保障等	依法维权
相互关系	反比关系：妇女组织的维权任务越重，表明国家机关的保障责任越没有落实到位	

二、保障与维护妇女权益机制的构建

保障与维护妇女权益是一项长期而艰巨的工作，做好这项工作既需要高度的自觉意识，又需要建立相应的长效机制。那么，如何界定和构建保障与维护妇女权益的机制呢？众所周知，概念是反映事物本质属性的思维形式，要想正确界定保障与维护妇女权益的机制，就必须深刻认识保障与维护妇女权益机制这一事物的本质特征。从结构上来看，保障与维护妇女权益机制由两个词构成：一是保障与维护妇女权益，二是机制。从词义上来说，保障与维护妇女权益机制应是保障与维护妇女权益与机制的综合。保障与维护妇女权益，即保障与维护妇女合法权益，包括妇女的权利和利益。由于"权利是利益的法律外衣，利益是权利的核心结构，抽掉利益这个内容，权利便丧失了财富和资源，成为无用的、虚假的空壳"，[①] 因

① 王启富，马志刚：《权利的法律结构分析》，载《中央政治干部管理学院学报》1999 年第 5 期。

此，维护妇女的权益问题，归根到底是维护妇女的利益问题。至于这里的“机制”一词，则泛指一个工作系统的组织或部分之间相互作用的过程和方式。[①] 根据系统论的观点，机制是指系统内各子系统、各要素之间相互作用、相互联系、相互制约的形式及其运动原理和内在的、本质的工作方式。由此，可以将保障与维护妇女权益机制界定为：保障与维护妇女权益机制就是为维护和实现妇女权益而形成的一个工作系统，在这个工作系统内，各个构成要素基于一定的规律和原理，相互作用，相互联系，保障和推动着妇女权益的实现。简而言之，保障与维护妇女权益机制目的在于维护妇女权益的有效的、制度化的、系统化的、综合性的工作方式和方法。

保障与维护妇女权益机制的工作方式和方法，是一个有诸多子系统的复杂的工作系统。保障与维护妇女权益机制主要是由妇女权益确认机制、妇女权益实现机制和妇女权益救济机制构成的。

其中，妇女权益确认机制包括妇女权益法律确认、妇女权益政策确认、妇女权益道德确认，主要是指妇女的利益通过法律、政策和道德加以确定和承认，从而具有合法性和正当性。这是维权机制中最重要的一环，没有被法律、政策确认的，不具有合法性，因而往往得不到国家和政府的强制保护，得不到道德确认的利益，也往往被认为不具有正当性而在实现过程中受到来自民间习惯的阻碍。在此需要特别强调弘扬社会主义的先进性别文化，为男女平等和妇女权益的实现提供精神支撑和道德确认。

妇女权益实现机制即妇女权益协调机制，从方式上可区分为经济协调、政治协调、法律协调和道德协调四种方式。由于利益矛盾主要是经济的、物质的矛盾，因而经济协调是利益协调的基本手段。政治是经济的集中体现，政治协调是利用国家的职能、政治制度以及各种政治手段进行协调。法律协调以权利和义务为特征，它通过明确规定人们的权利和义务来协调利益关系，维持社会秩序。道德协调则主要是通过习惯、

---

① 中国社会科学院语言研究所词典编辑室：《现代汉语词典》，北京：商务印书馆 2005 年版，第 582 页。

习俗、传统、教育、舆论等来实现的。利益协调的内容大致包括：多元化利益观念引导，利益获取行为的规范约束，与时俱进的利益调节，适度的利益补偿等。①

妇女权益救济机制，是指当妇女在实现自己权利过程中遇到障碍或受到侵害时，法律允许妇女自己或国家和社会的有关组织依法采取的各种旨在保护或恢复权利的手段和方法。救济措施大致可分为两种，即自力救济和公力救济。自力救济是指权利人自己采取各种合法手段保护自己的权益不受侵犯，如正当防卫、紧急避险、自助行为等；公力救济是指当法律确认的权利受到侵犯时，由国家机关给予保护，包括行政救济和司法救济。行政救济包括行政复议、行政赔偿、行政补偿、信访等，司法救济包括刑事诉讼、民事诉讼、行政诉讼等。此外还有调解、仲裁等既有公力救济因素又有自力救济因素的救济途径。调解包括人民调解、行政调解、司法调解；仲裁包括商事仲裁、劳动仲裁、人事仲裁、土地仲裁等。

保障与维护妇女权益机制作为保护妇女权益的有效、制度化、系统化、综合性的工作方式和方法，是一个复杂的工作系统。在这个工作系统内，各个构成要素基于一定的规律和原理，相互作用、相互联系，保障和推动着妇女权益的实现。妇女权益的确认机制、实现机制和救济机制是妇女维权机制的核心内容，三者之间是相互联系、相互作用的。其中，确认机制是根本，没有确认机制，实现机制、救济机制就失去了依据；实现机制是关键，没有实现机制，确认的结果便得不到实现；救济机制是后盾，没有救济机制，确认机制、实现机制便失去了保障。

① 陈敏昭：《利益协调机制的重构》，载《现代经济探讨》2007 年第 4 期。

第二节 保障妇女权益国家机制

党和国家一贯重视妇女人权的倡导、维护和保障。中国共产党从诞生之日起，就在马克思主义妇女观的指导下，把实现妇女解放和男女平等作为自己的奋斗目标之一，制定和形成了相应的政策。1995 年，时任国家主席江泽民同志在第四次世界妇女大会上郑重宣布："我们十分重视妇女的发展与进步，把男女平等作为促进我国社会发展的一项基本国策。"把男女平等作为基本国策，这是我们党和政府对新中国成立以来妇女发展问题在认识和实践上的高度概括和总结，是全面推进中国特色社会主义事业、全面建成小康社会的必然要求，是树立和落实科学发展观的必然要求，是顺应世界进步潮流，向国际社会作出的庄严承诺和对国际妇女运动的贡献。没有男女两性的平等、协调发展，小康社会将是不全面、不和谐、发展不平衡的，而男性也不可能得到全面发展。男女平等基本国策对国家其他政策的制定和实施将起到良好的导向作用，具有长期性、全面性和权威性，这对推动保障妇女权益，促进男女平等具有重大和深远影响。

一、我国形成了以政府为主要责任主体的保障妇女权益国家机制

为了有效保障妇女人权，我国在不断完善维护妇女权益的法律体系的同时，制定并实施了妇女发展纲要，进一步健全工作机构，加大资金投入，加强社会动员，形成了以政府为责任主体的保障妇女人权国家机制并取得显著效果。

各级政府作为国家法律的执行机关，在落实男女平等基本国策、消除对妇女的一切形式歧视、预防和制止针对妇女的违法犯罪行为等方面负有不可推卸的、极其重要的职责。妇女权益保障法从"各级人民政府""人

民政府负责妇女儿童工作的机构”“人民政府有关部门”三个层面，进一步明确了妇女权益保障法的执法主体，强化了各级人民政府的责任。

在保障妇女人权的国家机制中，除了政府的主体责任外，其他国家机关和社会组织也负有自己相应的责任。在我们社会主义国家，保障妇女的合法权益、促进男女平等不仅仅是妇女、妇女组织自己的事情，也不仅仅是政府的事情，而是全社会的共同责任。国家机关、社会团体、企事业单位、城乡基层群众性组织，从自己的工作职能和任务出发，依法维护和保障妇女的权利，积极同各种歧视、残害妇女的行为作坚决的斗争，并为妇女依法行使自己的权利创造条件。

从立法机关来说，建立了人大立法保障妇女权益的工作机制。全国人民代表大会制度是坚持党的领导、人民当家作主、依法治国有机统一的根本政治制度安排。全国人大及其常委会在认真履行立法、监督等职责过程中，高度重视保障妇女权益、促进妇女发展，先后设立妇女儿童专门小组、内务司法委员会工青妇室、社会建设委员会工青妇室，积极宣传贯彻男女平等的宪法原则，在立法审议和法律监督中重视采纳妇联组织和妇女群众的意见，就妇女权益保障法及相关法律开展执法检查，听取情况报告，组织专题调研，切实依法保障妇女合法权益。① 国家各级立法机关根据宪法和法律赋予的权限，制定、修改有关保护妇女权益的法律法规，撤销违反男女平等原则、不利于保护甚至损害妇女的法规、决议、决定、命令等，为保障妇女权益提供充分的法律依据，优化保障妇女权益的法律环境。同时监督宪法和有关保护妇女权益的法律法规的实施，监督其他国家机关保障妇女权益方面的工作。通过任免国家工作人员，对在保障妇女合法权益工作中的不同表现者进行奖励或惩戒。

从政协组织来看，建立了政协协商推动妇女事业发展的工作机制。政协全国委员会先后设有妇女组、妇女青年委员会、妇青和法制委员会、社会和法制委员会等工作机构，对涉及妇女发展的重点难点问题提出建议，

① 参见国务院新闻办公室 2019 年 9 月发布的《平等 发展 共享：中华人民共和国 70 年妇女事业的发展与进步》。

办理涉及妇女权益的提案。妇联界别作为政协全国委员会目前设置的34个界别之一，组织协商座谈，开展专题调研，提交提案建议，在政治协商、民主监督、参政议政中持续推进妇女发展和男女平等。

从司法机关来看，人民法院、人民检察院分别与妇联组织建立保障妇女权益的跨部门合作机制，根据法律的有关规定和各自的职权，"严厉打击强奸、拐卖妇女和组织、强迫、引诱、容留、介绍妇女卖淫等严重侵害妇女人身权利的犯罪行为"，"提高妇女在司法和执法中的影响力。鼓励和推荐符合人民陪审员条件的妇女担任人民陪审员。鼓励和推荐有专业背景的妇女担任人民检察院特约检察员或人民监督员"，"依法为妇女提供司法救助。为经济困难或因其他特殊情况需要救助的妇女提供司法救助，实行诉讼费的缓交、减交或免交。建立完善刑事被害人救助制度，对因受犯罪侵害而陷入生活困境的妇女实行国家救助，保障受害妇女的基本生活"①，为保障妇女合法权益提供有效的司法保障。

从政党组织来看，中国共产党的各级组织在保护妇女权益、促进男女平等方面发挥着领导作用，党员发挥模范带头作用。"全面推进妇女事业和妇女工作是党的群众工作的重要内容。各级党委要进一步加强对妇联组织的领导，支持妇联组织依照法律和章程创造性地开展工作，关心帮助妇联干部成长，为妇女事业和妇女工作创造良好环境。要进一步采取有效措施促进妇女发展，关心妇女生产生活，发挥妇女主体作用，提高妇女社会地位，着力解决妇女权益保护中存在的突出问题。"②各民主党派均设立了妇委会，在维护妇女权益方面也做了切实有效的工作。

从群众团体、社会组织企事业单位来看，妇联、工会、共青团和其他有关的社会团体、企业事业单位、城乡基层群众性自治组织，依照有关法律的规定和各自章程及职能，保护妇女的合法权益。其中，妇联作为各族各界妇女为争取进一步解放与发展而联合起来的群团组织，建立了妇联组织作为党和政府联系妇女群众桥梁纽带的工作机制。在党的领导下，妇联

① 国务院：《中国妇女发展纲要（2011—2020年）》，2011年7月30日。

② 王岐山：《在中国特色社会主义伟大实践中撑起半边天》，2013年10月28日在中国妇女第十一次全国代表大会上的祝词。

组织依照章程，切实担负团结引导各族各界妇女听党话、跟党走的政治责任，切实履行代表和维护妇女权益、促进男女平等和妇女全面发展的基本职能。围绕党和国家工作大局，广泛深入宣传党的理论、路线、方针、政策，团结引导广大妇女坚定不移走中国特色社会主义妇女发展道路，充分发挥在社会生活和家庭生活中的独特作用，为中国特色社会主义事业建功立业。全国妇联作为成员单位参与中央农村工作领导小组、中央精神文明建设指导委员会、中央全面依法治国委员会守法普法协调小组、国务院扶贫开发领导小组和国务院就业工作领导小组等的工作，反映妇女利益诉求，代表妇女参与国家和社会事务的民主决策、民主管理和民主监督。全国妇联牵头成立“双学双比”和“巾帼建功”活动领导小组、“五好文明家庭”创建活动协调小组、维护妇女儿童权益暨平安家庭创建协调机制等，通过跨部门合作共同推动妇女事业发展。党的十八大以来，妇联组织通过改革创新，进一步增强政治性、先进性、群众性，充分发挥党开展妇女工作最可靠、最有力的助手作用，坚持用中国特色社会主义共同理想凝聚妇女，建立直接联系服务妇女群众长效机制，有效开展引领、服务、联系妇女群众工作。团结引领其他妇女组织，共同服务妇女群众，推动男女平等和妇女事业发展。[①]

各类宣传媒介、研究机构为保障妇女权益、促进妇女的进步与发展，起到了重要的作用。中国的报刊、广播、电视等传媒在宣传国家有关保护妇女权益的法律法规和先进性别文化方面发挥了舆论引导作用，增进了全社会对妇女权利、作用的认识，优化了保障妇女权益的社会环境。

二、保障妇女权益的政府责任

2005 年修改的妇女权益保障法在明确规定保障妇女权益是全社会共同责任的同时，特别强调了政府保障妇女权益的主体责任，并从以下几个方

① 参见国务院新闻办公室 2019 年 9 月发布的《平等　发展　共享：中华人民共和国 70 年妇女事业的发展与进步》。

面明确了政府保障妇女权益的职责。

（一）各级人民政府是实施妇女权益保障法的主要责任主体

在妇女权益保障法的61个条文中，直接或间接规定政府职责的有40多个条文，这充分体现了在保障妇女权益的国家机制中，各级人民政府是主要的责任主体。特别是妇女权益保障法第六条规定："各级人民政府应当重视和加强妇女权益的保障工作。县级以上人民政府负责妇女儿童工作的机构，负责组织、协调、指导、督促有关部门做好妇女权益的保障工作。县级以上人民政府有关部门在各自的职责范围内做好妇女权益的保障工作。"这一规定从"各级人民政府""人民政府负责妇女儿童工作的机构""人民政府有关部门"三个层面，进一步明确了妇女权益保障法的执法主体，强化了各级人民政府的责任。

"人民政府负责妇女儿童工作的机构"就是妇女儿童工作委员会，在国家层面即国务院妇女儿童工作委员会。1990年2月22日，国务院妇女儿童工作委员会的前身——国务院妇女儿童工作协调委员会正式成立，取代了原由全国妇联牵头的全国儿童少年工作协调委员会，成为国务院负责妇女儿童工作的议事协调机构。1993年8月4日，国务院妇女儿童工作协调委员会更名为国务院妇女儿童工作委员会，简称国务院妇儿工委，作为国务院负责妇女儿童工作的议事协调机构，负责协调和推动政府有关部门执行妇女儿童的各项法律法规和政策措施，发展妇女儿童事业。其基本职能包括：协调和推动政府有关部门做好维护妇女儿童权益工作，协调和推动政府有关部门制定和实施妇女和儿童发展纲要，协调和推动政府有关部门为开展妇女儿童工作和发展妇女儿童事业提供必要的人力、财力、物力，指导、督促和检查各省、自治区、直辖市人民政府妇女儿童工作委员会的工作。目前，国务院妇女儿童工作委员会成员单位有中央宣传部、中央网信办、外交部、国家发展改革委、教育部、科技部、工业和信息化部、国家民委、公安部、民政部、司法部、财政部、人力资源社会保障部、自然资源部、生态环境部、住房城乡建设部、交通运输部、水利部、农业农村部、商务部、文化和旅游部、国家卫生健康委、应急部、市场监管总局、广电总局、体育总局、国家统计局、国家医保局、国家乡村振兴局、全国总工会、共青团中央、全国妇联、中国科协、中国残联、中国关工委这35个部委和人民团体。

（二）各级人民政府必须为妇女权益的实现提供必要的条件

妇女权益保障法第三条规定："国务院制定中国妇女发展纲要，并将其纳入国民经济和社会发展规划。县级以上地方各级人民政府根据中国妇女发展纲要，制定本行政区域的妇女发展规划，并将其纳入国民经济和社会发展计划。"第四条第二款规定："国家采取有效措施，为妇女依法行使权利提供必要的条件。"这些规定明确要求各级人民政府必须为妇女权益的实现提供必要的条件。我国各级人民政府坚持以人为本，落实"国家尊重和保障人权"的宪法原则，切实把保障妇女的合法权益放在保障人权的重要位置，在推动经济社会又好又快发展的基础上，依法保证包括妇女在内的全体社会成员平等参与、平等发展的权利，先后制定并实施了《中国妇女发展纲要（1995—2000年）》《中国妇女发展纲要（2001—2010年）》和《中国妇女发展纲要（2011—2020年）》。三个纲要的实施，极大地推动了将法律上的平等变为事实，促进了妇女的发展。2021年9月8日，国务院印发了《中国妇女发展纲要（2021—2030年）》。为了坚定不移地推进中国的妇女人权事业，并响应联合国关于制定国家人权行动计划的倡议，自2009年以来，中国政府先后制定并实施了三期国家人权行动计划，即《国家人权行动计划（2009—2010年）》《国家人权行动计划（2012—2015年）》《国家人权行动计划（2016—2020年）》。通过国家人权行动计划，中国持续加大各项人权保障力度，全社会尊重和保障人权的意识明显提升，国际人权交流与合作不断推进，中国特色社会主义人权事业迈上新台阶。在妇女权利方面，我国三期国家人权行动计划都特别强调了要贯彻落实男女平等基本国策，全面实现中国妇女发展纲要确定的目标，消除性别歧视，改善妇女发展环境，保障妇女合法权益。

（三）各级人民政府应当为权益受侵害的妇女提供必要的救济和保障

各级政府作为国家法律的执行机关，在消除对妇女的一切形式歧视、预防和制止针对妇女的违法犯罪行为方面负有不可推卸的、极其重要的职责。妇女权益保障法对此也作了明确的规定，如妇女权益保障法第十四条规定："对于有关保障妇女权益的批评或者合理建议，有关部门应当听取和采纳；对于有关侵害妇女权益的申诉、控告和检举，有关部门必须查清事实，负责处理，任何组织或者个人不得压制或者打击报复。"第五十二条规定："妇女的合法权益受到侵害的，有权要求有关部门依法处理，或者依法向仲裁机构申请仲裁，或者向人民法院起诉。对有经济困难需要法律援助或者司法救助的妇女，当地法律援助机构或者人民法院应当给予帮助，依法为其提供法律援助或者司法救助。"第五十三条规定："妇女的合法权益受到侵害的，可以向妇女组织投诉，妇女组织应当维护被侵害妇女的合法权益，有权要求并协助有关部门或者单位查处。有关部门或者单位应当依法查处，并予以答复。"

三、妇女发展纲要与妇女权益保障

我国各级人民政府坚持以人为本，落实"国家尊重和保障人权"的宪法原则，切实把保障妇女的合法权益放在保障人权的重要位置，在推动经济社会又好又快发展的基础上，依法保证包括妇女在内的全体社会成员平等参与、平等发展的权利，先后制定并实施的《中国妇女发展纲要（1995—2000年）》《中国妇女发展纲要（2001—2010年）》《中国妇女发展纲要（2011—2020年）》和《中国妇女发展纲要（2021—2030年）》，这是政府贯彻男女平等基本国策、保障妇女合法权益落实的重大行政措施。

《中国妇女发展纲要（2021—2030年）》（以下简称"新妇纲"）已经由国务院正式颁布。新妇纲是新时代落实男女平等基本国策、促进妇女全面发展、推动妇女走在时代前列的中长期规划，是我国人权保障政策体系的重要组成部分。新妇纲包括健康、教育、经济、参与决策和管理、社会保障、家庭建设、环境、法律八个领域，新增了家庭建设领域；共设置 75 项主要目标，提出 93 项策略措施。这些目标和策略措施的提出，明确了新发展阶段促进妇女全面发展的新要求。

（一）明确新时代妇女发展的根本遵循

党的十八大以来，以习近平同志为核心的党中央高度重视妇女事业，习近平总书记多次就促进妇女发展、发挥妇女作用、加强家庭建设发表重要讲话，作出重要指示，提出了一系列带有根本性、方向性、引领性的新思想、新论断、新要求，深刻阐明了新时代妇女发展的一系列重大理论和现实问题，是马克思主义妇女理论中国化的最新成果，是中国特色社会主义妇女理论发展的新阶段，是新时代中国妇女事业发展的行动指南和根本遵循，是习近平新时代中国特色社会主义思想的重要组成部分。新妇纲坚持以习近平新时代中国特色社会主义思想为指导，认真贯彻习近平总书记关于妇女和妇女工作的重要论述，立足于坚持中国特色社会主义妇女发展道路，立足于广大妇女对更加幸福美好生活的向往期待，将习近平总书记重要指示和党中央决策部署充分体现到编制新妇纲的全过程和新妇纲内容的各方面。从本质上说，新妇纲就是要把习近平新时代中国特色社会主义思想特别是关于妇女和妇女事业的要求变为新时代中国妇女发展和妇女工作的宏伟蓝图和生动实践。

（二）坚持以人民为中心的发展思想

习近平总书记指出："必须坚持以人民为中心的发展思想，不断促进人的全面发展、全体人民共同富裕。"新妇纲立足新发展阶段，贯彻新发展理念，坚持以人民为中心，把满足妇女群众更美好的生活需要作为根本目的，确立了坚持党的全面领导、协同发展、平等发展、全面发展和共建共治共享五项原则，以妇女的获得感、幸福感、安全感显著提升为总体目标的落脚点，把妇女最关心、最直接、最现实的利益问题作为各项策略措施的聚焦点，制定了八个领域的主要目标和相应的策略措施。同时，新妇纲充分尊重妇女作为实践主体、认识主体、价值主体、历史主体的主体地位，注重为妇女发挥作用搭建平台、创造机会、提供保障。主要体现在：支持妇女提升健康素养，做文明健康生活方式的倡导者；为女性科技工作者创造条件，投身科技强国建设；保障平等参与经济发展的权利和机会，支持妇女为推动经济高质量发展贡献力量；保障妇女参与社会主义民主政治建设和社会治理，提升参与水平；弘扬中华民族家庭美德、树立良好家风，支持妇女成为幸福安康家庭的建设者、倡导者；提高妇女的生态文明意识，促进妇女践行绿色发展理念，做生态文明建设的推动者和践行者；提高妇女尊法学法守法用法的意识和能力，充分发挥妇女在法治中国建设中的作用等。

（三）阐明妇女全面发展的时代内涵

“人的自由全面发展”是马克思关于人的解放和发展思想的价值主题和行动目标。人的全面发展，包括需要的全面发展、能力的全面发展和人的社会关系的全面发展。马克思和恩格斯又把人的需要主要划分为生存需要、发展需要和享受需要，人的全面发展包括人的这些需要的满足与发展。

在这个理论基础上，基于人的健康是一切发展的基础，新妇纲不仅把“妇女平等享有全方位全生命周期健康服务，健康水平持续提升”作为总体目标的重要内容，而且把“妇女与健康”列为首要发展领域；基于马克思认为人的能力发展占据全面发展的重要地位，新妇纲把“妇女平等享有受教育权利，素质能力持续提高”作为总体目标的重要内容，并单设了“妇女与教育”发展领域；基于马克思指出人是一切社会关系的总和，社会关系的全面完善和占有是人的全面发展的重要标志，新妇纲重点强调营造促进妇女全面发展的社会和家庭环境。新妇纲还明确要求统筹兼顾妇女在政治、经济、文化、社会和家庭生活各方面的发展利益，有效解决制约妇女发展的重点和难点问题，统筹推进城乡、区域、群体之间妇女的均衡发展，协调推进妇女在各领域的全面发展。为了给妇女全面发展创造机会、提供保障，新妇纲将创新发展理念作为引领中国妇女全面发展的巨大动力，以理论创新、制度创新、文化创新引领和保障妇女全面发展；坚持协调发展理念以促进妇女与经济社会之间协调发展、与男性之间平等和谐发展；坚持开放发展理念以顺应和引领国际妇女运动的潮流；坚持绿色发展理念让女性在绿色发展中有更广阔的发展空间，成为绿色发展的受益者；坚持共享发展理念以推进共建共治共享和男女之间实质性平等。综上不难看出，新妇纲系统设计了妇女全面发展的蓝图，明确了妇女全面发展的时代内涵，体现了妇女发展的全面性。

（四）推动新时代家庭观落地生根

家庭的前途命运同国家和民族的前途命运紧密相连，家庭建设与妇女发展有着密不可分的联系。对每一个生活在社会关系中的人而言，家庭不只是身体的住处，更是心灵的归宿。新时代的家庭建设就是要努力使千千万万个家庭成为国家发展、民族进步、社会和谐的重要基点，成为人们梦想启航的地方。当前，我国的家庭结构、家庭规模、家庭关系、家庭文明呈现出新特点，面临着家庭结构小型化、婚姻家庭观念多元化、家庭教育指导服务覆盖不足等新情况，人口政策调整对于减轻家庭生育养育教育负担、建立完善支持家庭发展的政策体系提出新课题。为弘扬新时代家庭观，进一步满足人民群众对美好家庭生活的新期待，夯实家庭作为社会细胞的基础，推动形成爱国爱家、向上向善、共建共享的社会主义家庭文明新风尚，新妇纲增设了妇女与家庭建设领域，以习近平总书记关于注重家庭家教家风的重要论述为根本遵循，提出 9 项主要目标、10 项策略措施，涉及推动社会主义核心价值观在家庭落地生根，发挥家庭家教家风在基层社会治理中的重要作用，发挥妇女在家庭建设中的独特作用，促进建立男女平等的家庭关系和健全完善家庭发展政策等方面，以进一步提升家庭发展能力，激活和催生健康社会的基础细胞。

（五）促进新时代妇女工作高质量发展

新妇纲设定的各项目标能否真正成为妇女全面发展的现实，需要妇女自身的不懈努力，更需要高质量妇女工作的推动。实现新时代妇女工作高质量发展，必须坚持党的全面领导，新妇纲要求新时代的妇女工作必须对标对表习近平总书记和党中央的要求，切实把党的领导贯彻到妇女工作的全过程各方面，确保妇女工作的正确政治方向。实现新时代妇女工作高质量发展，必须不断夯实理论基础，新妇纲要求我们坚持把马克思主义基本原理同中国妇女工作具体实际相结合、同中华优秀传统文化相结合，积极推进马克思主义妇女理论中国化时代化，并以此指导新时代的妇女工作，用马克思主义妇女理论把握妇女发展规律、观察解决妇女问题，实现妇女与经济社会的同步协调发展。实现新时代妇女工作高质量发展，必须不断完善促进男女平等和妇女全面发展的制度机制，新妇纲要求我们不断完善党委领导、政府主责、妇女儿童工作委员会协调，多部门合作、全社会参与的妇女工作机制，通过加强和改进党对妇女工作的领导，建立完善人大立法保障妇女权益、政协协商推动妇女事业发展的工作机制，建立健全政府贯彻落实男女平等基本国策的工作机制，强化妇联组织作为党和政府联系妇女群众桥梁纽带的工作机制，为妇女全面发展提供强有力的制度机制保障。实现新时代妇女工作高质量发展，必须不断增强对妇女思想政治引领的能力，新妇纲要求我们切实引领广大妇女进一步坚定听党话、跟党走的信念信心，防范化解涉妇女领域政治风险，把妇女群众紧紧凝聚在党的周围，同时激发妇女创新创造活力，团结动员广大妇女在全面建设社会主义现代化国家新征程中建功立业，发挥半边天作用。

总之，新妇纲坚持正确的政治方向，把习近平新时代中国特色社会主义思想特别是关于妇女和妇女工作、关于家庭家教家风建设的重要论述贯彻到纲要各方面，顺应了广大妇女对美好生活的需要，充分体现了以人民为中心的发展思想，符合并引领了全球妇女发展趋势，是新发展阶段中国妇女全面发展的纲领性文件。我们相信，随着《中国妇女发展纲要（2021—2030 年）》全面实施，我国的妇女发展将跃上一个新台阶，取得更加辉煌的成就。

第三节　性别平等评估机制

在全面推进依法治国的进程中，要有效贯彻男女平等基本国策、从源头保障妇女权益，就必须推进社会性别意识纳入决策主流，就必须从男女平等的视角，对法律、法规和政策进行科学分析评估，在制定和实施法律法规政策的全过程中充分考量两性的现实差异和妇女的特殊利益。以“立法中参与、立法后评估、性别理念传播”为主要内涵的政策法规性别平等评估机制，着力于增强政策法规制定者和实施者的社会性别意识，将他们对性别平等的认同感转化为实际行动，把男女平等的价值理念体现在政策法规的制定和实施中，贯彻到依法治国、依法执政、依法行政的具体实践中，从源头上推进了男女平等基本国策的落实。性别平等评估机制成为民主立法和科学立法的应有程序、先进性别理念的制度载体、促进男女平等的有效措施、防止性别歧视的重要屏障、妇联源头维权的崭新平台。

一、性别平等评估机制的理念

理念作为人们经过长期的理性思考及实践所形成的思想观念、精神向往、理想追求和哲学信仰的抽象概括，是要解决观念和思想问题，解决方向问题。以“立法中参与、立法后评估、性别理念传播”为主要内涵的政策法规性别平等评估机制，始终恪守传播人权意识、平等意识、性别意识这些先进的基本理念，使政策法规性别平等评估工作适应了时代的要求，保证了性别平等评估工作的正确导向。

人权意识，体现了社会性别影响评估的本质要求。人权与法规政策之间存在着密不可分的关系。人权不仅是法规政策的核心内容，而且是法规政策的目的与源泉，尊重和保障人权是法规政策追求的最为核心的价值。法规政策对人权具有确认和保障作用，失去了法规政策对人权的确认和保护，人权就不可能得到有效的实现。基于上述认识，政策法规性别平等评估机制将保障妇女的人权，确保妇女能够在法规政策的实施中平等受益作为咨询评估的首要目的。

平等意识，体现了社会性别影响评估的价值要求。贯穿政策法规性别平等评估机制的男女平等意识，要求对男女平等的理解必须破除传统性别角色定型，必须破除长期以来固守的形式平等，必须打破男女两性二元对立观念，必须摒弃零和博弈思维，必须打破男性中心文化桎梏，从而实现男女两性地位平等、人格与尊严平等、权利和机会平等、责任和义务平等、结果和利益平等。

性别意识，体现了社会性别影响评估的专业要求。贯穿政策法规性别平等评估机制的性别意识，是指体现了社会主义先进性别文化的性别意识。当代中国先进性别文化就是有中国特色的社会主义先进性别文化。它包括两层含义：其一，是符合中国国情而又充分吸收世界优秀性别文化成果，反映、体现和代表性别文化发展及其规律的根本要求和总体趋势；其二，是促进和推动人类社会文明进步，体现社会主义时代精神的面向世界、面向现代化、面向未来的性别文化。人权意识、平等意识、性别意识贯穿其中的政策法规性别平等评估机制，其重点解决的就是促进男女平等基本国策在法律法规政策中的落实，发现和消除制度性的性别歧视，特别是预防那些我们积极推动制定的制度性措施在性别影响方面的负面效果，通过性别影响评估机制使先进的性别文化融入制度中，真正实现“在立法决策中充分体现性别意识，在改善民生中高度关注妇女需求，在社会管理中积极回应妇女关切，使男女平等真正体现到经济社会发展各领域、社会生活各方面”；落实习近平总书记所倡导的：“男女共有一个世界，消除对妇女的歧视和偏见，将使社会更加包容和更有活力。”“我们要以男女平等为核心，打破有碍妇女发展的落后观念和陈规旧俗。”[①]

---

① 习近平：2015 年 9 月 27 日在全球妇女峰会上的讲话《促进妇女全面发展　共建共享美好世界》。

二、性别平等评估机制是具有中国特色的社会性别主流化

1979 年联合国大会通过的《消除对妇女一切形式歧视公约》，要求缔约国采取“一切适当措施，包括制定法律，保障妇女得到充分的发展和进步，其目的是为确保她们在与男子平等的基础上，行使和享有人权和基本自由”。1995 年联合国第四次世界妇女大会通过的《北京行动纲领》第 189 段指出，“在处理各层次分享权力和决策方面的男女不平等现象时，各国政府和其他行动者应推行一项鲜明的政策，将性别观点纳入所有政策和方案的主流，以便在做出决定之前，分别分析其对女性和男性的影响”，由此正式将社会性别主流化确定为达成性别平等的全球性战略。社会性别主流化是“在各领域和各层次，对包括立法、政策、纲要、规划在内的任何行动计划对于女性和男性的影响的评估过程。这种战略使女性关心的问题和经验同男性一样，在全部的政治、经济、社会领域中，作为政策和计划的设计、实施、监督、评价的一个组成部分，以便使男性和女性平等受益，杜绝不平等。最终目的是实现性别平等”。[①] 北京世妇会后，国际社会在推进社会性别主流化方面作出了诸多富有成效的努力。性别影响评估，运用性别统计资料与性别分析方法，评估政策法律是否直接或间接对女性与男性有不同的影响，据以形成政策法律或修正现有政策法律之不足，确保消弭所有因性别所造成的影响，因而成为落实社会性别主流化的重要工具之一，为国际社会广泛采纳。

我国在性别平等评估机制的创建过程中，首先放眼世界，认真研究和积极借鉴了北欧模式、加拿大模式、英国模式、美国模式以及我国香港地区模式和台湾地区模式，同时并没有简单做域外性别影响评估模式，特别是西方性别影响评估模式的“搬运工”，而是坚持“四个自信”，在指导思想上坚持马克思主义妇女观，汲取中国本土既有制度资源，创设了具有中国特色的性别平等评估机制。在中国的法律政策制定程序上，立法机

① 1997 年联合国经社理事会达成的结论，1997 agreed conclusions of ECOSOC，http://www.un.org/womenwatch/osagi/pdf/ECOSOCAC1997.2.PDF。

关、政府在制定法律法规和政策时应该广泛征询意见，采取包括调研、座谈、举行听证会、公布法律法规征求意见稿等途径和形式广泛听取各方面意见和建议，在此过程中，妇女、妇女组织可以经由既有的途径和渠道代表广大妇女表达意见、提出建议。这一制度构建，从其宗旨来说是使法律政策汇聚民意，充分反映公民、法人意志利益，从而促进立法民主化、科学化的重要途径。在既有的政策法律法规制定与实施工作实践中，国家和地方各级政策法律法规制定机关会依法征询妇联组织的意见，妇联组织也可主动向制定机关提出意见和建议。但毋庸讳言的是，既有的政策法律法规制定与实施工作中，性别视角欠缺或者被忽视，分析评估政策法律法规对不同性别的影响并没有成为征询意见的必要内容。针对上述问题，基于落实男女平等基本国策和中央政府倡导的“加强对法规政策的性别平等审查”，我国江苏省等地大胆创新，将原有的意见征询制度提升为咨询评估机制，坚持咨询与评估相结合，既能实现原有制度的功能，同时又深化和规范化了原有制度的内涵，使新机制具有较强的包容性；将一般的意见征询具体化、专门化为性别平等的咨询评估，进而使从社会性别视角审视法律政策成为新机制的内核，凸显了性别平等评估机制的价值追求和目标宗旨；妇联组织与立法和政策制定部门合作，以多方机构共同建立评估工作机构的形式，使以往零散的、偶发的征询意见成为常规化、程序化的咨询评估，由此实现了制度化的提升。我国创设性别平等评估机制，不是在既有体制之外另行设立一套机制，而是利用本土既有制度资源，顺势创设性别平等评估机制。这一做法不仅能有效实现性别平等评估机制与原有制度的对接，使得这一机制更有根基，也更容易为现有体制接纳，从而大大减少制度创新成本，极大地便利了新机制的实施，是本土资源与国际经验的成功对接。

三、性别平等评估的标准

标准是科学、技术和实践经验的总结。标准的本质是统一，标准的任务是规范。建立统一、明晰、可操作的评估标准是确保法规政策性别平等评估目标实现的关键。制定性别平等评估的标准，就是为了对性别平等评估进行统一规范，发挥以下几方面的作用。

一是发挥评估标准对性别平等评估所具有的指引作用。标准通过对性别平等评估目标的确定而成为性别平等评估的依据，性别平等评估只有按照评估标准的指引进行，才能保持正确的方向而不脱离既定的轨道。

二是发挥评估标准对性别平等评估所具有的预测作用。由于标准的存在，评估者有可能预见到自己将怎样安排自己的咨询评估工作，可以事先估计将要开展的咨询评估工作会带来何种结果。

三是发挥评估标准对性别平等评估所具有的教育作用。制定、宣传、落实咨询评估标准的过程本身就是进行性别平等教育的过程，就是一个凝聚共识的过程，就是一个用既定目标吸引、教育、动员咨询评估主体的过程。

四是发挥评估标准对性别平等评估所具有的约束作用。标准是咨询评估的工作指南和重要依据，因而性别咨询评估必须依评估标准办事。

五是发挥评估标准对性别平等评估所具有的评价作用，由于评估标准集中体现了性别平等评估的指导思想，因而它就可以同时为咨询评估主体判断自己工作正确与否提供检验的标准；评估指标从法规政策所涉领域性别平等的现状、法规政策内容是否与性别平等原则相冲突、法规政策对性别平等的促进和保障作用、法规政策制定过程中的意见征询、法规政策实施后对性别平等的可能影响等多个层面进行考察，要求评估主体通过回答具体问题对法规政策性别平等进行评估。

法规政策性别平等评估指标

序号	问题	回答要求
	法规政策所涉领域性别平等现状	
1	本法规政策所涉领域现实中是否存在性别不平等的问题？	是或否 回答“是”的，简要分析现状表现和原因

续表

序号	问题	回答要求
2	本法规政策制定过程中是否使用了性别统计数据或典型事例？	是或否 说明使用情况或没有使用的原因
	法规政策是否符合性别平等原则	
3	本法规政策是否对男性和女性作了不公平的区别对待、限制或排斥？	是或否， 回答“是”的，说明区别对待、限制或排斥的理由和根据
4	本法规政策是否存在文本内容没有特定的性别指向，但实施结果会对男性或女性产生不利后果的情形？	是或否
5	本法规政策的文本表述是否存在对男性或女性的固有偏见？	是或否
6	本法规政策是否考虑女性生理的特殊需求而采取了适当的保护措施？	是或否 回答“是”的，简要说明其体现；回答“否”的，说明原因
	法规政策对性别平等的促进与保障	
7	本法规政策是否细化、补充了国家法律政策关于促进和保障本领域性别平等的规定？	是或否 回答“是”的，简要说明其体现；回答“否”的，说明原因
8	本法规政策是否为了加速实现男女事实上的平等而规定了在一定时期对某一性别给予优惠或扶持的特别措施？	是或否 回答“是”的，简要说明其体现；回答“否”的，说明原因
9	本法规政策是否为落实性别平等要求而规定了实施主体及其职能、经费、法律责任等保障措施？	是或否 回答“是”的，简要说明其体现；回答“否”的，说明原因
	法规政策制定过程中的意见征询	
10	本法规政策制定过程中是否听取妇女、妇女联合会、其他妇女组织等利益相关者的意见？	是或否 回答“是”的，简要说明具体做法和效果；回答“否”的，说明原因

续表

序号	问题	回答要求
11	本法规制定过程中是否就性别影响问题进行了专题调研、征询性别平等专家意见？	是或否 回答“是”的，简要说明具体做法和效果；回答“否”的，说明原因
	法规政策实施后的可能影响	
12	本法规政策的实施是否有助于解决本领域现实中存在的性别不平等问题？	是或否 回答“是”的，简要说明可能出现的效果；回答“否”的，说明原因
13	本法规政策的实施是否有利于营造性别平等的社会环境，增加妇女的机会、增进妇女的能力？	是或否 回答“是”的，简要说明可能出现的效果；回答“否”的，说明原因

上述评估指标以法规政策所涉领域性别平等现状为起点，着眼于法规政策文本的内容、制定程序和实施后对性别平等的影响，力求从社会性别视角评价法规政策是否或有可能对女性产生不利的影响，能否对业已存在的性别不平等起到遏制作用并促进性别平等，充分体现了性别平等相关性、合宪性、合约性和操作性。

虽然目前全国各省（区、市）建立了法规政策性别平等评估机制，但总体来看性别平等评估机制的建设还处在起步阶段，还面临着很多需要解决的问题。例如，评估对象宽窄不一；组织机构独立性欠缺，职能尚未充分发挥；评估流程缺乏细化；评估标准的可操作性不强以及性别平等评估专业机构和专家匮乏等。这就需要在实践中理念倡导、能力提升与咨询评估同步推进，逐步实现咨询评估机制的法定化。进一步明确咨询评估的责任主体及咨询评估委员会的定位及其内部运行机制；进一步实现性别平等评估方式的类型化；进一步规范性别平等评估机制应当确立的科学程序和方法，进一步明确和细化性别平等评估的标准；进一步强化法规政策制定执行过程的性别主流化；进一步突出性别平等评估机制应当审视的要点等。

法规政策性别平等评估工作既是贯彻落实男女平等基本国策的有效措施，也是推进依法治国的重要举措，是中国特色的社会性别主流化；它保护的虽然是女性权益，但促进的是性别平等，保障的是我国社会公平；它虽然评估的是性别影响，但弘扬的是社会主义先进文化，提升的是我国的国家形象；它针对的虽然是某个具体规范，但提高的是立法水平和质量，加快的是我国法治建设；它纠正的虽然是性别歧视，但推动的是整个社会的进步，彰显的是人类文明。虽然仍处于探索中的性别平等评估机制还不够完善，但我们坚信，它代表着人类公平正义的价值追求和男女两性平等、和谐、文明的美好未来！

第四节 妇联组织的维权机制

一、妇联组织的法定职责

妇联组织的法定职责，主要规定在妇女权益保障法、反家庭暴力法、民法典等法律中，其主要法定职责见下表。

	妇联职责	法律依据
妇女权益保障法	维权职责	第七条　中华全国妇女联合会和地方各级妇女联合会依照法律和中华全国妇女联合会章程，代表和维护各族各界妇女的利益，做好维护妇女权益的工作。
	参与立法权、建议权	第十条　妇女有权通过各种途径和形式，管理国家事务，管理经济和文化事业，管理社会事务。 制定法律、法规、规章和公共政策，对涉及妇女权益的重大问题，应当听取妇女联合会的意见。 妇女和妇女组织有权向各级国家机关提出妇女权益保障方面的意见和建议。
	民主参与权	第十三条第一款　中华全国妇女联合会和地方各级妇女联合会代表妇女积极参与国家和社会事务的民主决策、民主管理和民主监督。
	女干部推荐权	第十三条第二款　各级妇女联合会及其团体会员，可以向国家机关、社会团体、企业事业单位推荐女干部。

续表

	妇联职责	法律依据
妇女权益保障法	协助配合责任	第三十九条　禁止拐卖、绑架妇女；禁止收买被拐卖、绑架的妇女；禁止阻碍解救被拐卖、绑架的妇女。 各级人民政府和公安、民政、劳动和社会保障、卫生等部门按照其职责及时采取措施解救被拐卖、绑架的妇女，做好善后工作，妇女联合会协助和配合做好有关工作。任何人不得歧视被拐卖、绑架的妇女。
	要求查处和监督权（约谈的法定依据）	第五十三条　妇女的合法权益受到侵害的，可以向妇女组织投诉，妇女组织应当维护被侵害妇女的合法权益，有权要求并协助有关部门或者单位查处。有关部门或者单位应当依法查处，并予以答复。
	诉讼帮助 舆论监督	第五十四条　妇女组织对于受害妇女进行诉讼需要帮助的，应当给予支持。 妇女联合会或者相关妇女组织对侵害特定妇女群体利益的行为，可以通过大众传播媒介揭露、批评，并有权要求有关部门依法查处。
反家庭暴力法	宣传教育	第六条　国家开展家庭美德宣传教育，普及反家庭暴力知识，增强公民反家庭暴力意识。 工会、共产主义青年团、妇女联合会、残疾人联合会应当在各自工作范围内，组织开展家庭美德和反家庭暴力宣传教育。 广播、电视、报刊、网络等应当开展家庭美德和反家庭暴力宣传。 学校、幼儿园应当开展家庭美德和反家庭暴力教育。
	业务培训和统计	第七条　县级以上人民政府有关部门、司法机关、妇女联合会应当将预防和制止家庭暴力纳入业务培训和统计工作。 医疗机构应当做好家庭暴力受害人的诊疗记录。
	接受投诉 给予帮助	第十三条　家庭暴力受害人及其法定代理人、近亲属可以向加害人或者受害人所在单位、居民委员会、村民委员会、妇女联合会等单位投诉、反映或者求助。有关单位接到家庭暴力投诉、反映或者求助后，应当给予帮助、处理。

续表

	妇联职责	法律依据
反家庭暴力法	法治教育	第二十二条　工会、共产主义青年团、妇女联合会、残疾人联合会、居民委员会、村民委员会等应当对实施家庭暴力的加害人进行法治教育，必要时可以对加害人、受害人进行心理辅导。
	心理辅导	
	代为申请人身安全保护令	第二十三条　当事人因遭受家庭暴力或者面临家庭暴力的现实危险，向人民法院申请人身安全保护令的，人民法院应当受理。 当事人是无民事行为能力人、限制民事行为能力人，或者因受到强制、威吓等原因无法申请人身安全保护令的，其近亲属、公安机关、妇女联合会、居民委员会、村民委员会、救助管理机构可以代为申请。
民法典	民事行为能力认定申请权	第二十四条　不能辨认或者不能完全辨认自己行为的成年人，其利害关系人或者有关组织，可以向人民法院申请认定该成年人为无民事行为能力人或者限制民事行为能力人。 被人民法院认定为无民事行为能力人或者限制民事行为能力人的，经本人、利害关系人或者有关组织申请，人民法院可以根据其智力、精神健康恢复的状况，认定该成年人恢复为限制民事行为能力人或者完全民事行为能力人。 本条规定的有关组织包括：居民委员会、村民委员会、学校、医疗机构、妇女联合会、残疾人联合会、依法设立的老年人组织、民政部门等。

续表

	妇联职责	法律依据
民法典	撤销监护资格申请权	第三十六条　监护人有下列情形之一的，人民法院根据有关个人或者组织的申请，撤销其监护人资格，安排必要的临时监护措施，并按照最有利于被监护人的原则依法指定监护人： （一）实施严重损害被监护人身心健康行为的； （二）怠于履行监护职责，或者无法履行监护职责并且拒绝将监护职责部分或者全部委托给他人，导致被监护人处于危困状态的； （三）实施严重侵害被监护人合法权益的其他行为的。 本条规定的有关个人和组织包括：其他依法具有监护资格的人，居民委员会、村民委员会、学校、医疗机构、妇女联合会、残疾人联合会、未成年人保护组织、依法设立的老年人组织、民政部门等。 前款规定的个人和民政部门以外的组织未及时向人民法院申请撤销监护人资格的，民政部门应当向人民法院申请。
	女职工劳动保护监督权	女职工劳动保护特别规定第十二条　县级以上人民政府人力资源社会保障行政部门、安全生产监督管理部门按照各自职责负责对用人单位遵守本规定的情况进行监督检查。 工会、妇女组织依法对用人单位遵守本规定的情况进行监督。
	协助配合责任	未成年人保护法第六条第二款　共产主义青年团、妇女联合会、工会、青年联合会、学生联合会、少年先锋队及其他有关的社会团体，协助各级人民政府做好未成年人保护工作，维护未成年人的合法权益。

二、妇联组织维护妇女权益的工作机制

（一）妇联组织源头参与维权机制

源头参与维权机制是在确认机制中注入维权要素的重要方法和途径。由于规则的制定者、参与者有更多的机会把自己的意愿和要求反映到规则之中，并因此而成为规则的最大受益者，那么要将保障妇女合法权益的宪法要求和男女平等基本国策贯彻到社会发展各个方面，妇联组织就必须加强源头参与力度。

1．妇联组织源头参与的目的

（1）促进男女平等意识纳入决策主流，提高法律法规政策制定的质量，使立法机关、行政机关、司法机关等出台的法律法规政策有利于妇女权益的保障和男女平等基本国策的落实。为此，妇联组织要主动、及时跟进国家立法和政府决策进程，积极参与法律法规政策制定，同时正确运用性别平等评估机制，准确评估各项规定要求对保障妇女权益、促进男女平等的影响，推动建立落实男女平等基本国策的保障机制，促进男女平等意识纳入决策主流。

（2）积极推动有利于保障妇女权益、促进男女平等的法律法规和政策的出台和实施。向立法机关和政府相关部门反映妇女权益问题，提出对策建议，推动有利于保障妇女权益、促进男女平等的法律法规和政策的出台。推动立法机关开展妇女权益保障法规的执法检查和专题调研。

2．妇联组织源头参与的主要工作渠道

（1）向“两会”提交提案议案或向代表委员反映意见。每年“两会”期间向全国人大和地方各级人大提交有关妇女权益保护的提案议案建议。同时加强与人大代表、政协委员的沟通联系，及时反映妇女群众的意见和需求，通过代表委员提出提案议案建议或向相关部门提出建议。

（2）参与有关立法或规范性文件制定或向相关部门提出政策性建议。既可以通过答复立法机关及政府相关部门对有关妇女权益保护法规政策的征求意见函、参加立法座谈会等的方式参与立法或规范性文件制定，也可以随时向党委、人大、政府、政协、妇儿工委、司法机关等反映妇女儿童

权益重大问题，提出完善妇女权益保护法规政策的建议。

3. 妇联组织源头参与的主要工作方法

（1）进行专题调查研究，提出具体对策建议。通过实地调查和理性研究，掌握真实情况，深入分析不同妇女群体的普遍性、规律性问题，提出有针对性、切实可行的具体对策建议。

（2）及时发声，引领舆论。一方面，服务中心，围绕大局，在落实党和政府战略部署和重点工作中服务妇女发展和男女平等基本国策的落实；另一方面，对侵害妇女权益的普遍性问题和重大案件适时发出声音，深刻剖析歧视妇女、侵害妇女权益行为的危害性和违法性，呼吁完善妇女权益保护法规政策，维护妇女合法权益。

（3）开展性别平等评估，发挥专家作用。在参与涉及妇女权益重大法规政策制定完善时充分听取专家意见，开展性别平等评估，不断提升妇联参与推动法规政策完善的专业水平和质量。

（二）妇联组织联合约谈机制

妇联组织约谈是指妇联组织针对招用、录用过程中歧视女性的突出问题，向用人单位通报情况，听取意见，沟通交流，调解矛盾，指导、督促用人单位转变歧视观念，改正歧视行为，建立完善促进公平就业的相关制度和措施的维权工作。针对用人单位招用、录用人员过程中的就业性别歧视问题，2016年，全国妇联权益部研究制定了《妇联组织促进女性公平就业约谈暂行办法》，指导各地妇联探索建立约谈机制，通过干预典型个案，引导用人单位依法依规开展人力资源管理。2017年9月1日起施行的《河北省妇女权益保障条例》首开“约谈”地方立法的先河。人力资源社会保障部、教育部、司法部、卫生健康委、国资委、医保局、全国总工会、全国妇联、最高人民法院等九部门于2019年2月18日发布了《关于进一步规范招聘行为促进妇女就业的通知》，明确规定建立联合约谈机制。要求畅通窗口来访接待，12333、12338、12351热线等渠道，及时受理就业性别歧视相关举报投诉。根据举报投诉，对涉嫌就业性别歧视的用人单位开展联合约谈，采取谈话、对话、函询等方式，开展调查和调解，督促限期纠正就业性别歧视行为，及时化解劳动者和用人单位间的矛盾纠纷。被约谈单位拒不接受约谈或约谈后拒不改正的，依法进行查处，并通过媒体向社会曝光。

（三）妇联信访维权机制

妇联信访工作是党和政府信访工作的组成部分，是妇联组织联系妇女群众、了解妇女问题的窗口，是向党和政府反映妇女儿童问题、维护妇女儿童合法权益的重要渠道，也是一项长期的、重要的政治工作和群众工作。妇联组织通过信访工作，宣传贯彻执行党的路线方针政策和国家的法律法规，提供有关保护妇女儿童合法权益的法律政策和婚姻家庭关系等方面的咨询，畅通妇女儿童利益诉求表达渠道，协调、化解各种社会矛盾，引导妇女群众依法、合理、有序地反映诉求，协调配合有关部门依法妥善处理侵犯妇女儿童合法权益的问题。同时，做好妇联信访信息汇集分析工作，加强调查研究，为妇联参与国家和社会事务的民主决策、民主管理和民主监督提供依据和建议。

（四）中国妇女法律援助行动

妇联组织的“中国妇女法律援助行动”项目，是全国妇联系统依托中央专项彩票公益金法律援助项目的支持开展的，针对妇女和未成年人的法律援助项目。根据妇联维权职能，项目资助案件的范围主要包括：一是妇女婚姻家庭权益保障案件，特别是涉及家庭暴力等一方有过错的婚姻家庭纠纷案件，子女抚养纠纷、老年妇女赡养纠纷案件，涉及歧视妇女的继承纠纷案件，离婚财产分割中妇女儿童明显处于弱势的纠纷案件。二是涉及性别歧视的劳动争议、劳动合同纠纷案件，生育保险待遇纠纷案件，违反劳动保护规定侵害妇女健康的案件。三是农村妇女土地承包经营权、征地补偿分配、集体经济组织收益分配、宅基地等纠纷，以及相关财产权益的纠纷案件。四是妇女和未成年人为被害人的刑事案件和刑事附带民事案件，特别是拐卖、奸淫幼女等性质恶劣的案件；长期遭受家庭暴力的妇女和未成年人为犯罪嫌疑人、被告人的刑事案件。五是执行案件。六是其他有利于维护妇女儿童合法权益的案件。

（五）妇联组织预防性侵女童工作机制

保护未成年人免遭侵害、促进女童健康成长，事关千家万户的幸福安宁，事关社会的和谐稳定。为进一步做好维护妇女儿童合法权益工作，及时研究解决工作中存在的困难和问题，切实发挥妇联组织在基层社会治理中的独特作用，全国妇联要求探索建立预防性侵未成年人、维护女童人身权益的相关工作机制。重点在于建立和完善重点人群和家庭关爱服务机制、建立和完善妇女儿童侵权案件的发现报告机制、建立和完善多部门联防联动机制、建立和完善上下联动的妇女儿童舆情应对机制、建立和完善妇女儿童侵权案件推进工作督查制度。全国妇联和省（自治区、直辖市）妇联每年分别组成督查组，不定期就交办地维护妇女儿童权益舆情和信访案件特别是性侵女童案件推进工作进行督查，并向同级党委以及妇联系统通报督查情况。

（六）妇联组织反家暴工作机制

反家暴工作是妇联组织维护妇女儿童权益的经常性和基础性工作。为履行反家庭暴力法确定的妇联组织的法定职责，全国妇联及其职能部门先后出台了《民政部 全国妇联关于做好家庭暴力受害人庇护救助工作的指导意见》《妇联组织受理家庭暴力投诉工作规程（试行）》《关于加强反家庭暴力经常性工作的意见》，形成了妇联组织反家暴工作机制。

妇联组织的反家庭暴力工作坚持标本兼治、预防为主的工作方针，坚持以妇女儿童为中心的工作原则，要立足职能，坚持将反家暴工作作为维护妇女儿童权益的经常性和基础性工作，以对家庭暴力“零容忍”的态度，带着对妇女儿童的深厚感情开展反家暴工作。坚持以人身安全为首要考虑因素，尊重家暴受害人的意愿，坚持儿童最大利益原则，通过多部门联动，依法维权，千方百计为家暴受害人提供有力的社会支持。特别关注遭受家庭暴力的未成年人、老年人、残疾人、孕期和哺乳期妇女、重病妇女，帮助她们摆脱家暴困扰。

妇联组织反家暴工作机制的核心内容包括经常性的反家暴宣传教育机

制、经常性的家庭暴力隐患排查和研判分析机制、经常性的反家暴维权服务和关爱帮扶、经常性的反家暴多部门合作机制、对不同危险级别的家庭暴力分级处理机制、家庭暴力受害人庇护救助工作的合作机制。

（七）妇联组织与司法机关的工作合作机制

司法救济是构建维权机制的关键环节，司法机关在维护妇女权益方面发挥着极其重要的作用。妇联组织必须和司法机关建立有效的工作合作机制，才能在司法领域为妇女权益的保障发挥自身作用。为此，近年来，全国妇联与最高人民法院和最高人民检察院分别联合出台了《最高人民法院　全国妇联关于进一步加强合作建立健全妇女儿童权益保护工作机制的通知》和《最高人民检察院　全国妇联关于建立共同推动保护妇女儿童权益工作合作机制的通知》。

1. 妇联组织与法院的工作合作机制

《最高人民法院　全国妇联关于进一步加强合作建立健全妇女儿童权益保护工作机制的通知》明确了妇联组织与法院建立工作合作机制的要求。

（1）工作目的：各级人民法院和妇联组织要以依法保障妇女儿童合法权益，维护平等、和睦、文明的婚姻家庭关系，促进社会健康发展为目标，充分发挥各自职能作用，在家事调解、家事调查、心理疏导以及反家庭暴力等方面充分加强沟通、协调和配合，建立健全法院诉讼与妇联组织调解有效对接的工作机制，促使婚姻家庭纠纷得到及时化解，妇女儿童合法权益得到有效保护。

（2）主要工作机制：定期召开工作联席会议，各级人民法院要建立健全与妇联组织的信访互动机制，各级人民法院和妇联组织应当建立健全合作培训机制。

（3）合作重点：各级人民法院和妇联组织要进一步密切家事调解领域的合作，进一步密切委托家事调查领域的合作，加强对家长亲职教育的合作，在人民陪审员的选任上沟通合作，咨询辅导、心理支撑方面的合作，社会观护和回访观护方面的合作，开展宣传教育活动，营造良好法治氛围方面的合作，以及各级人民法院真正将保护妇女儿童权益的立法精神贯彻于司法实践，应当开辟或完善“绿色通道”，迅捷、快速审理案件，及时维护妇女、儿童合法权益等。

2. 妇联组织与检察机关的工作合作机制

《最高人民检察院 全国妇联关于建立共同推动保护妇女儿童权益工作合作机制的通知》明确了妇联组织与检察机关建立工作合作机制的具体要求。

(1) 工作目的：检察机关与妇联组织强化合作，加强侵害妇女儿童权益犯罪的惩治打击，推动未成年人司法保护社会支持体系建设，促进妇女儿童保护法律体系健全完善。

(2) 工作机制：最高检与全国妇联建立定期会商机制，了解工作动态；建立联络员制度，及时解决日常工作中涉及的妇女儿童权益保护问题；建立培训机制，提高妇女儿童权益维护工作能力和水平；探索建立人员交流机制，优化队伍结构，提高履职能力。

(3) 合作重点：一是各级妇联组织发现妇女儿童被家暴、性侵或者民事、行政合法权益被侵害等线索或涉及来信来访的，应及时将案件线索或涉检信访材料移送同级检察院。受理的检察院应当及时处置，快速办理，并将处理结果反馈妇联组织。其中，对性侵未成年人的案件，应当监督公安机关及时立案，实行“一站式”取证，保障有效惩治犯罪。二是检察机关在办理未成年人案件中发现，有必要撤销监护权、变更抚养权或追索抚养费的，可以委托妇联组织就监护意愿、监护条件或经济状况等开展调查或者评估工作。三是针对国家机关、事业单位招聘工作中涉嫌就业性别歧视，相关组织、个人通过大众传播媒介或者其他方式贬低损害妇女人格等问题，检察机关可以发出检察建议，或者提起公益诉讼。四是进一步推动涉案未成年人司法保护制度落实。检察机关在办理涉未成年人案件时，可以根据案件需要，委托或者会同妇联组织或者妇联组织推荐的专业力量开展四项工作，包括对于未成年人刑事案件，在讯问和审判的时候，未成年犯罪嫌疑人、被告人的法定代理人无法通知、不能到场或不宜到场的，选择合适成年人参与诉讼；开展针对未成年犯罪嫌疑人、被告人的社会调查、附条件不起诉考察帮教、法庭教育、社会观护等工作；提供心理咨询、心理疏导等心理健康服务，帮助涉案未成年人及其监护人等缓解不良情绪，疏导心理压力；开展对涉案未成年人家长的家庭教育指导，为未成年人教育矫治创造有利条件。五是检察机关与妇联要组织加强资源整合和项目合作，共同开展法治宣传教育活动。六是积极推动未成年人教育培训和看护行业等与未成年人密切接触行业从业人员的入职查询和从业限制制度的落实与完善。七是各级检察院应当积极配合同级妇联组织的维权服务工作，提升维权工作的专业化和法治化水平。八是检察机关与妇联组织要进一步推动与妇女儿童利益密切相关的法律法规与公共政策的完善。检察机关在制定司法解释、司法文件时，涉及妇女儿童权益重大问题的，应当听取妇联组织提出的保障妇女儿童权益的相关意见，加强对妇女儿童合法权益的源头保障。

（八）参与矛盾纠纷多元化解机制

近年来，伴随着我国社会经济快速发展，经济体制变革不断深化，社会利益格局不断调整，社会矛盾纠纷处于高发时期，且呈现出纠纷主体多元化、利益诉求复杂化、纠纷类型多样化等特点。同时，由于纠纷类型及发生原因不同，化解纠纷的方法也有区别。要满足人民群众对纠纷解决方式的多元需求，适应纠纷的多元属性，就必须建立和完善多元化矛盾纠纷解决机制，整合人民调解、行政调解、司法调解等多种社会资源，综合运用调解、仲裁、诉讼等多种方式和手段，形成功能互补、程序衔接的矛盾纠纷有效化解体系。

建立和完善多元化纠纷解决机制符合中国传统价值观念，有利于克服诉讼解决纠纷机制弊端，特别是有利于从根本上化解纠纷，有助于社会关系的及时修复，有利于从源头进行社会治理。构建多元化纠纷解决机制，是深化社会体制改革和构建和谐社会的题中应有之义，也是服务民生、促进和谐的有效途径，更是新时期建设法治社会、提升社会治理水平、满足人民群众需求的创新之举。

各级妇联组织参与多元化纠纷解决机制的主要任务就是积极开展法治宣传教育，推动预防和制止家庭暴力工作，维护妇女儿童及其他家庭成员的合法权益。将家事纠纷调解和司法参与同普法宣传、良好家风教育、家庭美德建设等工作有机结合，引导家庭成员树立正确的婚姻家庭观，传承良好家教家风，弘扬传统家庭美德。组织开展寻找“最美家庭”、“建设法治中国 巾帼在行动”、“中国妇女法律援助行动”等活动，建好各级妇联信访接待室，畅通12338妇女维权服务热线，拓展网络等投诉受理渠道，协助调处婚姻家庭纠纷及其他涉及妇女儿童合法权益的案件。做好矛盾排查、心理疏导、纠纷调解、信访代理、法律帮助、困难帮扶等工作。积极参与婚姻家庭纠纷预防和化解工作。各级妇联要夯实基层婚姻家庭纠纷调解工作基础，会同司法行政等部门联合建立婚姻家庭纠纷专业性人民调解委员会，加强婚姻家庭纠纷调解专业人才培养，积极参与法院家事案件诉前调解、诉中矛盾化解以及判后回访帮扶等工作。向法院推荐优秀妇联干部担任人民陪审员，促进家事审判过程的公正和民主。

（九）基层妇联组织维权“八字工作法”

维权“八字工作法”是全国妇联权益部梳理了各地妇联长期工作实践中行之有效的做法总结而成的基层妇联维权的工作方法。“八字工作法”主要是基层妇联组织以“拉妇女姐妹的手、说真诚暖心的话、做雪中送炭的人”的工作态度，通过“看、听、问、帮、报、想、讲、记”等工作方法具体履行“发现报告、维权帮助、法治宣传、议事协商”等维权职责。“看”“听”“问”，主要是帮助基层妇联识别本辖区妇女儿童权益保障存在各种风险的重点群体和人群，摸清底数，对侵害妇女儿童权益的现象增强敏感性，提醒注意在日常工作中发现有关侵权问题的隐患和违法犯罪的线索。“帮”，主要是明确基层妇联可以提供的维权服务。“报”，主要是列出基层妇联组织必须向同级党组织和上级妇联报告的事项以及报送方法。“想”，主要是提醒基层妇联增强男女平等意识，从个别现象到发现影响妇女儿童权益的普遍性情况提供思考方法。“讲”，主要是明确基层妇联在不同情形下开展维权工作应当表明的态度、具有的立场。“记”，主要是明确工作记录的重点，提供实用的记录表格。全国妇联权益部编写的《基层妇联组织维权工作手册（试用）》对“八字工作法”的具体操作方法做了详尽的讲解。